Le siècle du populisme

PIERRE ROSANVALLON

Le siècle du populisme

Histoire, théorie, critique

ÉDITIONS DU SEUIL
57, rue Gaston-Tessier, Paris XIXe

Ce livre est publié dans la collection
« Les livres du nouveau monde »
dirigée par Pierre Rosanvallon

ISBN 978-2-02-140192-9

www.seuil.com

PENSER LE POPULISME

(INTRODUCTION)

Le populisme révolutionne la politique du XXIe siècle. Mais nous n'avons pas encore pris la juste mesure du bouleversement qu'il induit. Si le mot est partout, la théorie du phénomène n'est en effet nulle part. Un air d'évidence intuitive et une forme de flou se lient en lui. En témoigne au premier chef le flottement sémantique qui caractérise son usage. Car c'est un mot en caoutchouc assurément, tant est désordonné son emploi. Un terme paradoxal aussi, car il a le plus souvent une connotation péjorative et négative, alors qu'il dérive de ce qui fonde positivement la vie démocratique. C'est un mot écran encore, car il appose une étiquette unique sur tout un ensemble de mutations politiques contemporaines dont il faudrait être capable de saisir la complexité et les ressorts profonds. Est-il, par exemple, pertinent d'user d'une même expression pour qualifier le Venezuela de Chávez, la Hongrie d'Orbán et les Philippines de Duterte, sans même évoquer la figure d'un Trump ? Mettre dans un même panier les Espagnols de Podemos et La France insoumise de Jean-Luc Mélenchon avec les affidés de Marine Le Pen, Matteo Salvini ou Nigel Farage fait-il sens ? Comprendre, c'est en effet distinguer et donc résister aux amalgames simplificateurs. C'est une notion douteuse enfin, tant elle ne sert souvent qu'à stigmatiser des adversaires ou à légitimer sous un nouveau vocable la vieille prétention à la supériorité des puissants et des instruits sur des classes populaires jugées toujours enclines à se muer en une plèbe gouvernée par de funestes passions. On ne saurait traiter la question du populisme sans garder en tête ce constat, car il constitue une forme de mise en garde, autant qu'une invitation à faire preuve de lucidité politique et de rigueur intellectuelle pour aborder le sujet.

Cette nécessaire attention aux chausse-trappes qui sous-tendent ce terme de « populisme » ne doit pourtant pas conduire à renoncer à son usage. Pour deux raisons. En premier lieu parce qu'il s'est avéré de fait incontournable dans sa confusion même. S'il est resté sur toutes les lèvres et sous toutes les plumes, malgré toutes les réserves que nous avons mentionnées, c'est aussi parce qu'il a répondu, de façon vague et pressante à la fois, au besoin ressenti d'utiliser un nouveau langage pour qualifier une dimension inédite du cycle politique qui s'est ouvert au tournant du XXIe siècle ; et qu'il n'a eu jusqu'à présent aucun compétiteur dans cette fonction. Cycle politique que certains caractérisent par une attente sociale pressante de revitalisation du projet démocratique, en retrouvant la voie d'une souveraineté plus active du peuple, tandis que d'autres le voient à l'inverse porteur de présages annonciateurs d'une déstabilisation menaçante de ce même projet. Mais le fait décisif est en second lieu que ce terme a fini par être revendiqué avec fierté par les responsables politiques que voulaient clouer au pilori ceux qui l'utilisaient de façon dénonciatrice[1]. La liste est longue des personnalités de droite et d'extrême droite qui ont ainsi entendu renverser le stigmate en disant d'abord que le mot « ne leur faisait pas peur », puis progressivement qu'ils le revendiquaient. L'évolution a été

1. On peut souligner qu'il en avait été de même autrefois avec le mot « démocratie », aux États-Unis tout particulièrement. Au tournant du XIXe siècle, c'était une insulte que d'être traité de « démocrate » dans ce pays. Le terme était l'équivalent de « démagogue » et démocratie voulait alors dire « pouvoir de l'émeute » ou « règne des passions de la populace » dans la bouche des pères fondateurs et de leurs descendants. C'est par provocation que les républicains de l'époque (le parti de Jefferson) avaient rebaptisé leur organisation « Parti démocrate » à la fin des années 1820. Voir sur ce point l'histoire documentée de Bertlinde Laniel, *Le Mot « democracy » et son histoire aux États-Unis de 1780 à 1856*, Saint-Étienne, Publications de l'université de Saint-Étienne, 1995.

parallèle à gauche, comme en a témoigné de façon exemplaire un Jean-Luc Mélenchon. « Je n'ai pas du tout envie de me défendre de l'accusation de populisme, dira-t-il dès 2010. C'est le dégoût des élites. Qu'ils s'en aillent tous ! Populiste, moi ? J'assume[1]. » Le fait qu'un certain nombre d'intellectuels soient devenus les avocats d'un « populisme de gauche » a aussi beaucoup compté pour donner une consistance désirable à ce terme et le banaliser comme qualificatif politique. Les prises de position et les écrits de Wendy Brown, Nancy Fraser, Ernesto Laclau et Chantal Mouffe ont pesé lourd dans cette direction, invitant à conserver le terme et à valider la pertinence de son usage.

Une réalité à théoriser

Le problème est que les ouvrages consacrés au populisme, en nombre toujours croissant, restent essentiellement attachés à comprendre les ressorts du vote populiste pour expliquer sa spectaculaire progression partout dans le monde. Avec les outils de la sociologie électorale et de la science politique, ils caractérisent les populations concernées, avec les valeurs qui les animent, leur appréciation de la vie politique et des institutions, et bien sûr leurs conditions de vie et de travail dans leurs différentes dimensions. Ces enquêtes dressent de la sorte le portrait d'un monde social et culturel qui présente des caractéristiques objectives communes à de nombreux pays : personnes vivant à l'écart des métropoles dans des zones touchées par le déclin industriel et pouvant être définies comme des « perdants » de la mondialisation, dotées de revenus inférieurs à la moyenne, relativement peu

1. Entretien dans *L'Express* du 16 septembre 2010. Il l'avait aussi dit dans son ouvrage *Qu'ils s'en aillent tous ! Vite, la révolution citoyenne*, Paris, Flammarion, 2010. « Les belles personnes, les satisfaits, leurs griots et tous les donneurs de leçons qui tiennent le haut du pavé peuvent s'étrangler d'indignation. Ils peuvent brandir leur dérisoire carton rouge : "Populisme !", "Dérapage !" J'assume », peut-on y lire (p. 11-12).

diplômées. Des populations en colère également, définies de façon plus subjective par le ressentiment à l'égard d'un système dans lequel elles s'estiment méprisées et réduites à l'état d'invisibles, caractérisées par leur peur d'être dépossédées de leur identité à cause de l'ouverture au monde et de l'arrivée d'immigrés. En croisant de multiples données et en proposant des conceptualisations renouvelées, certains de ces travaux ont permis d'approfondir l'appréhension de ce qui constituait cet électorat populiste. Mais ils ont en même temps pour effet de limiter la compréhension globale du phénomène en le considérant implicitement comme un simple symptôme, révélateur d'autres choses qui seraient le véritable objet sur lequel il conviendrait de porter l'attention : le déclin de la forme parti par exemple, le fossé qui s'est creusé entre la classe politique et la société ou l'effacement du clivage entre une droite et une gauche également incapables de faire face aux urgences du présent. Dans ce cas, ce n'est pas la nature du populisme que l'on pense, mais ses causes. Cela revient à proposer une fois encore une analyse du désenchantement politique et des fractures sociales contemporaines.

L'assimilation fréquente des populismes à leur dimension protestataire, avec le style politique et le type de discours que cela entraîne, est une deuxième façon de ne pas en prendre la pleine mesure[1]. Si cette dimension est indéniable, elle ne doit en effet pas masquer le fait qu'ils constituent aussi une véritable proposition politique, qui a sa cohérence et sa force positive. Leur renvoi routinier à des figures politiques du passé, et notamment aux traditions d'extrême droite, conduit encore à en réduire le caractère. Si les populismes sont souvent nés dans leur giron, le phénomène a maintenant pris une autre dimension (sans compter, en outre, le fait du développement d'un populisme qui se revendique de gauche).

1. J'ai moi-même emprunté autrefois cette voie réductrice, en considérant le populisme comme une caricature du principe contre-démocratique. (Voir mon ouvrage *La Contre-Démocratie. La politique à l'âge de la défiance*, Paris, Seuil, 2006, p. 269-277.)

Il faut également souligner les limites de l'établissement des diverses typologies du populisme qui sont souvent proposées. Décrire la multiplicité de leurs variantes (de droite et de gauche, avec leurs degrés d'autoritarisme, les différences de politiques économiques qui leur sont associées, etc.) n'aide pas à appréhender l'essentiel : le noyau des éléments invariants ainsi que les règles de différenciation des cas particuliers. Une typologie peut à la limite finir par ranger chaque cas d'espèce dans une catégorie spécifique. Elle n'est alors qu'un *catalogue à la Prévert*, comme on dit en français. Une revue a par exemple cru éclairant de distinguer les 36 familles du populisme[1] ! Un tel exercice est à l'exact opposé d'un travail de conceptualisation ; il n'est qu'une façon de masquer une incapacité à saisir l'essence des choses.

Le problème est du même coup que ces populismes célébrés par les uns et démonisés par les autres sont restés caractérisés de façon vague et donc inopérante. Ils ont pour l'essentiel été renvoyés à des aversions et à des refus viscéralement exprimés, ou bien à des projets ramassés dans quelques slogans (comme c'est le cas du fameux RIC[2] en France). Ce qui rend difficile d'en analyser la montée en puissance, et d'en instruire une critique pertinente simultanément. Si l'on veut appréhender les populismes dans leur pleine dimension de culture politique originale qui est en train de redéfinir notre cartographie politique, force est de constater qu'ils n'ont pas encore été analysés dans ces termes. En même temps que leurs acteurs, malgré quelques publications ou discours notables que nous mentionnerons plus loin, n'ont pas eux-mêmes vraiment théorisé ce dont ils sont porteurs. Il y a là une exception historique. Du XVIIIe au XXe siècle, les grandes idéologies de la modernité avaient en effet toutes été associées à la publication d'œuvres fondatrices, liant des analyses critiques du monde social et politique existant à des visions d'avenir. Les principes du libéralisme avaient été énoncés par Adam

1. Dossier « Les 36 familles du populisme », *Éléments*, n° 177, avril-mai 2019.
2. Référendum d'initiative citoyenne.

Smith et Jean-Baptiste Say, Benjamin Constant ou John Stuart Mill ; le socialisme avait été fondé par les travaux de Pierre Leroux, Proudhon, Jaurès ou Kautsky ; les œuvres de Cabet et de Marx avaient joué le rôle déterminant que l'on sait pour donner forme à l'idéal communiste. L'anarchisme s'était de son côté identifié aux apports de Bakounine et Kropotkine ; le conservatisme et le traditionalisme avaient trouvé en Burke et Bonald leurs champions. Les règles du gouvernement représentatif avaient été précisément élaborées par les pères fondateurs français et américains au cours des révolutions du XVIIIe siècle. Et bien d'autres noms plus proches de nous pourraient être cités pour illustrer les révisions ou les approfondissements de ces œuvres pionnières impliqués par les évolutions économiques, sociales et politiques du monde depuis deux siècles.

Rien de tel avec le populisme. Il ne se rattache à aucune œuvre d'envergure comparable, à la hauteur de la centralité qui est devenue la sienne[1]. On a du même coup parlé à son propos d'idéologie molle ou d'idéologie faible. Ces qualificatifs sont trompeurs, sa capacité de mobilisation en témoigne ; et s'ils impliquent un jugement de valeur, ils n'ont pas d'intérêt. C'est seulement que cette idéologie n'a pas été formalisée ni développée. Tout simplement parce que cela n'est pas apparu nécessaire à ses propagandistes, tant les électeurs qu'ils attirent sont plus sensibles aux cris de colère et aux dénonciations vengeresses qu'aux arguments théoriques.

Ce livre a pour objet de proposer une première esquisse de cette théorie manquante. Avec l'ambition de le faire dans des termes qui permettent une confrontation radicale – c'est-à-dire qui va à la racine des choses – avec l'idée populiste. Ce qui implique de la reconnaître comme étant l'idéologie ascendante du XXIe siècle, une reconnaissance nécessaire à l'instruction de sa critique approfondie sur le terrain de la théorie démocratique et sociale. Les pages qui

1. Même s'il faut saluer l'effort de conceptualisation d'Ernesto Laclau et Chantal Mouffe à gauche. Auteurs qui n'ont d'ailleurs pas d'équivalents à l'extrême droite.

suivent proposent d'entreprendre cette tâche en trois temps. Elles commenceront par la description de l'anatomie du populisme, en le constituant en idéal-type. Un deuxième temps présentera une histoire du populisme qui conduit à intégrer cet idéal-type dans une typologie générale des formes démocratiques. Une troisième partie sera enfin consacrée à sa critique.

L'anatomie du populisme

Cette partie est construite autour de l'exposition des cinq éléments constitutifs de la culture politique populiste : une conception du peuple, une théorie de la démocratie, une modalité de la représentation, une politique et une philosophie de l'économie, un régime de passions et d'émotions. La conception du peuple fondée sur la distinction entre « eux » et « nous » est l'élément qui a été le plus communément analysé. Nous enrichissons cependant cette description usuelle en l'appuyant sur une analyse de la tension entre le peuple-corps civique et le peuple-corps social, et en montrant en second lieu comment le terme de « peuple » trouve une capacité renouvelée de mise en forme du social à l'âge d'un individualisme de singularité. La théorie populiste de la démocratie s'appuie de son côté sur trois éléments : une préférence donnée à la démocratie directe (illustrée par la sacralisation du référendum) ; une vision polarisée et hyperélectoraliste de la souveraineté du peuple qui rejette les corps intermédiaires et entend domestiquer les institutions non élues (comme les cours constitutionnelles et les autorités indépendantes) ; une appréhension de la volonté générale comme étant susceptible de s'exprimer spontanément. La conception populiste de la représentation est quant à elle liée à la mise en avant de la figure d'un « homme-peuple », ayant une capacité sensible d'incarnation, pour remédier à l'état de mal-représentation existant. Le national-protectionnisme est en outre un élément constitutif de l'idéologie populiste. À condition de comprendre qu'il n'est pas seulement de l'ordre d'une politique économique. Il s'inscrit en effet plus profondément dans une vision souverainiste de reconstruction de la volonté politique et d'attention à la sécurité d'une population. L'économie est donc là éminemment politique. La culture politique du populisme est enfin explicitement adossée à la mobilisation d'un ensemble d'émotions et de passions dont l'importance est reconnue et théorisée. On distinguera là les émotions d'intellection (destinées à rendre le monde plus lisible en s'appuyant sur des récits d'essence complotiste), les émotions d'action (le dégagisme) et les émotions de position (le sentiment d'abandon, d'invisibilité). Le populisme a reconnu et utilisé de façon pionnière ce rôle des affects en politique, allant ainsi bien au-delà des recettes traditionnelles de la séduction. L'idéal-type du populisme ayant été élaboré à partir de ces cinq éléments, la diversité des populismes est appréhendée sur cette base ; une attention particulière étant attachée à l'analyse de la distinction entre populisme de gauche et populisme de droite.

Les trois histoires du populisme

Le populisme a-t-il une histoire ? Si la réponse à une question aussi généralement formulée est positive, il faut immédiatement préciser qu'il y a trois manières très différentes de concevoir cette histoire. On peut tout d'abord faire l'histoire du mot « populisme » : c'est la plus simple et la plus communément évoquée. Nous en présenterons les éléments en annexe car elle est relativement de peu d'utilité pour comprendre notre présent. Le mot est en effet apparu dans trois contextes différents, sans aucune relation entre eux, qui n'ont que de faibles rapports avec ce que nous entendons en l'utilisant aujourd'hui. Il s'agit d'abord du populisme russe des années 1870-1880, un mouvement d'intellectuels et de jeunes gens des classes aisées, voire aristocratiques, critiques des projets de modernisation du pays à l'occidentale, qui avaient entrepris de « descendre vers le peuple », selon leur formule. Ils voyaient en effet dans les traditions de la communauté agraire et de l'assemblée de village le point de départ possible pour l'édification d'une nouvelle société.

L'idée était que les paysans seraient en Russie la force de renouvellement que l'on attendait du prolétariat en Occident. Il s'est agi de ce qu'on pourrait appeler un « populisme d'en haut », qui n'a jamais mobilisé les masses populaires elles-mêmes. Mais il a eu une descendance fameuse car quelques grands noms de l'anarchisme ou du marxisme russes ont fait leurs premiers pas de militants dans ce mouvement.

Une décennie plus tard, c'est en Amérique qu'un People's Party, dont les soutiens étaient communément qualifiés de *populists*, verra le jour. Mobilisant essentiellement un monde de petits agriculteurs des Grandes Plaines en guerre contre les compagnies de chemins de fer et les banques auprès desquelles ils étaient endettés, il connut un certain succès au début des années 1890, mais ne réussit pas à atteindre une audience nationale, malgré l'écho rencontré par sa dénonciation de la corruption du monde politique et son appel à une démocratie plus directe (des thèmes qui commençaient à émerger partout dans le pays et qui donneront naissance au Progressive Movement qui développera avec succès, lui, tout un ensemble de réformes politiques – organisation de primaires, possibilité de révocation des élus, organisation de référendums d'initiative populaire – qui seront mises en place dans les États de l'ouest du pays). Le People's Party fut un authentique mouvement populaire, mais il resta cantonné à un monde agricole géographiquement circonscrit sans réussir à mordre sur l'électorat ouvrier. Aucun des populistes américains n'avait par ailleurs connaissance de l'usage précédent du terme en Russie.

Lorsque le mot fait son apparition en France, c'est en 1929, dans un tout autre contexte et sans aucun lien avec ces deux précédentes histoires. Le « Manifeste du roman populiste » qui est alors publié est en effet une prise de position strictement littéraire qui, dans la lignée de l'école naturaliste, invite les romanciers français à prendre davantage comme objet les milieux populaires. C'est à Zola comme ancêtre, ou aux contemporains Marcel Pagnol et Eugène Dabit que l'on pensait alors en évoquant ce populisme. Ces trois histoires parallèles n'ont pas interagi entre elles et elles n'ont pas de caractère de préfiguration des phénomènes contemporains, contrairement à ce que suggèrent parfois des références peu informées.

Un deuxième type d'histoire permet d'avancer de façon plus suggestive dans la compréhension du populisme contemporain. C'est celle de moments ou de régimes qui, sans en avoir revendiqué la dénomination, font mieux comprendre la dynamique des constituants essentiels de celle-ci et font écho à nos préoccupations d'aujourd'hui. Nous en avons retenu trois. Le régime du Second Empire, d'abord. Car il a illustré de façon exemplaire la façon dont le culte du suffrage universel et du référendum (alors qualifié de « plébiscite ») pouvait se lier à la construction d'une démocratie autoritaire, immédiate et polarisée, que l'on dirait communément aujourd'hui « illibérale ». L'intérêt de ce régime étant pour nous qu'il a théorisé cette conception, en développant précisément les raisons pour lesquelles elle établissait à ses yeux une démocratie plus authentique que celle du modèle libéral-parlementaire. Le laboratoire latino-américain du milieu du XXe siècle, d'abord illustré par les figures du Colombien Gaitán et de l'Argentin Perón, met bien en évidence, en second lieu, les conditions d'expression et de mise en œuvre de la représentation-incarnation ainsi que la capacité de mobilisation de l'opposition peuple / oligarchie dans des sociétés qui n'étaient pas des sociétés de classes à l'européenne. Le retour sur le moment 1890-1914 présente enfin l'intérêt de constituer un bon observatoire des conditions de montée en puissance des thèmes populistes au moment de la première mondialisation, notamment en France et aux États-Unis. Il met bien en lumière les conditions de redéfinition des clivages politiques au-delà de l'opposition traditionnelle droite / gauche. Et il permet aussi de comprendre comment la vague populiste de l'époque a pu être stoppée. C'est ainsi à la considération d'un futur non advenu que nous sommes là invités. Si le présent est toujours inédit et s'il faut se méfier des analogies qui en réduisent ce caractère, il y a de la matière à penser dans l'évocation des trois moments que nous avons choisis.

Une histoire globale et compréhensive du populisme définit une troisième approche que l'on peut qualifier d'indissociablement sociale et conceptuelle. Elle vise à approfondir notre compréhension du présent en considérant le passé comme un répertoire des possibles avortés, un laboratoire d'expériences invitant à penser des inaboutissements, des retournements, des tâtonnements. Il s'agit là d'une histoire longue du caractère problématique de la démocratie. Ce n'est pas l'histoire d'un modèle idéal dont on étudierait la germination, considérant qu'il pourrait s'établir un jour dans sa complétude. L'histoire de la démocratie n'a en effet rien de linéaire ; elle est constituée de conflits intellectuels permanents autour de sa définition, autant que marquée par des luttes sociales intenses autour de la mise en place de certaines de ses institutions majeures (que l'on pense à la conquête du suffrage universel d'hier ou à la reconnaissance des droits des minorités d'aujourd'hui). C'est une histoire de promesses non tenues et d'idéaux malmenés dans laquelle nous restons complètement immergés, comme en témoignent l'intensité du désenchantement démocratique contemporain et la difficulté de trouver les conditions d'instauration d'une véritable société d'égaux. Une histoire tumultueuse qui est indissociable d'une indétermination structurelle sur ses formes adéquates, les modalités pertinentes de l'exercice d'une souveraineté collective, l'établissement des normes de justice pour constituer un monde de semblables et la définition même du peuple restant toujours soumis à controverse. En même temps que les impatiences des uns et les peurs des autres conduisent en permanence à radicaliser les appréhensions des ruptures à accomplir ou des acquis à préserver. Nous définirons dans ce cadre le populisme comme une forme limite du projet démocratique. Aux côtés de deux autres formes limites : celle des démocraties minimales (la démocratie réduite aux droits de l'homme et à l'élection des dirigeants) et celle des démocraties essentialistes (définies par la mise en place d'un pouvoir-société en charge de l'édification du bien). Chacune de ces formes étant de par sa structure et son histoire menacée par des modalités spécifiques de dégradation : la dérive vers des oligarchies électives dans le cas des démocraties minimales et le retournement totalitaire du pouvoir contre la société pour les démocraties essentialistes. Le populisme qui constitue de son côté une forme de démocratie que nous avons qualifiée de polarisée étant quant à lui menacé, quand il fonde un régime, de dériver vers une démocrature, c'est-à-dire un pouvoir autoritaire qui reste cependant doté d'une capacité (variable) de réversibilité.

De la critique du populisme

La critique politique la plus commune du populisme est de le taxer d'illibéralisme, c'est-à-dire de tendance à secondariser l'extension (« sociétale ») des droits des individus par rapport à l'affirmation de la souveraineté collective, et simultanément à instruire le procès des corps intermédiaires accusés de contrarier l'action des pouvoirs élus. J'avais moi-même parlé il y a vingt ans de « démocratie illibérale » à propos du Second Empire[1] et repris plus récemment le terme à propos des régimes populistes. Il me semble toujours approprié pour *qualifier* une tendance observable dans presque tous les cas. Mais je ne pense plus qu'il puisse constituer l'axe conducteur d'une critique efficace, c'est-à-dire d'une critique qui avance des arguments susceptibles de modifier une opinion contraire. Pour la simple raison que les ténors du populisme rejettent explicitement cette démocratie libérale comme diminutive et confiscatoire d'une démocratie authentique. Vladimir Poutine, propagandiste d'une démocratie dite « souveraine », a ainsi affirmé avec force que le libéralisme était devenu « obsolète[2] », et Viktor Orbán a souligné de son côté qu'« une

1. Dans *La Démocratie inachevée. Histoire de la souveraineté du peuple en France*, Paris, Gallimard, 2000.
2. Voir son interview au *Financial Times* du 28 juin 2019.

démocratie n'est pas nécessairement libérale[1] ». C'est donc sur le terrain d'une critique démocratique du populisme qu'il convient d'interpeller et de discuter les nouveaux champions de cet idéal.

La vie politique est un cimetière de critiques et de mises en garde impuissantes à modifier le cours des choses. Je l'ai éprouvé en étudiant l'histoire du XIXe siècle. Lorsque j'ai par exemple vu l'incapacité de l'opposition républicaine à Napoléon III à faire entendre ses arguments à la masse des Français. Ils éructaient contre un régime qu'ils dénonçaient à juste titre comme liberticide, mais ils avaient en même temps été incapables de démonter la prétention du régime à honorer davantage que ses prédécesseurs la souveraineté du peuple en recourant aux plébiscites[2]. Ils n'avaient pas eu l'intelligence de leur indignation, en un mot. C'est ce qui se passe aujourd'hui pour ceux qui se contentent d'une critique libérale du populisme. Ce livre veut briser le sortilège en proposant une critique approfondie de la théorie démocratique qui structure l'idéologie populiste.

Cette tâche prend d'abord la forme d'une analyse précisément argumentée des limites du référendum au regard d'un projet d'accomplissement démocratique. Est ensuite traitée la question de la polarisation démocratique en soulignant que, si la démocratie se propose de rendre une collectivité maîtresse de son destin, elle ne peut pas seulement reposer sur l'exercice d'un pouvoir électoral-majoritaire. Celui-ci n'étant qu'une manifestation conventionnelle mais notoirement imparfaite de la volonté générale, cette dernière doit emprunter des expressions complémentaires pour donner corps de façon plus consistante à l'idéal démocratique. Les notions de « pouvoir de personne » et de « pouvoir de n'importe qui », deux autres appréhensions du « nous » démocratique, sont développées là, avec les dispositifs institutionnels qui peuvent leur être attachés, pour souligner le rétrécissement impliqué par une vision

1. Voir son discours programmatique du 26 juillet 2017 à Băile Tuşnad.

2. Régime qui avait par ailleurs rétabli le suffrage universel que les républicains d'ordre avaient émasculé en 1849.

uniquement électoraliste du pouvoir de tous. Il est aussi démontré à cette occasion que des institutions comme les cours constitutionnelles et les autorités indépendantes, généralement considérées sous le seul prisme de leur dimension libérale, ont avant tout un caractère démocratique. Elles constituent en effet une garantie du peuple à l'encontre de ses représentants. Cette approche invite du même coup à penser dans des termes inclusifs et non pas exclusifs les rapports du libéralisme et de la démocratie, c'est-à-dire de la liberté et de la souveraineté. La conception populiste de la notion de peuple est ensuite examinée, en déployant une critique de type sociologique de l'opposition entre le 1 % et les 99 %. La notion de « société démocratique à construire » étant dans ce cadre opposée à celle d'un peuple-Un imaginaire.

À ces différentes critiques d'ordre théorique s'ajoutent celles qui concernent les *pratiques* des régimes populistes. Avec notamment les conditions de mise en œuvre du principe de polarisation des institutions : modification du rôle et des modes d'organisation des cours constitutionnelles, suppression ou manipulation des autorités indépendantes, et notamment des commissions de contrôle électoral là où elles existent. S'ajoutent à ces éléments les données concernant la politique vis-à-vis des médias, des associations ou des partis d'opposition. L'ensemble de ces éléments donnant corps au qualificatif d'« illibéralisme » qui prend une signification que l'on peut alors apprécier concrètement (le rapport avec les pratiques et les justifications du Second Empire apparaîtra saisissant sur ces points). Une attention spécifique sera portée dans ces pages aux dispositifs juridiques déployés pour organiser l'irréversibilité de ces régimes et leur installation dans la longue durée, avec le plus souvent la levée des limitations du nombre de mandats qu'il est possible d'effectuer successivement.

L'alternative

Avant d'être analysé comme un problème, le populisme doit être compris comme une proposition de réponse aux problèmes contemporains. Ce livre le prend au sérieux en l'analysant et en le critiquant comme tel. Mais cette critique ne peut pleinement remplir son rôle que si elle se prolonge dans l'esquisse d'une proposition concurrente[1]. C'est ce à quoi s'attachent les dernières pages de cet ouvrage. Elles présentent les grands traits de ce que pourrait être une souveraineté du peuple généralisée et démultipliée qui enrichit la démocratie au lieu de la simplifier ou de la polariser. Approche qui repose sur une définition de cette dernière comme un travail permanent à accomplir, une exploration à poursuivre, et non comme un modèle dont on pourrait enfin fidèlement reproduire les traits en tournant la dernière page du recueil des conflits et des débats sur sa forme adéquate.

1. C'est ce qui fait la faiblesse des appréhensions du populisme comme une « pathologie » de la démocratie. Elles sous-entendent en effet que les démocraties existantes constitueraient une référence aboutie du projet démocratique, une norme de référence dont les populismes constitueraient une déviation. C'est négliger le caractère structurel de l'indétermination démocratique et le fait que la démocratie soit en conséquence un régime instable, en continuelle exploration de ses apories. J'ai moi-même employé cette dénomination dans mes tout premiers écrits consacrés à la question. Voir par exemple mon article « Penser le populisme », *Le Monde*, 22 juillet 2011.

I

ANATOMIE

1. Une conception du peuple : le peuple-Un
2. Une théorie de la démocratie : directe, polarisée, immédiate
3. Une modalité de la représentation : l'homme-peuple
4. Une politique et une philosophie de l'économie : le national-protectionnisme
5. Un régime de passions et d'émotions
6. Unité et diversité des populismes

1

Une conception du peuple : le peuple-Un

Les mouvements populistes ont en commun d'ériger le peuple en figure centrale de la démocratie. Une tautologie, dira-t-on, tant le *démos* est par définition le souverain dans un type de régime qui se qualifie en référence à lui. Et tout bon démocrate ne pourrait donc être que populiste en ce sens très général. Mais c'est une évidence qui est pratiquement aussi floue qu'elle semble conceptuellement impérative. *Qui* est en effet ce peuple commandant ? La question a toujours été posée. Son invocation n'a d'abord cessé d'osciller entre la référence à un *peuple-corps civique*, figure de la généralité politique, expression d'une unité, et celle à un *peuple social*, de fait assimilé à une partie spécifique de la population. Quand les Américains avaient signé *We the People* leur déclaration d'indépendance en 1776, c'est au premier qu'ils pensaient. C'est en ce sens aussi que les révolutionnaires français avaient en permanence superposé les références au peuple et à la nation (qui ne renvoie explicitement, elle, qu'à une notion historique et politique). Ce peuple relevait d'un principe constitutionnel ou d'une philosophie politique avant d'avoir une existence concrète (existence d'ailleurs rétrécie de fait à un corps électoral rarement unanime). Mais lorsqu'on parlait en 1789 du peuple qui avait pris la Bastille, c'était aussi à une foule qui avait un visage que l'on se référait. Comme en avaient un ceux qui s'étaient rassemblés en 1791 sur le Champ-de-Mars pour fêter la Fédération, ou encore ceux qui avaient érigé des barricades en 1830 ou en 1848. Le peuple existait dans ces cas sous les espèces d'une manifestation spécifique. Le peuple de Michelet ou de Victor Hugo avait une consistance sensible, celle des petites gens (ce dernier donnera pour cela le titre *Les Misérables* à son grand ouvrage). On pouvait parler dans ces cas d'un *peuple social.* Il fallait le raconter, le mettre en scène, pour le constituer et lui rendre hommage à travers des existences particulières. Une approche plus sociologique s'imposera peu à peu pour en préciser les contours. Le peuple social prendra alors le nom de prolétariat, de classe ouvrière ou de « classes populaires » (un pluriel renvoyant au constat de la complexité de la structure sociale). Ce langage de classe en particularisait le sens. Mais cette réduction était corrigée par le fait statistique de l'importance d'un monde ouvrier qui avait une forte identité. Et ce d'autant plus que la *doxa* marxiste voyait dans la classe ouvrière une figure accoucheuse d'un nouvel universalisme, celui de la société sans classes.

Ces deux peuples, le peuple-classe et le peuple-corps civique, ne coïncidaient pas, mais ils s'inscrivaient cependant dans un même récit et dans une même vision de l'accomplissement d'une démocratie comprise comme régime et forme de société simultanément. Cette perspective s'est obscurcie au tournant du XXIe siècle. D'une double manière. D'abord avec l'atrophie d'un corps électoral caractérisé par un taux croissant d'abstention, expression du rejet des partis traditionnels et d'un sentiment de mal-représentation ; atrophie également liée au déclin de la performance démocratique de l'expression électorale[1]. Ensuite

1. Voir sur ce point les développements dans mon cours de 2018 au Collège de France.

en termes sociologiques, du fait de l'individualisation du social autant que de la transformation des conditions de vie et de travail dessinant des modalités inédites de l'exploitation, de la relégation et de la domination. Bouleversements trop peu décrits qui ont renforcé le sentiment de mal-représentation et d'invisibilité d'une part croissante de la population dans la plupart des pays. Le peuple est devenu dans ces conditions « introuvable[1] ». C'est dans ce contexte que la notion de peuple des populistes s'est forgée, proposant une évocation voulue plus adéquate du présent et s'inscrivant dans une perspective mobilisatrice de refondation démocratique.

De la classe au peuple

Le projet populiste de refonder la démocratie en redonnant sa centralité à l'idée de peuple repose au premier chef sur l'abandon des analyses du monde social en termes de classes. Les développements de deux des principaux défenseurs du populisme de gauche, Ernesto Laclau et Chantal Mouffe, sont sur ce point très éclairants. Issus d'une tradition marxiste, ils ont fait le constat que la question de la propriété privée des moyens de production, avec les rapports d'exploitation qui en dérivent, n'était plus la seule, ou même la principale, à ordonner la division sociale contemporaine. Les conflits structurant l'espace public s'étant en effet aujourd'hui élargis à de nouveaux champs : les rapports hommes-femmes, les inégalités territoriales, les questions d'identité et de discrimination, par exemple. Mais aussi à tout ce qui est ressenti comme des atteintes à la dignité des personnes, vécues comme d'insupportables formes de distance et de domination (la parole populiste y fait écho en promettant aux gens de retrouver de la fierté avant même qu'il soit question de gagner du pouvoir d'achat). Il n'y a

1. Je me permets de renvoyer à mon ouvrage *Le Peuple introuvable. Histoire de la représentation démocratique en France*, Paris, Gallimard, 1998.

donc plus dans ce contexte *une* lutte des classes qui polariserait à elle seule les choses ; pas plus qu'il n'y a une classe sociale essentiellement porteuse de l'espérance d'émancipation de l'humanité (la classe ouvrière, le prolétariat). « Le moment populiste, écrit en ce sens Chantal Mouffe, traduit tout un ensemble de demandes hétérogènes qui ne peuvent plus être formulées simplement en termes d'intérêts liés à des catégories sociales déterminées. Le capitalisme néolibéral a vu émerger de nouvelles formes de domination, en dehors du processus de production. Celles-ci ont conduit à des demandes qui ne correspondent plus à des champs sociaux définis de manière sociologique ou à partir d'une position de la structure sociale. [...] C'est la raison pour laquelle, aujourd'hui, la frontière politique doit être construite sur un mode "populiste transversal"[1]. » Nouvelle frontière politique qui est, à ses yeux, celle qui oppose « le peuple » et « l'oligarchie ». « Le populisme, en déduit Laclau, n'est pas une idéologie mais un mode de construction du politique, qui se base sur le fait de diviser la société en deux et d'appeler la mobilisation de "ceux d'en bas" contre le pouvoir existant. Il y a populisme chaque fois que l'ordre social est ressenti comme essentiellement injuste et que l'on fait appel à la construction d'un nouveau sujet de l'action collective – *le peuple* – capable de reconfigurer cet ordre dans ses fondements mêmes. Sans construction et totalisation d'une nouvelle volonté collective globale, il n'y a pas de populisme[2]. » Laclau présuppose de cette façon que toutes les revendications et les conflits qui traversent

1. Chantal Mouffe, *Pour un populisme de gauche*, Paris, Albin Michel, 2018, p. 17-18.

2. Ernesto Laclau, « Logiques de la construction politique et identités populaires », *in* Jean-Louis Laville et José Luis Coraggio (dir.), *Les Gauches du XXIe siècle. Un dialogue Nord-Sud*, Lormont, Le Bord de l'eau, 2016, p. 151. Ce texte est composé d'extraits de *La Raison populiste* et en constitue un bon résumé.

la société peuvent s'ordonner selon le seul axe de l'opposition entre les détenteurs du pouvoir politique, économique, social ou culturel, qui feraient bloc (les dominants dans le langage bourdieusien), et le reste de la société (le peuple).

Eux et nous

Laclau conçoit ainsi le populisme comme dérivé d'une « logique horizontale d'équivalence[1] » agrégeant l'ensemble des demandes sociales. Agrégation rendue possible par la reconnaissance qu'il existe un ennemi commun dessinant la ligne de partage entre « eux » et « nous ». Cet ennemi peut être qualifié de « caste », d'« oligarchie », d'« élite », ou de « système » en général. C'est son existence qui dessine une « frontière intérieure divisant le social en deux camps séparés et antagonistes ». Vision qui est donc aux antipodes d'une compréhension « libérale » des conflits et des revendications sociales compris comme étant toujours susceptibles de faire l'objet de compromis et d'arbitrages. Il y a ainsi pour Laclau avec le projet populiste une radicalisation de la politique comme processus de construction et d'activation d'un rapport ami / ennemi. D'où la centralité du concept d'« antagonisme » chez lui, qui permet de caractériser des conflits pour lesquels il ne peut exister aucune issue rationnelle et pacifique. D'où également sa fascination, partagée avec Chantal Mouffe, pour l'œuvre de Carl Schmitt, sa théorie de la politique et son antilibéralisme radical. C'est d'ailleurs cette fascination qui fait intellectuellement un des liens entre populisme de droite et populisme de gauche, comme en témoigne la convergence des analyses d'un Alain de Benoist[2] avec celles d'Ernesto Laclau.

1. *Ibid.*, p. 152.

2. Voir son article « Ernesto Laclau : le seul et vrai théoricien du populisme de gauche », *Éléments*, n° 160, mai-juin 2016.

Cette désignation d'un ennemi du peuple ne repose pas seulement sur le constat d'une opposition d'intérêts ou d'une rivalité de pouvoir. Elle a également une dimension instinctive, reposant sur l'appréhension d'une distance, d'un mépris, d'une absence de compassion. Les mouvements populistes mettent d'ailleurs fortement l'accent sur la puissance des affects dans la mobilisation politique et dans la constitution du sentiment qu'existent des mondes étrangers qui se font face et qui dessinent des bannières insurmontables entre « eux » et « nous ». C'est le manque d'humanité de la « caste », de l'« élite » ou de l'« oligarchie » qui justifie la haine qu'il est légitime de leur manifester : ils sont perçus comme ayant socialement et moralement fait sécession du monde commun. D'où la virulence de la dénonciation de ceux qui « se gavent » sur le dos du peuple, la stigmatisation des « sorciers du fric » qui « se goinfrent », « se gorgent » de richesses et se coupent de leurs concitoyens de mille manières. Les figures du politicien, du milliardaire ou du technocrate se superposent dans une même exécration avec ces diatribes.

La puissance d'un mot

Le mot « peuple » fait aussi aujourd'hui particulièrement sens car il donne un langage à ce que ressentent confusément nombre de citoyens. Alors que les concepts de la sociologie traditionnelle, le vocabulaire statistique des catégories socioprofessionnelles ou les critères des formulaires administratifs leur semblent appartenir à des langues mortes, loin de leur vie et de leurs expériences. La coupure entre le « haut » et le « bas » de la société est en effet aussi vécue sur un mode existentiel. Les élites sont accusées de vivre dans un monde qui ne sait pas ce qui se passe à ses portes. Et le peuple se définit en miroir comme le monde des hommes et des femmes sans nom aux yeux de ces importants. La fracture sociale est ainsi également identifiée à une « distance cognitive », au décalage entre les « vérités statistiques » que les gouvernants mettent en avant pour qualifier l'état de la société et les conditions de vie ressenties. L'individu quelconque n'a en effet rien à voir avec l'homme moyen dans la société d'aujourd'hui : il est toujours particulier.

Le réemploi positif du mot « peuple » s'inscrit dans ce contexte. Son nouvel usage ne renvoie plus à une abstraction politique ou à une foule sans visage. Dans son indétermination même, il apparaît comme ouvert à la vie sensible et concrète de chacun. Il donne forme collective à une société d'individus en étant accueillant aux singularités. D'autant plus que l'histoire glorieuse qui est la sienne ennoblit d'une certaine façon la position de ceux qui se sentent dominés, invisibles ou enfermés dans la spécificité de leurs conditions. On peut ainsi revendiquer avec fierté d'être du peuple alors que l'on peut se sentir vaguement honteux d'être défini par des critères diminutifs (être chômeur, vivre au salaire minimum, avoir du mal à joindre les deux bouts, être peu diplômé...). Le mot permet ainsi à la fois de lancer un cri de colère et d'exhiber un quartier de noblesse.

On retrouve aussi avec l'usage de cette identification avantageuse et clivante le possible retour à la fois à des figures de rhétorique et à des expressions de passions dans lesquelles renaissent les anciennes aversions révolutionnaires contre des privilégiés considérés comme étrangers à la nation et le type de démonisation de l'étranger que l'on a souvent observé au moment des guerres. La disqualification morale joue également là un rôle essentiel pour appréhender comme faisant bloc tous ceux qui sont considérés comme corrompus, dans les différents sens du terme. Le peuple en est l'image inversée : il est vertueux, sensible aux souffrances d'autrui, travaillant dur pour vivre. Le parallèle avec le discours robespierriste est là d'autant plus saisissant qu'un Jean-Luc Mélenchon s'en est explicitement réclamé[1].

1. Voir son entretien avec Marcel Gauchet dans *Philosophie Magazine*, n° 124, octobre 2018 (Gauchet venait de publier *Robespierre, l'homme qui nous divise*

Il l'est d'ailleurs aussi dans sa dimension d'assignation des adversaires politiques à des agents de l'étranger, décrits comme des auxiliaires du capitalisme international, d'un multiculturalisme mondialisé ou encore d'une Europe technocratique bafouant la souveraineté des nations ; le terme de « néolibéralisme » résumant en un vocable unique la culture politique et sociale de la « caste ». On peut dire d'une façon plus générale que le mot « peuple » est double, comme Janus. Il fait écho à l'idée d'une certaine grandeur morale en même temps qu'il justifie de plus troubles haines[1]. Il construit le champ politique de telle sorte que l'adversaire ne peut être qu'un ennemi de l'humanité. Il sert à mettre un nom sur le malheur tout en indiquant le chemin d'un certain type de changement.

C'est sous ces différents angles que les mouvements populistes entendent redonner une consistance sensible à l'invocation d'un peuple-Un devenu introuvable, une référence qui n'était auparavant qu'un « signifiant flottant » ou même un « signifiant vide », selon les expressions déjà citées d'Ernesto Laclau. Cette façon de « construire un peuple[2] » pose évidemment nombre de questions sur lesquelles nous reviendrons dans la partie de ce livre consacrée aux conditions d'une critique adéquate du populisme. Mais il faut souligner qu'elle présente l'avantage de réduire la fracture ou du moins la tension entre le peuple-corps civique et le peuple social. Les deux coïncident en effet avec le renvoi des gouvernants et des différents types d'élites ou d'oligarchies à une même catégorie, celle de caste par exemple. La

---

le plus, Paris, Gallimard, 2018). Voir aussi son ouvrage, avec Cécile Amar, *De la vertu*, Paris, Éd. de l'Observatoire, 2017.

1. La défense de l'identité-dignité pouvant par exemple s'exprimer sous les espèces d'un rejet de religions jugées « étrangères » (l'islam au premier chef).

2. C'est le titre donné par Chantal Mouffe à un livre écrit avec le numéro deux de Podemos en Espagne.

revitalisation démocratique et l'amélioration des conditions de vie dépendent donc, dans cette perspective populiste, du congédiement simultané de ce petit groupe unifié d'ennemis du peuple, la lutte sociale et l'affrontement politique se superposant[1]. C'est ce qui fait sa force.

1. D'où le peu d'attention porté aux syndicats par les mouvements populistes.

2

Une théorie de la démocratie : directe, polarisée, immédiate

Les populismes s'inscrivent dans la perspective d'une régénération démocratique. Ils instruisent pour cela le procès des démocraties existantes, telles qu'elles sont généralement pratiquées et théorisées. Démocraties que l'on pourrait dire libérales-représentatives. Libérales en ce sens qu'elles ont mis en place des procédures et des institutions pour prévenir le risque de tyrannie des majorités en donnant une place centrale à la garantie de l'intégrité et de l'autonomie des personnes. Il s'agit dans la plupart des pays de dispositions constitutionnelles garantissant les droits des individus, et encadrant pour cela le pouvoir législatif, ou d'institutions indépendantes contrôlant le pouvoir exécutif ou même exerçant certaines de ses prérogatives. Représentatives car elles reposent sur l'idée d'un pouvoir populaire circonscrit, sauf quelques exceptions, au processus de sélection et de validation électorale des dirigeants. La vision populiste de la démocratie entend proposer une alternative à cette conception, fondée sur la remise en cause de ces deux interprétations jugées diminutives de l'idéal démocratique.

Un Viktor Orbán ou un Vladimir Poutine se sont ainsi présentés à de nombreuses reprises comme les champions d'une rupture avec la démocratie libérale, considérant qu'existe aujourd'hui un conflit ouvert entre deux conceptions concurrentes du projet démocratique. Dans le champ théorique, une Chantal Mouffe, appelant à « comprendre que la démocratie libérale résulte de l'articulation de deux logiques incompatibles en dernière instance[1] », a invité à ne plus seulement identifier la démocratie à l'État de droit et à la défense des droits de l'homme – comme le fait à ses yeux le néolibéralisme – et à remettre au premier plan le principe de la souveraineté collective. De là procède le lien entre l'aspiration à une radicalisation populiste de la démocratie et la stigmatisation intellectuelle d'une vision sociétale et « droit-de-l'hommiste », accusée d'avoir le culte de l'individu et des minorités au détriment du souci d'affirmer la souveraineté du peuple. De là procède également la théorisation positive de l'illibéralisme du projet populiste comme condition d'une démocratie plus authentique (c'est un point sur lequel nous reviendrons longuement dans la dernière partie de l'ouvrage).

La conception populiste de la démocratie présente sur cette base trois caractéristiques. Elle entend d'abord privilégier la *démocratie directe*, en appelant notamment à multiplier les référendums d'initiative populaire ; elle défend ensuite le projet d'une *démocratie polarisée*, dénonçant le caractère non démocratique des autorités non élues et des cours constitutionnelles. Elle exalte enfin, et c'est le point nodal, une *conception immédiate et spontanée* de l'expression populaire.

1. Chantal Mouffe, *Le Paradoxe démocratique* (version originale anglaise : *The Democratic Paradox*, Londres, Verso, 2000), Paris, Beaux-Arts de Paris Éditions, 2016, p. 16.

Le culte du référendum et l'apologie de la démocratie directe

En France, c'est dès le milieu des années 1980, au début de son ascension électorale, que le Front national avait fait de l'extension des procédures référendaires un de ses thèmes majeurs de campagne. Appelant à une « vraie révolution française », Jean-Marie Le Pen avait alors parlé d'un nécessaire « élargissement de la démocratie » sur ce mode, afin de « rendre la parole au peuple[1] ». Il avait décrit le référendum comme étant « l'expression la plus parfaite de la démocratie ». Et il avait simultanément appelé de ses vœux l'instauration d'un type spécifique de « référendum-veto » permettant au peuple de « s'opposer à la promulgation de lois adoptées par le Parlement, mais qu'il désapprouve[2] ». Un peu plus tard, le programme du Front pour les législatives de 1997 s'était fait plus précis, en proposant d'étendre le référendum « pour libérer le peuple français de l'emprise de la classe politique », un tel « référendum d'initiative populaire » devant permettre aux citoyens de décider eux-mêmes des sujets soumis à leur appréciation[3].

Les cercles intellectuels qui accompagnaient pendant cette période la montée en puissance du Front, comme le Club de l'Horloge ou le GRECE, avaient simultanément instruit cette célébration de la

1. Jean-Marie Le Pen, « Pour une vraie révolution française », *National Hebdo*, 26 septembre 1985. Il marquait de cette façon sa différence avec l'extrême droite maurassienne et contre-révolutionnaire qui conspuait l'idée démocratique. Cet article marquait aussi un tournant avec son propre scepticisme précédent de « démocrate churchillien ». Voir son précédent manifeste de 1984, *Les Français d'abord*, Paris, Carrère-Lafon.

2. *Id.*

3. Voir le chapitre « Rendre le pouvoir au peuple » du programme *Le Grand Changement*, préfacé par Jean-Marie Le Pen.

démocratie directe en la rattachant à la tradition suisse, décrite comme le modèle d'une démocratie enracinée dans ses traditions et attentive à ne pas se laisser dénaturaliser par des corps étrangers. C'est grâce à la démocratie directe, plaidaient-ils, que ce pays avait su se protéger de l'abus fiscal et de l'immigration massive[1]. L'appel direct au peuple était ainsi présenté comme le moyen de se débarrasser des vieilles élites politiciennes et oligarchiques tout en montant la garde contre le danger d'envahissement par des immigrés « inassimilables », le système représentatif traditionnel étant renvoyé à une sorte de préhistoire de la démocratie. Tous les mouvements populistes adopteront par la suite cette vision de la démocratie directe, instrument à leurs yeux efficace d'une mise à l'écart des élites corrompues et incapables par un peuple sain et pleinement souverain. Référendum présentant en outre une forte spécificité performative, puisque avec lui la prise de parole est censée exprimer une volonté directement active, en rupture donc avec tous les atermoiements politiciens.

Le contournement du référendum de 2005 sur le projet de Constitution européenne par la ratification parlementaire du traité de Lisbonne a puissamment marqué les esprits en France. S'il fallait déterminer le début de l'extension de la vague populiste dans le pays, c'est certainement la date symbolique qu'il conviendrait de retenir. La mise en avant du caractère démocratique du référendum n'a depuis cessé d'être opposée à la propension à la confiscation de la souveraineté du peuple par le système représentatif-parlementaire. Onze ans plus tard, l'affirmation de la préférence populaire pour le Brexit sera pareillement opposée en Grande-Bretagne aux aspirations contraires de la majorité des membres du Parlement. Et on verra dans toute l'Europe se raviver l'intérêt porté par les milieux populistes aux procédures suisses d'initiative et de votation populaires grâce

1. Voir typiquement Yvan Blot, *Les Racines de la liberté*, Paris, Albin Michel, 1985 (chap. VIII, « Le modèle suisse », et chap. IX, « Le recours : la démocratie authentique »), et *La Démocratie directe : une chance pour la France*, Paris, Economica, 2012.

auxquelles l'UDC de Christoph Blocher a pu à maintes reprises dicter au pays l'agenda de ses débats. De leur côté, les régimes populistes ont, partout dans le monde, souvent eu recours au référendum pour asseoir leur légitimité et, dans la plupart des cas, accroître les prérogatives de l'exécutif. Les référendums prenant alors bien souvent le visage de plébiscites. Mais cette question n'a guère été considérée dans les cercles populistes de droite ni de gauche, tant s'est imposée chez eux l'évidence de la perfection démocratique de cette procédure.

La démocratie polarisée

Le gouvernement des juges – cette expression a souvent été utilisée pour stigmatiser ce qui était appréhendé comme une menace : la montée en puissance d'un pouvoir judiciaire devenu de plus en plus indépendant dans nombre de démocraties. Indépendance spécialement dénoncée quand elle s'exprime à travers le développement d'une jurisprudence qui vient préciser la loi en l'interprétant. « Les magistrats sont là pour appliquer la loi, pas pour l'inventer, pas pour contrecarrer la volonté du peuple, pas pour se substituer au législateur. Une fonction publique ne doit pas autoriser son titulaire à usurper un pouvoir », avait ainsi typiquement asséné Marine Le Pen[1]. Certains n'hésiteront même pas à forger le terme de « juridictature » pour qualifier l'indépendance de la magistrature et l'extension des compétences du Conseil constitutionnel en France[2], considérant le règne du droit comme « l'erreur centrale » des démocraties contemporaines. L'opposition entre droit et démocratie n'est pas nouvelle.

1. Discours au Zénith de Nantes, 26 février 2017. Elle était alors sous le coup de plusieurs enquêtes judiciaires visant tant le fonctionnement de son parti que le fait d'avoir fait rémunérer par le Parlement européen des personnes ayant travaillé à son service au FN.

2. Voir l'article emblématique d'Alain de Benoist, « Vers une juridictature », *Éléments*, n° 178, mai-juin 2019. Voir, dans le même numéro, l'ensemble du dossier « Les juges contre la démocratie. Pour en finir avec la dictature du droit ».

Elle avait largement été discutée dans les révolutions américaine et française, conduisant les constituants français à adopter en 1790 le principe de l'élection des juges (ensuite remis en cause, il restera une revendication républicaine tout au long du XIXe siècle). De leur côté, de nombreux États américains institueront aussi des mécanismes d'élection des magistrats, un système toujours en place[1]. Mais cette opposition a été radicalisée dans la vision populiste. Pour elle, c'est estimer *a minima* que la magistrature ne pouvait se revendiquer que d'une légitimité strictement fonctionnelle, celle-ci n'ayant qu'un statut démocratique secondarisé par rapport aux élus ayant reçu l'onction du suffrage populaire. On peut parler dans ce cas d'une vision *polarisée* de la légitimité et des institutions démocratiques, l'élection s'imposant du même coup comme l'unique moyen d'expression démocratique (ce qui conduit à considérer que la démocratie est essentiellement d'ordre procédural et qu'elle n'a pas de dimension substantielle, qualifiant par exemple la qualité d'une institution et de son fonctionnement).

Cette appréhension de la démocratie s'est plus largement traduite dans les régimes populistes par une mise au pas, voire une suppression, des autorités indépendantes, la réduction du champ d'intervention des cours constitutionnelles en ayant été la manifestation la plus éclatante. Au sein même de l'Union européenne, l'adoption en 2011 de la nouvelle Constitution hongroise avait fait sensation tant les pouvoirs de la Cour constitutionnelle y avaient été réduits par une révision pilotée et intellectuellement justifiée par les soutiens de Viktor Orbán. Suivant un processus différent, l'indépendance de cette institution avait aussi été sérieusement mise à mal en Pologne. La vivacité des critiques adressées à ces pays par les instances de Bruxelles n'a pas conduit ces derniers à faire machine arrière. Ils se sont au contraire défendus d'être de cette façon d'ardents serviteurs

1. Voir sur ce point mes développements (« L'élection des juges : quelques éléments d'histoire ») dans *La Légitimité démocratique. Impartialité, réflexivité, proximité*, Paris, Seuil, 2008.

de la souveraineté du peuple, les larges compétences reconnues à leurs cours constitutionnelles dans le moment de transition postcommuniste n'ayant à leurs yeux plus de raison d'être dans une démocratie stabilisée où le peuple est vraiment devenu souverain. Des processus similaires ont eu lieu en Bolivie et au Venezuela, comme en Turquie ou en Russie (on notera que dans ce dernier pays c'est la notion de « démocratie souveraine » qui a été mise en avant pour qualifier ce mécanisme de polarisation[1]).

L'expression immédiate du peuple

Il y a enfin une vision implicite de l'évidence de la volonté générale dans la perspective populiste, dès lors que la victoire contre les ennemis du peuple a été remportée. Ce qui est conforme à la philosophie schmittienne de la politique. Pour Carl Schmitt[2], la célébration de l'acclamation populaire comme forme achevée de la démocratie va en effet de pair avec la critique des illusions associées au pluralisme de l'approche libérale-parlementaire. Pour lui, le peuple constitué dans le combat contre ses ennemis était en effet nécessairement homogène et unanime. Sans emprunter à Schmitt sa conception ethnique de l'homogénéité, ses « lecteurs populistes » comme Chantal Mouffe ou Ernesto Laclau ont conservé son idée de l'unanimité comme horizon régulateur de l'expression démocratique, avec ce que cela implique en termes de rejet des théories de l'argumentation et de

1. La formule est due à Vladislav Sourkov, qui a joué le rôle d'intellectuel organique et de *spin doctor* auprès de Poutine dans les années 2000.

2. Carl Schmitt (1888-1985) fut l'un des grands juristes allemands du XXe siècle. Critique argumenté du libéralisme et du parlementarisme, il se fit le champion d'une vision réaliste de la politique (définie comme conflit de l'ami et de l'ennemi) et d'une conception raciste et unanimiste du peuple. Son évolution vers le national-socialisme contribua à discréditer sa pensée, mais il fut « redécouvert » dans les années 1980 par une extrême droite à la recherche de maîtres à penser et une extrême gauche fascinée par sa radicalité antilibérale et son culte de la force.

la délibération[1]. La participation politique ne définit pas dans ce cadre une citoyenneté active fondée sur la formulation d'opinions personnelles et la confrontation des points de vue, elle renvoie plutôt au fait de s'éprouver comme membre d'une communauté[2]. C'est une forme de rousseauisme greffé sur l'*a priori* des vertus et des potentialités de la spontanéité populaire, du bon sens des masses. « Tous les individus, avait ainsi typiquement souligné Chávez en 2007, sont susceptibles de se méprendre et de se laisser séduire, mais pas le peuple, car il est doté d'une conscience aiguë de ce qui lui est bénéfique et il apprécie son indépendance à sa juste mesure. Grâce à cela, son jugement est pur, sa volonté est forte, et personne ne peut le corrompre ni même le menacer[3]. » Une vision qui semblait en effet directement empruntée aux passages du *Contrat social* estimant que la volonté générale ne pouvait pas errer.

Une telle démocratie immédiate ne requiert donc pas que soient structurées des organisations politiques fonctionnant sur la base d'une démocratie interne ; elle invite plutôt à une démarche d'adhésion à une offre politique déjà constituée. Démocratie interne voudrait en effet dire existence de courants, débats sur la stratégie, compétition entre des individus : c'est de cette façon que sont typiquement structurés les partis. Un mouvement ne peut à l'inverse que former

1. Voir sur ce point Philippe Urfalino, « Un nouveau décisionnisme politique : la philosophie du populisme de gauche », *Archives de philosophie*, janvier 2019. Il faut rappeler ici que la critique des « classes discutantes » a été un fil rouge du type de pensée antilibérale (que l'on dirait aujourd'hui d'extrême droite) qui a couru de Donoso Cortés à Carl Schmitt en passant par Barrès et Maurras. C'est aussi la racine de l'anti-intellectualisme qui anime tous ces auteurs. Pour eux, la logique des intellectuels devait s'effacer derrière l'instinct des humbles, le seul à exprimer un rapport juste à la réalité.

2. C'est la définition que donne d'ailleurs explicitement un Alain de Benoist dans *Démocratie : le problème*, Paris, Le Labyrinthe, 1985.

3. Cité dans l'ouvrage de Cas Mudde et Cristóbal Rovira Kaltwasser, *Brève introduction au populisme*, trad. française, La Tour-d'Aigues, Éd. de l'Aube, 2018, p. 32.

un ensemble cohérent et soudé, à l'image du peuple-Un dont il se veut l'accoucheur et le révélateur. C'est pourquoi il est en phase avec le nouveau monde des réseaux sociaux dans lequel s'est imposée la catégorie des *followers* pour qualifier le type de lien entre des individus et un pôle d'initiatives.

La critique des médias qui est au cœur de la rhétorique populiste doit être comprise à cette aune du principe d'immédiateté. Les insultes d'un Trump adressées aux journalistes, les vitupérations d'un Orbán contre les suppôts de George Soros ou les appels d'un Mélenchon à une « juste et saine haine des médias » ne relèvent en effet pas de simples emportements. S'ils traduisent bien des agacements et des rancœurs face à des forces contraires, ils participent plus profondément d'une théorie de la démocratie immédiate qui considère comme structurellement illégitime la prétention de corps intermédiaires – dont la presse constitue une des figures les plus notables – à jouer un rôle actif dans l'animation de la vie publique et la constitution de l'opinion. Les médias sont pour eux des perturbateurs de l'expression de la volonté générale et non pas des contributeurs nécessaires à sa formation. Illégitimité que l'on pourrait dire fonctionnelle – au regard du présupposé de spontanéité démocratique – qui se double d'une illégitimité morale fondée sur le soupçon de dépendance vis-à-vis d'intérêts particuliers et de puissances de l'argent.

3

Une modalité de la représentation : l'homme-peuple

Le populisme exalte un peuple-Un, soudé par son rejet des élites et des oligarchies. Un peuple vouant également aux gémonies une caste politique accusée de défendre ses propres intérêts et de n'avoir plus aucun caractère représentatif. D'où le rejet de la forme parti assimilée au règne d'appareils loin des réalités et de machines à discourir ; accusée également d'être paralysée par d'incessantes luttes d'influence entre des groupes concurrents. D'où la préférence donnée pour cette autre raison à un type différent d'organisation politique : celui du mouvement. Outre leur prétention originelle à apporter un sang neuf dans la vie publique, les mouvements populistes se distinguent ainsi structurellement des partis. Alors que les partis étaient idéalement conçus comme l'expression orchestrée de groupes spécifiques, qu'ils soient définis socialement, territorialement ou idéologiquement, les mouvements affirment vouloir rassembler toute la société[1]. La représentation

1. Jean-Luc Mélenchon note significativement à propos de La France insoumise : « Nous ne voulons pas être un parti. Le parti, c'est l'outil de

de la société était facile à concevoir avec les partis puisqu'ils étaient justement l'émanation de réalités existantes bien définies (la classe ouvrière, le monde paysan, les artisans et les commerçants, des communautés religieuses, etc.). Les choses se présentent différemment avec les mouvements populistes. Ils sont en effet d'abord constitués de façon plus négative, par une addition de rejets et d'exécrations. Mais ils sont parallèlement confrontés au caractère de plus en plus nébuleux du peuple dont ils entendent se faire les hérauts. Le déclin des partis politiques est d'ailleurs en partie lié à cette réalité. Ils ne sont pas seulement victimes de leurs archaïsmes et de leur ossification : ils ne trouvent plus leur place dans une société qui a radicalement changé, une société dans laquelle les conditions sociales sont plus fragmentées[1]. C'est aussi dans ce contexte que le message populiste a trouvé un écho favorable, car sa globalisation donnait le sentiment d'une capacité à produire du commun dans une telle diffraction. Mais son discours dénonciateur ne suffit pas à combler le déficit de représentation qui caractérise les démocraties contemporaines. D'où le rôle clef joué par le leader pour donner cohérence et chair sensible à ce message.

Le précédent latino-américain

Le populisme latino-américain a illustré de façon exemplaire, dès le milieu du XXe siècle, cette dimension constitutive des populismes d'aujourd'hui. Ce n'est pas étonnant, car il avait émergé dans des pays peu industrialisés qui n'étaient pas tant structurés en classes que caractérisés par des formes de domination latifundiaire et oligarchique. L'opposition peuple / élites était ainsi alors la plus parlante pour un grand nombre de citoyens. C'est dans ce contexte que la

classe. Le mouvement est la forme organisée du peuple », *Le 1 Hebdo*, n° 174, 18 octobre 2017.

1. Voir sur ce point mon ouvrage *Le Peuple introuvable. Histoire de la représentation démocratique en France*, *op. cit.*

thématique de l'homme-peuple a fait son apparition. « Je ne suis pas un homme, je suis un peuple » : ces mots ressassés avec insistance par le leader colombien des années 1930-1940 Jorge Eliécer Gaitán[1] ont donné le ton aux populismes ultérieurs sur tout le continent. Le profil du personnage mérite que l'on s'y attarde, tant il exprime les équivoques de ce populisme naissant, aussi violemment anticapitaliste que séduit par les fascismes européens alors en ascension. Étudiant à Rome en 1926-1927, il effectuera une thèse avec Enrico Ferri, un célèbre criminologue passé du socialisme au fascisme, dont il deviendra le protégé. Gaitán assistera à plusieurs reprises à des meetings de Mussolini et il se dira impressionné par la capacité de ce dernier à dominer son auditoire et à mouvoir l'énergie d'une foule. Il étudiera même minutieusement la gestuelle du Duce et la manière dont celui-ci modulait les intonations de sa voix pour maintenir l'attention de son auditoire – techniques qu'il reproduira dans son action politique en Colombie. « Candidat du peuple » aux élections présidentielles, Gaitán, à la fois anticapitaliste et adversaire de l'oligarchie traditionnelle, sera assassiné en 1948 (nous reviendrons plus loin sur son œuvre). Depuis cette date, son nom a symbolisé l'esprit du populisme latino-américain, dans son langage comme dans son engagement anti-oligarchique, avec toutes ses ambiguïtés également. Il sera admiré par Fidel Castro autant que par Juan Perón. Perón qui entendra lui aussi se faire homme-peuple et qui parlera de « dépersonnalisation » pour qualifier les desseins que la révolution avait incarnés en lui[2], estimant que son individualité s'abîmait dans celle des Argentins.

Hugo Chávez, se référant explicitement à Gaitán, avait martelé la formule lors de la campagne pour l'élection présidentielle de 2012 au Venezuela. « Quand je vous vois, avait-il typiquement dit aux foules rassemblées dans les meetings, quand vous me voyez, je

1. Voir Jorge Eliécer Gaitán, *Escritos políticos*, Bogotá, El Ancora Editores, 1985.

2. Discours du 1er mai 1974, *in* Juan Domingo Perón, *El modelo argentino*, Gualeguaychú, Tolemia, 2011, p. 11.

le sens, quelque chose me dit : “Chávez, tu n’es plus Chávez, tu es un peuple. Je ne suis effectivement plus moi, je suis un peuple et je suis vous, c’est ainsi que je le ressens, je me suis incarné en vous. Je l’ai dit et je le répète : Nous sommes des millions de Chávez ; toi aussi, tu es Chávez, femme vénézuélienne ; toi aussi, tu es Chávez, soldat vénézuélien ; toi aussi, tu es Chávez, pêcheur, agriculteur, paysan, commerçant. Parce que, Chávez, ce n’est plus moi. Chávez, c’est tout un peuple[1] !” » Renaissait de la sorte la vieille idée d’une *représentation-miroir*[2]. Dans son premier discours d’investiture comme président de la République en 1999, il avait été jusqu’à lancer à son auditoire : « Aujourd’hui, je me convertis en votre instrument. Moi, j’existe à peine et j’accomplirai le mandat que vous m’avez confié. Préparez-vous à gouverner[3] ! »

Le leader-organe

Les exemples latino-américains avaient encore il y a quelque temps un caractère « exotique ». Mais la montée en puissance des populismes manifeste clairement que cette appréhension du leader comme « homme-peuple » participe d’une vision de la représentation politique qui les caractérise de manière générale. Lors de la campagne présidentielle de 1995 en France, le Front national

1. Discours du 12 juillet 2012. Formules textuellement reprises les 9 et 24 septembre 2012.

2. On notera que le sous-commandant Marcos avait justifié sur ce mode, depuis son refuge au Chiapas (Mexique), son port permanent d’une cagoule. Quand on lui demandait qui se cachait sous le masque, il répondait : « Si tu veux savoir qui est Marcos, prends un miroir, le visage que tu y verras est celui de Marcos. Car, Marcos, c’est toi, femme ; c’est toi, homme ; c’est toi, indigène, paysan, soldat, étudiant… *Nous sommes tous Marcos, tous un peuple insurgé* » (cité par Ignacio Ramonet, *Marcos, la dignité rebelle. Conversations avec le sous-commandant Marcos*, Paris, Galilée, 2001 ; c’est moi qui souligne).

3. Hugo Chávez, *Seis discursos del Presidente constitucional de Venezuela*, Caracas, Ediciones de la Presidencia de la República, 2000, p. 47.

avait ainsi inscrit sur ses affiches le slogan « Le Pen, le peuple ». La question a plus tard été ouvertement théorisée par ceux qui ont été reconnus comme les intellectuels organiques de la gauche de ce courant que nous avons déjà cités, Ernesto Laclau et Chantal Mouffe. « Le populisme, souligne le premier, requiert comme condition de son émergence une verticalité d'un nouveau genre. Le peuple, en tant qu'acteur collectif, doit se façonner autour d'une certaine identité. Mais cette identité n'est pas automatique : il faut la construire[1]. » Ce qui signifie pour lui qu'à côté de l'« expansion horizontale des équivalences démocratiques » doit se mettre en place une « articulation verticale autour d'un signifiant hégémonique qui, dans la plupart des cas, est le nom d'un leader[2] ». Même appréciation du côté de Chantal Mouffe : « Pour créer une volonté collective à partir de demandes hétérogènes, écrit-elle, il faut un personnage qui puisse représenter leur unité. Il ne peut donc pas y avoir de moment populiste sans leader, c'est évident[3]. »

Formulées sous des plumes de gauche, ces affirmations avaient semé un certain trouble. Mais elles avaient été vigoureusement défendues par leurs auteurs. En opposant d'abord le type de leader qu'ils appelaient de leurs vœux à la « relation très autoritaire » qui caractérisait selon eux les rapports entre peuple et leader dans le populisme de droite. Mais l'argument était là de faible portée, ne reposant que sur un *a priori*. Plus intéressantes étaient leurs considérations sur la spécificité *en général* de l'homme-peuple. Il était pour eux un leader qui n'existe en tant que tel que s'il incorpore effectivement la vie et les demandes des représentés ; s'il manifeste une réelle puissance d'incarnation en un mot. On peut dire dans ce cas qu'il est *idéalement* un leader dépersonnalisé, un pur représentant,

1. Ernesto Laclau, « Logiques de la construction politique et identités populaires », art. cité, p. 153.

2. *Ibid.*, p. 156.

3. *In* Chantal Mouffe et Iñigo Errejón, *Construire un peuple. Pour une radicalisation de la démocratie*, Paris, Cerf, 2017, p. 169.

une figure totalement absorbée dans sa fonctionnalité, à mille lieues de l'expression d'un quelconque culte de la personnalité donc, avec le rapport de domination que cela implique[1]. Idéalement, je souligne. Le leader peut être considéré là comme le pur *organe* du peuple[2]. Il n'est pas seulement l'élu ou le délégué, c'est-à-dire le représentant au sens procédural du terme : c'est lui qui *rend présent* le peuple, au sens figuré du terme, qui lui donne forme et visage. Si la personnalisation accrue de la vie politique est une donnée universelle liée à la prééminence acquise par le pouvoir exécutif (alors que le législatif est toujours un corps pluriel), il y a une spécificité proprement populiste dans la figure du leader-organe.

Significatives sont à cet égard les interrogations sans langue de bois d'un Jean-Luc Mélenchon qui lançait à ses adversaires : « Je suis du peuple. Je ne veux être que cela et je méprise ceux qui voudraient être quelque chose de plus[3]. » Un Mélenchon qui, visitant en 2017 le Forum romain, s'était exclamé : « César était proche du peuple. C'est les patriciens, les ennemis du peuple, qui l'ont assassiné. Ce qui est intéressant, c'est de voir César comme une figure populaire[4]. » Un Mélenchon constatant que la politique impliquait plus que jamais

1. Sur cette question de l'introduction du leader dans une pensée politique de gauche, on pourra se reporter à l'ouvrage de Jean-Claude Monod, *Qu'est-ce qu'un chef en démocratie ? Politiques du charisme*, Paris, Seuil, 2012. Voir aussi la postface rédigée pour la réédition dans la collection « Points » en 2017.

2. Le lecteur souhaitant approfondir cette notion pourra se reporter à la théorie de l'organe dans le droit public allemand de la fin du XIXe siècle et aux développements que lui consacre Raymond Carré de Malberg dans sa magistrale *Contribution à la théorie générale de l'État*, Paris, Recueil Sirey, 1920-1922, 2 vol. Il y a ainsi dans le populisme une transposition implicite de cette théorie de l'organe dans la figure du leader (alors que Carré de Malberg faisait du Parlement l'organe d'une nation irreprésentable en elle-même).

3. Citation de Robespierre par Jean-Luc Mélenchon dans son livre *L'Ère du peuple*, Paris, Fayard, 2014, p. 31.

4. Propos rapportés dans Lilian Alemagna et Stéphane Alliès, *Mélenchon à la conquête du peuple*, Paris, Robert Laffont, 2018, p. 410. Les citations qui suivent sont extraites du même ouvrage.

de « construire un affect collectif » tout en estimant qu'il fallait en même temps « le déconstruire pour ancrer des choix rationnels ». Un Mélenchon trouvant sincèrement « insupportable » la personnalisation du pouvoir et souhaitant simultanément « continuer à creuser le sillon tribunitien ». Un Mélenchon à la fois interrogatif et décidé à revêtir les habits de cet homme-peuple avec lesquels il était entré en populisme. Interrogé sur la façon dont il entendait pouvoir être suivi par les gens ordinaires, il avait répondu : « Moi. Vous pouvez vous identifier à moi [...]. Les personnes que je croise dans la rue, dans le bus, dans le métro, sentent d'instinct celui qui est “avec nous”[1]. » Une telle conception de la représentation-incarnation se retrouve partout dans la galaxie populiste. Même un Donald Trump n'avait pas hésité à dire lors de son discours d'investiture devant la Convention républicaine : « Je suis votre voix[2]. » L'affirmation d'une telle identification est en elle-même un programme. Au-delà de la formulation de propositions de réformes, le propre de la politique populiste est ainsi de se fonder sur une parole incarnée ayant une dimension que l'on pourrait dire existentielle. Elle s'adresse aux affects autant qu'à la raison, nous reviendrons sur ce point capital.

1. Entretien dans *Le 1 Hebdo*, nº 174, 18 octobre 2017. On peut aussi rappeler que lors de la perquisition mouvementée dans les locaux de La France insoumise, le 16 octobre 2018, il n'avait pas hésité à dire : « La République, c'est moi », « Ma personne est sacrée », ou encore : « Je suis plus que Jean-Luc Mélenchon, je suis 7 millions de personnes » (propos rapportés dans *Le Monde*, 19 octobre 2018).

2. Discours du 22 juillet 2016.

4

Une politique et une philosophie de l'économie : le national-protectionnisme

L'histoire des économies modernes s'est inscrite dans une évolution de long terme : celle de l'extension des échanges, au niveau tant intranational qu'international. Le développement de la spécialisation des activités productives et les économies d'échelle ont ainsi tendu à déterritorialiser les économies et à constituer un marché-monde. Mais les bénéfices attendus de ce mouvement vers le libre-échange n'ont en même temps pas cessé d'être interrogés. Dès le début du XIXe siècle l'optimisme d'un Adam Smith ou d'un David Ricardo avait été dénoncé pour l'abstraction de la vision de la richesse des nations qui le sous-tendait. En France, en Allemagne et aux États-Unis, les appels à l'adoption d'un protectionnisme raisonné furent ainsi entendus par les gouvernements pour des raisons sociales et politiques autant qu'économiques. « En matière d'industrie, nous sommes des conservateurs, des protecteurs », disait par exemple un Guizot, la grande figure du libéralisme politique français de l'époque[1]. Il redoutait en effet que le libre-échange ne conduise, selon ses propres termes, à « porter une perturbation dans l'ordre établi », et il défendrait pour cela avec ses amis le « travail national » contre la « concurrence cosmopolite ». En Allemagne, l'économiste Friedrich List publiera en 1841 son *Système national d'économie politique* qui influencera en profondeur les destinées de sa terre natale. Il y proposait d'instituer une association douanière (*Zollverein*) pour encourager l'unification politique du pays à partir de la constitution d'une zone économique protégée. Sa visée n'avait rien de doctrinal : le protectionnisme était pour lui un instrument circonstanciel d'« éducation industrielle du pays[2] ». Même chose dans l'Amérique des dernières décennies du XIXe siècle qui limitera les importations étrangères pour asseoir le décollage de son industrie manufacturière.

Ces préventions et ces préoccupations ont sous-tendu depuis deux siècles une forme d'alternance des vagues de protectionnisme et de libre-échange à l'échelle des nations. Elles sont toujours au centre des débats, comme en ont témoigné les controverses de 2019 sur les traités de commerce de l'Europe avec le Canada et le Mercosur autant que les interrogations récurrentes sur la politique à adopter face au déséquilibre des échanges avec la Chine. Mais dans tous ces cas, aujourd'hui comme hier, c'est d'un point de vue pragmatique que la question du degré pertinent de protectionnisme a le plus souvent été abordée, seules variant l'urgence ressentie de la question ou la nature des problèmes à prendre en compte (la question du coût environnemental du libre-échange planétaire ayant par exemple pris une importance inédite). La défense du protectionnisme qui

1. Discours du 1er avril 1846 (dans la discussion sur le traité de commerce avec la Belgique), *in* François Guizot, *Histoire parlementaire de France*, Paris, Michel-Lévy frères, 1864, vol. 5, p. 120.

2. Friedrich List, *Système national d'économie politique*, trad. française, Paris, Capelle, 2e éd., 1857, p. 96. List se distinguait de Fichte dont *L'État commercial fermé* (1800) prônait un protectionnisme autarcique d'ordre politique.

est au cœur de la vision économique de nombreux mouvements populistes est d'un autre ordre. Elle a une dimension beaucoup plus large. Elle renvoie à la fois à une conception de la souveraineté et de la volonté politiques, à une philosophie de l'égalité et à une vision de la sécurité.

Le retour de la volonté politique

Dans la perspective protectionniste, le règne du libre-échange et la mondialisation qui l'accompagne ne sont pas seulement évalués au regard du bilan économique et social que l'on peut en dresser, que ce soit globalement ou sur des points spécifiques. Ils sont d'abord dénoncés comme étant les vecteurs d'une destruction de la volonté politique. Ils s'accompagnent en effet d'un transfert du pouvoir de gouverner à des mécanismes anonymes, donnant de la sorte son congé à la possibilité d'une souveraineté des peuples sur leur destin. Ils dessinent un monde supposé régi par des règles « objectives » qui ôte toute consistance à l'idée même d'une alternative à l'ordre existant[1]. Dépossession aggravée par la montée en puissance des autorités indépendantes qui se développent partout dans leur sillage. Pour les populismes européens, la Communauté européenne apparaît comme le symbole et le laboratoire de cette confiscation perverse du pouvoir populaire par la raison experte et la main invisible du marché. Elle illustre à leurs yeux de façon exemplaire la mise en place d'un « gouvernement par les nombres » qui se substitue à l'exercice de la volonté politique[2].

1. C'est le fameux slogan « *There is no alternative* » (TINA).

2. Voir l'ouvrage emblématique d'Alain Supiot, *La Gouvernance par les nombres*, Paris, Fayard, 2015. On peut noter que la question des vertus comparées d'une gestion par des règles fixes et d'une prééminence donnée à la décision politique a fait l'objet d'une littérature considérable en théorie économique. Voir l'article séminal de Finn E. Kydland et Edward C. Prescott, « Rules Rather than Discretion : The Inconsistency of Optimal Plans », *Journal of Political Economy*, vol. 85, n° 3, 1977.

Cette critique a été au fondement du succès du vote de 2016 sur le Brexit en Grande-Bretagne, Boris Johnson et Nigel Farage s'étant présentés comme les champions du « *Can do* » (On peut le faire) par le rétablissement d'une souveraineté active, et bénéfique, du peuple britannique sur son destin. Si Johnson et Farage se sont également faits les champions d'un certain libéralisme en matière de commerce extérieur, celui-ci restait pleinement inscrit dans une vision nationaliste de l'économie. En France, Marine Le Pen n'a cessé de son côté de dénoncer sur la même base la puissance anonyme du « divin marché », voyant dans l'organisation européenne, taxée d'« avant-garde du mondialisme », l'illustration exemplaire d'un « horizon du renoncement[1] ». Le responsable du programme économique de Jean-Luc Mélenchon publiait de son côté au même moment un ouvrage au titre évocateur, *Nous, on peut !*[2], avec un sous-titre encore plus explicite : « Pourquoi et comment un pays peut toujours faire ce qu'il veut face aux marchés, face aux banques, face aux crises ». Ce plaidoyer pour le national-protectionnisme entendait ainsi clairement s'inscrire dans une perspective de refondation démocratique, bien au-delà donc d'une simple approche de la question en termes de politique économique. C'est pour cela une des clefs de voûte de la vision populiste de la volonté politique.

Cette appréhension politique et démocratique du protectionnisme se lie aussi directement à une analyse de l'immigration dans les discours populistes. Le développement de celle-ci est en effet décrit comme un processus imposé aux pays par des classes dominantes en recherche de main-d'œuvre à bon marché ; sans qu'aucune décision démocratique ne l'ait explicitement validé[3]. Il y a donc en

1. Marine Le Pen, *Pour que vive la France*, Paris, Grancher, 2012 (livre-manifeste pour la présidentielle de 2012).

2. Jacques Généreux, *Nous, on peut ! Manuel anticrise à l'usage du citoyen*, Paris, Seuil, nouv. éd., 2012.

3. « Le caractère irréversible de l'installation des populations immigrées, note ainsi typiquement Marcel Gauchet, [...] présente cette particularité intéressante

la matière pour les populistes un contournement inacceptable de la volonté populaire, produit d'une stratégie capitaliste ayant conduit à un déclassement et à un affaiblissement des classes populaires autochtones. Étendu à la reprise en main du contrôle des flux migratoires, l'impératif protectionniste est donc également considéré comme participant sur ce mode d'un renforcement de la souveraineté populaire. La notion politique de souveraineté est là encore totalement indissociable de l'appréhension des questions économiques et sociales dans la vision populiste.

Une conception de la justice et l'égalité

Il y a deux façons de comprendre la justice et l'égalité. Les concevoir à partir d'une appréhension des positions relatives entre individus, c'est-à-dire au premier chef des différentes catégories d'inégalités qui les caractérisent, que ce soit en termes de revenus, de patrimoines ou d'opportunités. Le but étant dans ce cas de distinguer les différences éventuellement justifiables de celles qu'il conviendrait de réduire par le biais de politiques de taxation et de redistribution ou d'enrichissement du capital humain des individus. C'est la façon la plus commune d'appréhender l'impératif démocratique d'égalité. Il en est une autre, tout aussi importante, mais qui a peut-être fait l'objet de moins d'attention : c'est de considérer l'égalité comme qualité d'une relation entre individus (l'égalité homme-femme se définit ainsi par le fait de vivre en égaux et pas seulement en termes de distribution) et comme qualité d'une communauté humaine (le fait que chacun y soit reconnu, qu'existe une forme d'harmonie

---

d'avoir totalement échappé, de bout en bout, au débat et à la décision démocratique » (*La Démocratie contre elle-même*, Paris, Gallimard, 2002, p. 220). Gauchet parle aussi à ce propos de « blessure au sentiment populaire de souveraineté » (*ibid.*), soulignant en outre que « xénophobie n'est pas racisme », et qu'il s'agit quant à la première d'un « sentiment qu'on peut contenir dans le cercle de la démocratie » (*ibid.*, p. 221-222).

entre ses membres, qu'ils forment une cité active)[1]. Ces deux dimensions de l'égalité sont inséparables : il n'y a pas de communauté de citoyens possible si les conditions de vie font qu'ils évoluent dans des mondes totalement séparés. Mais elles se lient en même temps à des types d'institutions et de politiques spécifiques pour leur donner consistance.

L'approche particulière de cet impératif d'égalité dans la perspective populiste se caractérise par deux traits majeurs. Elle se polarise d'abord sur l'écart des 1 % aux 99 % en matière d'égalité distributive, tendant du même coup à secondariser de fait les autres manifestations d'inégalité à l'intérieur du monde des 99 %, pourtant loin d'être homogène (et à présupposer simultanément l'unité de l'univers des 1 %). Elle met ensuite fortement l'accent sur la dimension proprement civique ou sociétale de l'égalité, souvent négligée dans les approches dominantes de la question. Mais elle le fait sur un mode spécifique. Elle valorise en effet les notions d'identité et d'homogénéité pour décrire la constitution d'une « bonne société » formant une nation démocratique. Et c'est de cette façon que cette vision de l'égalité se rattache à la conception nationale-protectionniste de l'économie. L'idée protectionniste présuppose en effet qu'il y ait une entité bien constituée à défendre, une entité clairement distinguée de ce qui lui serait extérieur. La notion d'égalité se confond donc dans ce cas avec celle d'une inclusion dans un tout homogène. Entendue dans ce sens, l'appartenance à la nation institue une forme d'égalité négative, celle qui établit un groupe défini comme une communauté de distance. Avec des étrangers, de façon juridiquement évidente, mais par extension à toutes les catégories d'indésirables ou d'ennemis qui finissent par leur être assimilés. Le sentiment d'égalité se nourrit dans ce cas de la nécessité permanente de ranimer cette distance. Cela contribue à relativiser les inégalités « internes », et à les considérer comme essentiellement

1. Je renvoie sur ce point à mes développements dans *La Société des égaux*, Paris, Seuil, 2011.

dérivées du mondialisme, avec l'extension du domaine du marché, la mobilité accrue des individus, l'exacerbation de la compétition et la valorisation libérale des différences qui en découlent.

Il faut d'ailleurs rappeler que le développement de nombreux mouvements populistes, c'est particulièrement patent en Europe, a souvent été lié à l'affirmation de séparatismes régionaux fondés sur le refus de faire communauté fiscale et redistributive avec des populations dont on estimait qu'elles ne faisaient plus monde commun du fait de leurs comportements de « profiteurs » de l'État-providence. Les exemples de la Lega en Italie[1] ou du Vlaams Belang en Belgique[2] en ont constitué des exemples archétypiques[3]. Une des forces d'un mouvement comme la Ligue de Matteo Salvini est d'avoir été capable de dépasser en le « nationalisant » ce sentiment régionaliste, par le biais d'un transfert du rejet du Sud sur la critique des institutions européennes. Ce n'est plus « *Roma Ladrona* » (Rome la voleuse), capitale de la vieille politique, ou les régions « profiteuses » gavées de subventions qui polarisent dorénavant son courroux, mais la bureaucratie de Bruxelles ivre de réglementations, insidieuse machine à déposséder les peuples de leur souveraineté. Cette dimension anti-européenne est maintenant pour cette raison l'un des marqueurs essentiels du populisme sur ce continent. Elle donne une tonalité plus moderne et plus facilement acceptable à un nationalisme par ailleurs des plus traditionnels.

1. Dont on peut rappeller que la dénomination originelle (en 1989) était « Ligue du Nord pour l'indépendance de la Padanie ».

2. « Intérêt flamand ». Le parti avait dès son origine mis l'accent sur les dépenses plus élevées de l'État-providence en Wallonie.

3. On peut noter que les sciences sociales ont souligné à plusieurs reprises le lien qu'il y avait entre homogénéité des populations et consentement aux actions de redistribution. Voir par exemple Robert Putnam, « *E Pluribus Unum*: Diversity and Community in the Twenty-first Century », *Scandinavian Political Studies*, vol. 30, n° 2, 2007, ou Alberto Alesina et Edward L. Glaeser, *Combattre les inégalités et la pauvreté. Les États-Unis face à l'Europe*, trad. française, Paris, Flammarion, 2006.

Le protectionnisme comme instrument de sécurité

La maîtrise d'une frontière, avec la construction de murs ou de clôtures notamment, est un mode majeur d'affirmation d'une souveraineté sur un territoire. Elle participe aussi directement d'une politique de sécurité, à l'image et sur le mode des antiques remparts qui entouraient les villes. Il y a un continuum entre ce protectionnisme physique et les politiques de sécurité interne. Le maintien aux frontières des étrangers et des indésirables participe ainsi d'une vision élargie de la sécurité comme mise à distance des populations jugées dangereuses pour le maintien de la cohésion nationale. La notion d'insécurité culturelle prolonge cette approche en invitant au rejet des idéologies jugées menaçantes pour l'identité du peuple (les populations musulmanes conjuguant les deux variables). Indépendance veut donc aussi dire là défense sous toutes ses formes de l'identité et de l'homogénéité. Les différentes facettes du national-protectionnisme constituent de la sorte un axe majeur de la culture politique populiste.

5

Un régime de passions et d'émotions

Les passions ont toujours été suspectées d'être des puissances menaçantes. Susceptibles de fausser les jugements, de troubler les comportements, de dérégler les rapports avec autrui ou de transformer un groupe d'humains individuellement rationnels en une foule incontrôlable, voire criminelle. On connaît l'immense littérature consacrée à la question, des grands philosophes classiques aux psychologues sociaux contemporains. Mais les choses ont récemment changé. Dans le langage d'abord. Le terme de « passion » qui semblait inséparable de l'évocation d'un certain excès a peu à peu cédé la place à celui plus neutre, avec une pointe de préciosité, d'« affect » ou à celui d'« émotion », plus intime. Dans l'ordre intellectuel, ensuite : la question des émotions a été objectivée, considérée comme une variable parmi d'autres de l'action humaine. On a pu parler en conséquence d'un *affective turn* ou d'un *emotional turn* dans les sciences sociales, en science politique notamment[1].

1. Voir par exemple les textes rassemblés dans Alain Faure et Emmanuel Négrier (dir.), *La Politique à l'épreuve des émotions*, Rennes, PUR, 2017.

Les facteurs de ce « retour des émotions »

Nietzsche avait été l'un des premiers à proposer d'ébranler la distinction entre le sensible et l'intelligible, récusant le dualisme habituel. « Sous chaque pensée gît un affect », avait-il ainsi lâché lapidairement[1]. L'opposition traditionnelle entre les passions et la raison, ou encore entre les passions et les intérêts[2], est maintenant fortement modulée. Dans l'ordre des sciences sociales, Norbert Elias avait esquissé les termes d'une approche unifiée du sociologique et du psychologique, et donc des émotions et des raisons objectives, dans l'ordre des faits sociaux[3]. Il avait appelé pour cela à « redéfinir le concept de nature dans le contexte humain[4] », soulignant que les émotions procédaient aussi d'apprentissages et d'accumulation d'expériences greffés sur des dispositions naturelles. Les sciences cognitives ont désormais validé ces intuitions[5]. « En sciences cognitives, note typiquement Stanislas Dehaene, on ne fait plus la différence entre

1. Nietzsche, *Fragments posthumes*, in *Œuvres philosophiques complètes*, Paris, Gallimard, 1976, t. XII, p. 61.

2. Voir le livre d'Albert Hirschman, *Les Passions et les intérêts. Justifications politiques du capitalisme avant son apogée* (trad. française, Paris, PUF, 1977), qui voit la clef de la pensée du XVIIIe siècle dans l'affirmation de Montesquieu : « Il est heureux pour les hommes d'être dans une situation où, pendant que leurs passions leur inspirent la pensée d'être méchants, ils ont pourtant intérêt à ne pas l'être » (*Esprit des lois*, XXVI, 20).

3. Voir Norbert Elias, « Les êtres humains et leurs émotions. Essai de sociologie processuelle », traduit pour la première fois en français dans la revue *Sensibilités. Histoire, critique et sciences sociales*, n° 5, 2018.

4. *Ibid.*, p. 18.

5. Voir, dans le numéro cité de la revue *Sensibilités* l'article de William M. Reddy, « L'incontournable intentionnalité des affects. L'histoire des émotions et les neuro-sciences actuelles », ainsi qu'Alain Ehrenberg, *La Mécanique des passions. Cerveau, comportement, société*, Paris, Odile Jacob, 2018. Voir aussi l'ouvrage fondateur d'Antonio Damasio, *L'Erreur de Descartes : la raison des émotions*, Paris, Odile Jacob, 1994.

cognition et émotion. Nous pensons que les émotions sont des calculs spécifiques pour signaler des dangers ou des opportunités utiles à l'organisme et qui mobilisent l'ensemble du corps[1]. » Les historiens ont de leur côté depuis longtemps insisté sur le rôle moteur des émotions et des passions dans l'histoire. Ils ont aussi plus récemment souligné la « raison sensible » qui les sous-tendait. Les émeutiers de la faim, dans certains épisodes révolutionnaires, ont ainsi souvent été guidés par leur expérience vécue tandis que les gouvernants ne voyaient rien dans leurs statistiques[2]. Cette reconsidération de la place et de la nature des émotions dans le jugement et l'action a aussi trouvé son expression dans le champ de l'économie comportementale. Un Daniel Kahneman, Prix Nobel d'économie, a ainsi résumé ses travaux en soulignant qu'il y avait deux façons d'analyser la réalité et de réagir chez les humains, chacune ayant sa spécificité et son utilité. D'un côté, celle qui est le produit d'un « système 1 », très rapide, fondé sur des impressions et des intuitions, procédant sur le mode d'une synthèse globale et instinctive d'informations accumulées et d'évaluations. De l'autre côté, celle procédant du fonctionnement du « système 2 », plus lent, qui analyse méthodiquement des données et pèse des arguments[3].

La « réhabilitation » des émotions correspond aussi directement au fait qu'elle s'inscrit dans un contexte de complexification et de

1. Stanislas Dehaene, Yann Le Cun et Jacques Girardon, *La Plus Belle Histoire de l'intelligence*, Paris, Robert Laffont, 2018, p. 250. On peut par exemple analyser dans ces termes la peur comme étant provoquée par tout un ensemble de signaux perçus et de références à des expériences ou des témoignages accumulés (ce qui conduit dans certains cas à estimer que le fait de ne pas avoir eu peur dans une circonstance déterminée peut être très dangereux, cela témoignant d'un capital d'expérience trop mince).

2. Voir sur ce point les développements suggestifs sur certains épisodes de la Révolution française dans Déborah Cohen, *La Nature du peuple. Les formes de l'imaginaire social (XVIIIe-XXIe siècle)*, Seyssel, Champ Vallon, 2010.

3. Voir l'ouvrage de Daniel Kahneman, *Système 1, système 2. Les deux vitesses de la pensée*, trad. française de *Thinking, Fast and Slow* (2011), Paris, Flammarion, 2012.

diffraction du social. À l'âge précédent des classes et des conditions sociales bien délimitées, c'étaient des catégories et des statistiques générales qui permettaient d'appréhender la réalité, des idéologies structurées qui organisaient les visions de l'avenir. Ce n'est plus le cas dans un monde dans lequel l'idée de progrès s'est affaissée et où règne l'incertitude ; dans lequel aussi les déterminations personnelles et les variables de situation sont décisives pour caractériser la vie des individus. L'attention à la singularité est pour cela devenue essentielle. Philippe Braud, l'universitaire qui a joué un rôle pionnier en France pour introduire l'appréhension des émotions dans l'analyse des comportements politiques, a fortement souligné ce point[1]. Chez les dirigeants politiques, Jean-Luc Mélenchon est l'un des rares à avoir bien analysé le phénomène, invitant du même coup à donner toute leur place à ces émotions dans l'expression politique. « En politique, a-t-il souligné, les affects sont de retour. Pendant des années, on disait "on" : "le peuple", "la classe ouvrière", "le parti", "les masses". Maintenant, on dit plus volontiers "je". Je pense que j'ai joué un petit rôle dans cette affaire[2]. » C'est dans ce contexte qu'il faut situer l'analyse des émotions et des passions populistes.

1. Voir son ouvrage fondateur *L'Émotion en politique. Problèmes d'analyse*, Paris, Presses de la FNSP, 1996. « Depuis l'avènement des partis de masse à la fin du XIXe siècle, a-t-il écrit plus récemment, le débat politique a longtemps été dominé par les arguments d'ordre idéologique. Les affrontements tournaient autour de catégories collectives, fortement substantialisées : la grande ou la petite bourgeoise, les classes moyennes, le prolétariat, toutes entités dont on louait le rôle historique ou stigmatisait leurs supposés noirs desseins. De même idéalisait-on, en tant que balises politiques, des icônes comme la Patrie, la République, la Nation, que d'autres vitupéraient avec acharnement. Cette structuration des intensités émotionnelles autour de concepts finalement abstraits laissait peu de place à un intérêt pour les sentiments "des gens" » (P. Braud, « L'expression émotionnelle dans le discours politique », *in* A. Faure et E. Négrier, dir., *La Politique à l'épreuve des émotions*, *op. cit.*, p. 228).

2. Entretien dans *Philosophie Magazine*, n° 124, octobre 2018.

Ces émotions sont de natures différentes et ont des conséquences politiques spécifiques. On peut distinguer les *émotions de position* (le sentiment d'abandon, d'être méprisé), les *émotions d'intellection* (la restauration d'une lisibilité du monde avec par exemple le développement d'une vision complotiste et le recours aux *fake news*) et les *émotions d'action* (le dégagisme). L'intelligence des mouvements populistes est d'avoir saisi soit intuitivement soit explicitement le rôle joué par ces différentes catégories d'émotions. Ernesto Laclau et Chantal Mouffe ont significativement insisté sur ce point. Le premier a ainsi mis l'accent sur l'importance de ce qu'il a appelé des « signifiants vides », c'est-à-dire des images floues qui ont une forte capacité de mobilisation : la référence aux « 1 % », à « la caste » ou aux « technocrates de Bruxelles » provoque par exemple des réactions spontanées. Ceux-ci jouent à ses yeux un rôle essentiel dans l'établissement de la « raison populiste ». La seconde a également invité à être attentif aux « affects communs », ceux-ci étant au cœur de la constitution de formes d'identification qui expriment sensiblement la distinction entre « eux » et « nous ». « La gauche, a-t-elle souligné, est trop rationaliste pour le comprendre ; pour elle, les arguments et les chiffres corrects suffisent. Or ce qui pousse les gens à agir, ce sont les affects[1]. » Citant Freud, elle a fait sienne l'idée selon laquelle « la masse tient sa cohésion du pouvoir de l'éros[2] ». En Espagne, les militants de Podemos ont parlé de leur côté du rôle décisif qu'il convenait de donner aux « moteurs affectifs[3] ». Il y a là une forte originalité des mouvements populistes que l'on ne doit pas comprendre de façon uniquement négative.

1. Entretien dans *Le Point*, 27 septembre 2018.

2. Chantal Mouffe et Iñigo Errejón, *Construire un peuple. Pour une radicalisation de la démocratie*, *op. cit.*, p. 95.

3. Voir les développements d'Errejón sur ce point, in *ibid.*, p. 96-99.

Les émotions de position

Elles expriment la colère de ne pas être reconnu, d'être abandonné, méprisé, de ne compter pour rien aux yeux des puissants. Elles traduisent ce qu'on pourrait qualifier de *ressentiment démocratique*, une dénonciation sourde de ce qui est perçu comme une entorse au projet d'une société d'égale considération, attribuée à l'aveuglement et à l'insensibilité des élites, et des gouvernants en particulier. Le milieu politique a tenté de répondre à ces sentiments en développant un type de rapport plus familier avec les électeurs, valorisant des gestes de proximité ayant pour but de réduire une distance assimilée à une indifférence[1]. Mais, même lorsque ces gestes ne sont pas réduits à des habiletés, ils ne vont pas au cœur du problème. Il y a en effet une dimension proprement cognitive structurant ce ressentiment. Il est nourri par l'écart qui existe entre la réalité comprise de façon globale, statistique et les situations individuellement perçues. Situations qui peuvent être fort différenciées pour un même niveau de revenu, par exemple, si l'on prend en compte des variables spécifiques comme la situation patrimoniale, la distance au lieu de travail ou la structure familiale[2]. La « raison gouvernante » est souvent critiquée comme technocratique du fait de cet écart. Mais, analysée en ces termes, elle n'a rien d'intangible. On pourrait en effet très bien imaginer des politiques sociales plus attentives à la singularité ; c'est même un des grands enjeux pour opérer la refondation d'avenir de l'État-providence. Cette attention à la singularité doit par ailleurs également être prise en compte dans

1. Voir mes développements sur la politique de proximité dans *La Légitimité démocratique. Impartialité, réflexivité, proximité*, *op. cit.*, p. 267-317.

2. L'épisode des « gilets jaunes », en France, a illustré ce point de façon exemplaire.

la façon de raconter la société[1]. L'émotion démocratique est là un signal auquel il faut prêter attention. Elle peut être gérée de façon positive en étant adéquatement comprise.

Le ressentiment de position peut aussi procéder, ce qui est différent, de la référence à des registres comptables distincts. Si l'on prend l'exemple de la législation réduisant la vitesse sur les routes, le décideur politique mettra en avant un nombre global de vies sauvées, alors que le conducteur prendra en compte la modification du temps de trajet, qu'il éprouve chaque jour (les « morts statistiques » économisées restent pour lui des abstractions). Cette incontournable dissymétrie doit être là explicitée dans le débat démocratique, sans qu'il y ait de réponse évidente.

Les émotions d'intellection

Si les mouvements populistes n'accordent qu'une place relativement subordonnée aux émotions de position, faute d'en avoir clairement perçu le mode de formation, ils s'appuient en revanche fortement sur les émotions d'intellection, se faisant volontiers le relais des visions complotistes qui les alimentent. Celles-ci peuvent être appréhendées comme des démons de l'opacité : « Les objets se grossissent au sein des ténèbres. Tout paraît, dans l'ombre, hostile et gigantesque », disait Benjamin Constant[2]. Ce problème n'a fait que s'accroître dans un monde où les informations et les désinformations, les révélations et les scandales qui s'ensuivent surgissent en permanence, le soupçon à l'encontre des puissants y trouvant une alimentation sans cesse renouvelée. Et ce d'autant plus que s'est effondré l'ancien *a priori* de confiance dans les institutions.

1. C'est dans cet esprit que j'avais publié le manifeste *Le Parlement des invisibles* (Paris, Seuil, 2014) et lancé l'expérience *Raconter la vie* comme site Internet et collection de livres.

2. Benjamin Constant, *De la responsabilité des ministres*, Paris, Nicolle, 1815, p. 3.

Le précédent consentement à l'autorité s'est en conséquence mué en suspicion de principe avec le déclin des différentes catégories d'« institutions invisibles[1] ».

Les sentiments d'opacité et d'impuissance publique que ressentent de nombreux citoyens s'inscrivent du même coup souvent dans des tentatives compensatrices de rationalisation imaginaire. Les visions conspirationnistes du monde correspondent en effet à une tentative de restaurer une cohérence dans un monde ressenti comme indéchiffrable et menaçant[2]. Ces théories du complot prétendent démontrer que derrière l'opacité et la complexité apparentes du monde politique ou économique réel se cache un ordre du pouvoir en fait parfaitement simple et rationnel. Elles donnent un sens à des évènements dont les individus ont le sentiment d'être les jouets, réduits à l'état de pions manipulés ou de spectateurs désarmés. Elles réordonnent le chaos du monde et proposent une forme de réappropriation de la marche des choses en dénonçant ses maîtres cachés. L'illisibilité est de la sorte rapportée à une entreprise organisée de dissimulation au service d'un projet de domination et/ou d'exploitation des gens ordinaires. Entreprise généralement comprise comme mondiale, pour en expliquer la capacité d'influence, et érigée en véritable moteur explicatif de l'histoire. Derrière le rideau de fumée des institutions légales se cacheraient donc un petit nombre de puissances (prenant le nom de Trilatérale, CIA, Illuminati, Sages de Sion, etc.) ou de monstres multiformes (comme le néolibéralisme), qui tireraient toutes les ficelles. Il suffit de

1. Les trois « institutions invisibles », rappelons-le, sont l'autorité, la confiance et la légitimité.

2. La littérature sur le sujet est considérable. Voir, pour l'Europe, les nombreux travaux de Pierre-André Taguieff, ainsi qu'Emmanuelle Danblon et Loïc Nicolas (dir.), *Les Rhétoriques de la conspiration*, Paris, CNRS Éditions, 2010 ; pour les États-Unis, Peter Knight (dir.), *Conspiracy Theories in American History: An Encyclopedia*, Santa Barbara, ABC-CLIO, 2003, ainsi que Joseph M. Parent et Joseph E. Uscinski, *American Conspiracy Theories*, New York, Oxford University Press, 2014 ; et, pour le monde arabe, Matthew Gray, *Conspiracy Theories in the Arab World: Sources and Politics*, New York, Routledge, 2010.

la révélation de quelques cas de manipulations, bien réelles, pour que toutes les situations soient ensuite interprétées dans cette perspective. Au regard de ces théories auxquelles adhèrent volontiers les mouvements populistes, les citoyens doivent donc prendre conscience de ces gigantesques manipulations ourdies pas des élites masquées et cesser d'être dupes de la façade démocratique que présente la politique moderne[1]. On peut parler en ce sens d'une *fonction cognitive et politique* des théories du complot ; fonction de retournement d'un sentiment diffus de dépossession et d'imputation de l'origine des malheurs de l'humanité. Celle-ci se double en outre d'une *fonction psychologique* : elles permettent de trouver des réponses simples aux problèmes que chacun rencontre. Tocqueville notait déjà en ce sens qu'« une idée fausse, mais claire et précise, aura toujours plus de puissance dans le monde qu'une idée vraie et complexe[2] ».

Ces théories du complot ont fait un retour en force au tournant du XXIe siècle. Il n'est pas difficile de le comprendre après les quelques éléments d'analyse que nous venons brièvement d'évoquer. Les guerres, les crises financières, les menées terroristes ont dessiné un monde plus imprévisible et menaçant. L'histoire est devenue moins déchiffrable que lorsque l'opposition Est-Ouest ordonnait la planète et imposait sa loi. Le développement de la mondialisation a au surplus produit une forme d'unification sans visage avec le couronnement de la force anonyme des marchés et la montée en puissance d'autorités non élues de toute nature. Tout cela a rendu les évènements plus illisibles, les responsabilités moins clairement assignables, les véritables lieux de pouvoir plus difficiles à cerner. Les possibilités d'agir ont du même coup simultanément paru se réduire, accroissant un sentiment diffus

1. « Le conspirationnisme, a-t-on justement souligné, apparaît comme une tentative de désignation du véritable pouvoir derrière le lieu vide du pouvoir démocratique » (Emmanuel Taïeb, « Logiques politiques du conspirationnisme », *Sociologie et sociétés*, vol. 42, n° 2, 2010, p. 277).

2. Alexis de Tocqueville, *De la démocratie en Amérique* (1835), éd. par Eduardo Nolla, Paris, Vrin, 1990, t. I, p. 126.

de déprise. Tout cela a contribué à faire resurgir avec force les vieilles visions magiques et conspirationnistes.

La disponibilité accrue d'une masse ininterrompue d'information, par le biais d'Internet notamment, a de son côté renforcé la crédibilité de ces rationalisations complotistes en permettant à des chemins interprétatifs opposés d'émerger. Un certain chaos informationnel conduit en effet à ce que des données objectives et vérifiables coexistent avec de simples opinions et des rumeurs, et qu'elles soient traitées sur le même pied[1]. « *Conspiracy theories are for losers* », a-t-on pu dire[2]. Elles sont en effet souvent relayées par des groupes sociaux dominés ou moins diplômés qui y trouvent un moyen de s'orienter dans le monde. Un type de population particulièrement bien représenté dans l'électorat des mouvements populistes qui servent donc leur intérêt en les accueillant, voire en s'en faisant les propagateurs actifs.

Les émotions d'intervention

¡Que se vayan todos! : le mot d'ordre des populismes latino-américains dans les campagnes électorales des années 2000 qui a amené au pouvoir les Kirchner (Argentine), Chávez (Venezuela), Correa (Équateur) et Morales (Bolivie) a depuis partout fait référence dans le monde. Beppe Grillo, du Mouvement 5 étoiles, en Italie, ou Pablo Iglesias de Podemos en Espagne l'ont adopté, comme Marine Le Pen en France ; tandis que Jean-Luc Mélenchon s'en emparait de son côté pour donner son titre à un de ses ouvrages programmatiques[3]. Les mouvements populistes ont certes leurs programmes

1. Voir sur ce point Pierre Rosanvallon (dir.), *Science et démocratie. Actes du colloque de rentrée du Collège de France (Paris, 2013)*, Paris, Odile Jacob, 2014 ; et Gérald Bronner, *La Démocratie des crédules*, Paris, PUF, 2013.

2. J.M. Parent et J.E. Uscinski, *American Conspiracy Theories*, *op. cit.*

3. Jean-Luc Mélenchon, *Qu'ils s'en aillent tous ! Vite, la révolution citoyenne*, *op. cit.*

concernant une gestion plus souveraine de l'économie, les modalités d'un renforcement de la démocratie ou les formes d'une plus grande justice sociale. Mais l'élément clef de leur proposition politique réside *in fine* dans l'invitation à chasser les gouvernements en place. Leur principal ressort est celui de la défiance. On peut parler dans ce cas d'une *politique négative*. Elle emprunte certains de ses éléments à l'idéal contre-démocratique de vigilance et de surveillance des pouvoirs, mais elle le radicalise et l'absolutise sous les espèces d'un rejet indistinct et non négociable. Si la politique consiste à donner un langage à ce que vivent les gens, force est de constater que le populisme ne parle alors fortement que la langue du refus. Il cantonne de ce fait le peuple dans une souveraineté négative qui peut gronder dans la rue ou dans les urnes sans constituer une force capable de réinventer le monde[1]. C'est une souveraineté que l'on pourrait dire « destituante », qui tend mécaniquement à réduire le peuple à une communauté de répulsion et de frustration.

Une *morale du dégoût* est greffée sur cette politique négative[2]. Elle exonère les critiques de toute précision, rend inutile le soin d'argumenter. Avec elle, la colère lie la violence et le flou, la radicalité et l'impuissance. Il n'y a plus d'espace pour la délibération dans ce cadre. Plus d'espace pour une argumentation fondée sur l'idée que peut exister une « communauté effective des esprits[3] ». La démocratie est menacée quand est disqualifiée une telle possibilité

1. Je renvoie sur ce point à mes développements dans *La Contre-Démocratie. La politique à l'âge de la défiance*, *op. cit.* « Selon moi, note Jean-Luc Mélenchon, le dégagisme traduit l'opposition absolument fondamentale, instinctive, du peuple français à un modèle qui est la négation profonde de ses valeurs » (*Marianne*, 15 septembre 2017).

2. Le terme de « dégoût » a été testé dans certains sondages en France pour qualifier le jugement des citoyens sur le gouvernement en place lors de la crise des gilets jaunes à l'hiver 2018-2019. Ce qualificatif a été retenu par un pourcentage élevé de personnes.

3. Pour reprendre une catégorie de Chaïm Perelman dans son *Traité de l'argumentation*. « Nous nous proposons, y écrit-il, d'appeler persuasive une

d'auditoire universel. Subsiste en effet alors seule et répétitive une mise en accusation permanente dans l'attente d'une catharsis finale. Le fossé se creuse d'autant plus que la notion même de vérité s'évanouit simultanément dans un monde où prospèrent en conséquence les *fake news*.

Existe-t-il une personnalité populiste ?

Dans une enquête célèbre, Adorno avait parlé de « personnalité autoritaire[1] » pour qualifier les éléments de caractère qui avaient rendu possible l'adhésion de masse au fascisme dans l'Allemagne des années 1930. L'intérêt de son étude était d'avoir étudié les conditions dans lesquelles des individus pouvaient basculer vers le fascisme alors qu'ils n'étaient pas *a priori* des adeptes de cette idéologie. On pourrait, en termes de méthode s'entend, se poser aujourd'hui une question similaire à propos du populisme pour observer comment des individus surmontent le stigmate qui reste encore souvent lié à cette dénomination et pour comprendre plus largement la nature des dispositions et mécanismes psychologiques qui sous-tendent la capacité d'attraction des idées populistes. C'est une entreprise qu'il ne faut pas confondre avec celle des enquêtes traditionnelles de sociologie électorale qui étudient les variables culturelles, économiques, sociales ou territoriales caractérisant les électeurs des partis populistes. Celles-ci ont en effet un caractère statique, elles décrivent un état de fait, alors que c'est aussi une dynamique qu'il faudrait saisir.

Aucune enquête approfondie ne permet aujourd'hui de documenter cette question de la personnalité populiste. Mais on peut raisonnablement avancer l'hypothèse que c'est le registre des

---

argumentation qui ne prétend valoir que pour un auditoire particulier et d'appeler convaincante celle qui est censée obtenir l'adhésion de tout être de raison » (§ 6).

1. Theodor W. Adorno, *Études sur la personnalité autoritaire* (1950), trad. française, Paris, Allia, 2017.

passions et des émotions qui est là décisif. Ce sont les colères et les peurs qui constituent en effet avec évidence les moteurs affectifs et psychologiques à l'œuvre dans l'adhésion au populisme. Ce dernier semble en outre capable d'armer le ressentiment, d'offrir la possibilité d'une vengeance. Adhérer aux idées populistes, c'est aussi s'identifier à une communauté valorisante de résistants à la pensée dominante, et s'autoriser du même coup à prendre ses distances avec la réalité telle qu'elle est le plus souvent présentée. La propension à se rallier à des « vérités polémiques » constitue pour cela un des éléments constitutifs clefs de ce qui pourrait être défini comme la personnalité populiste. Elle repose sur la tendance au soupçon systématique des visions consensuelles accusées d'être de pures fabrications de l'idéologie dominante, et induit à l'inverse une forte capacité de rassemblement négatif de ceux qui se conçoivent comme des dénonciateurs des mensonges et des manipulations des puissants. Les damnés de la terre prennent là le visage de martyrs de la vérité, avec la dimension de foi sectaire que cela implique. À un âge où ont sombré les promesses émancipatrices du progrès, c'est sur ce nouveau terrain que s'enracinent le courage du présent et la foi dans un avenir meilleur dans l'univers populiste. La politique prenant du même coup un caractère de type religieux, avec la capacité de réécriture du monde qui découle de cette forme d'affirmation de vérités de la foi.

6

Unité et diversité des populismes

L'idéal-type du populisme constitue un modèle dont la réalité reproduit les traits selon des modalités à chaque fois particulières, chacun des éléments le constituant pouvant avoir un poids spécifique. Les données du contexte historique, les variables de situation géopolitique, le paysage institutionnel, la place occupée par la religion ou le profil des personnalités politiques impliquées, pour ne mentionner que quelques critères, dessinent ainsi des physionomies originales qui peuvent justifier que l'on parle des populismes au pluriel. Le danger, on l'a dit dans l'introduction de cet ouvrage, étant d'en dériver des typologies purement descriptives qui conduisent à obscurcir la nature même de l'objet populisme. Car, s'il y a une typologie utile à construire, c'est en effet plutôt celle des formes démocratiques au rang desquelles il faut faire figurer le populisme en sa généralité. Nous nous efforcerons d'en esquisser les constituants dans les deuxième et troisième parties de ce travail. Mais il y a en même temps trois distinctions qu'il est utile d'explorer au préalable pour bien saisir cet objet populisme. La prégnance contemporaine d'une « atmosphère » de populisme, au-delà même des populismes caractérisés, d'abord. Celle de la différence entre les mouvements et les régimes populistes, ensuite ; ces derniers formalisant dans des institutions les principes des premiers. Se pose enfin la question cruciale de l'existence d'un « populisme de gauche » qui se distinguerait clairement d'un « populisme de droite ».

Le populisme diffus

Au-delà des populismes doctrinalement caractérisés, il est d'abord frappant de constater que règne une « atmosphère » de populisme dans le monde d'aujourd'hui. Avec la diffusion d'une vision « dégagiste » de la politique qui imprime partout sa marque, au premier chef. Les élections voient ainsi de plus en plus triompher les coalitions négatives qui font arriver au pouvoir des personnalités improbables dont la virginité politique et le surgissement du néant sont les principales qualités. De façon plus générale, le désenchantement démocratique contribue à une plus grande personnalisation de la politique, une présence physique immédiate paraissant plus attractive qu'un lointain programme, surtout lorsque trop de mots ont été déconsidérés par les mensonges et les trahisons. Les vieux partis d'idées s'effacent ainsi devant de nouveaux mouvements politiques formés dans le sillage d'une personnalité dont ils accompagnent l'ascension. Le cas français de La République en marche est à cet égard exemplaire. Alors même que le corpus d'idées autour desquelles s'est structuré le mouvement d'Emmanuel Macron est explicitement libéral ou social-libéral, son organisation est ainsi empreinte d'une verticalité typiquement populiste (un Jean-Luc Mélenchon a d'ailleurs lui-même souligné le parallélisme existant sur ce point avec La France insoumise[1]).

Certains des grands thèmes populistes comme l'appel au développement des référendums se retrouvent partout, de même que la philosophie nationale-protectionniste imprègne beaucoup plus

1. Voir son entretien déjà cité dans *Le 1 Hebdo* du 18 octobre 2017.

qu'auparavant des sociétés en panne de projets de solidarités. Plus largement, ce sont les différentes passions populistes qui irriguent les esprits dans les démocraties fragilisées du XXIe siècle. À l'âge des réseaux sociaux, la tendance à l'enfermement dans des communautés de croyances repliées sur elles-mêmes en est une des plus éclatantes manifestations. Comme si les peuples étaient aussi fatigués de la recherche de la vérité et voulaient éviter d'avoir à se confronter à la complexité du monde réel. D'où par exemple la tendance omniprésente à simplifier l'analyse de la société en la réduisant à la seule opposition entre les petits et les gros, les riches et les pauvres. Comme en témoigne la focalisation médiatique sur la question des grandes fortunes pour traiter des inégalités et envisager la justice fiscale. Significative est également la sacralisation implicite du référendum que l'on voit partout.

C'est à ce populisme diffus que peut être rattaché le mouvement des « gilets jaunes » en France, comme l'écho de sympathie qu'il a rencontré dans l'opinion. Il a d'abord témoigné de la capacité actuelle du mot « peuple » à faire sens et à donner son unité à un côte à côte de situations très différenciées. Il n'a en effet rien eu d'un mouvement de classe au sens sociologique du terme. Il a rassemblé des professions indépendantes, des petits entrepreneurs, des salariés précarisés et tout un monde très diversifié de personnes qui avaient du mal à joindre les deux bouts et se sentaient étranglés par le poids des dépenses contraintes, des personnes qui n'avaient par ailleurs jamais été des militants auparavant. Il a été constitué par une addition de situations ressenties comme injustes et insupportables qui avaient en commun d'exprimer des difficultés qui n'étaient pas prises en compte dans la gestion des questions sociales par les voies ordinaires des conventions collectives et des instruments publics de l'État-providence (d'où la gêne des syndicats à se situer face à ce mouvement, et réciproquement le fait que le patronat n'ait pas constitué une cible pour ces gilets jaunes). Le mouvement a témoigné de cette façon des termes inédits dans lesquels se posait dorénavant la question sociale, bien au-delà de la seule condition salariale. Il a aussi exprimé le désenchantement démocratique contemporain en dehors de l'opposition traditionnelle droite / gauche. Et il l'a fait en s'inscrivant de façon spontanée dans la culture politique diffuse du populisme.

Le rejet viscéral des élites et de l'oligarchie, avec la culture du dégagisme qui l'accompagne, a ainsi été au cœur du mouvement (la classe politique étant érigée en bouc émissaire et assimilée aux riches, faisant l'objet d'attaques particulièrement violentes). La vision prédominante d'une société coupée en deux (y compris pour des personnes dont le revenu les assimilait clairement aux classes moyennes) comme la priorité donnée à la revendication du référendum d'initiative citoyenne (le RIC) ont également été symptomatiques d'une approche populiste du renouveau démocratique. Mais, en même temps, les gilets jaunes ont obstinément refusé de se structurer et de permettre qu'émergent en leur sein des leaders qui auraient pu être considérés comme des « représentants », amenés à s'exprimer en tant que tels et éventuellement porteurs d'un mandat au nom duquel ils auraient pu être amenés à négocier avec les pouvoirs publics. Ils n'ont pas voulu qu'émerge au milieu d'eux un « homme-peuple ». Les gilets jaunes ont ainsi illustré l'absolutisation de la vision dégagiste et spontanéiste du populisme, débouchant sur une radicalité d'impuissance qui les enfermait dans une pure politique négative[1]. Mais ils se sont aussi inscrits dans une autre tendance du monde contemporain : celle d'une affirmation utopique du pouvoir de l'horizontalité portée par les réseaux sociaux. En donnant le sentiment que l'on pouvait se débarrasser de tous les modes usuels d'agrégation verticale des opinions (par les médias, les partis, les syndicats, les associations, les intellectuels...), les réseaux sociaux se sont en effet faits d'une autre façon les champions de l'antipolitique. Le paradoxal « populisme

1. Les enquêtes ont cependant montré que le plus grand nombre d'entre eux avaient voté pour le parti de Marine Le Pen aux élections européennes de mai 2019.

horizontal » des gilets jaunes est pour cela un révélateur de la puissance et des contradictions du populisme diffus qui irrigue le monde contemporain.

Ce populisme diffus est de toutes ces différentes façons le signe d'une disponibilité des esprits, ouverts aux grands thèmes constituant cette culture politique. Mais si cette disponibilité se lie à une attraction silencieuse, elle résulte aussi de la faiblesse intellectuelle des critiques qui sont adressées au populisme et de l'absence d'alternative politique suffisamment attirante à ses promesses. Le populisme peut inquiéter mais il n'a pas d'adversaire positif. C'est pourquoi il n'a pas fini d'habiter les esprits et de les travailler.

Régimes et mouvements

Nous avons jusqu'à présent considéré l'idéal-type du populisme ainsi que ses possibles déclinaisons d'ordre doctrinal. C'était, pour l'essentiel, parler des mouvements populistes. Mais comment caractériser les populismes qui sont arrivés au pouvoir et sont devenus du même coup des régimes ? Leurs traits communs proviennent de l'inscription continuée dans le type de culture politique que nous avons décrit. Ce sont toujours les mêmes conceptions de la société, de la démocratie et du leadership qui les animent, avec les conséquences institutionnelles et constitutionnelles qui en découlent et dessinent d'une certaine manière la « vérité » du populisme. Mais apparaissent aussi des distinctions, qui peuvent être fortes. C'est le cas en matière de politiques sociales. Les populismes latino-américains ont ainsi souvent été des populismes de gauche, au sens où ils ont été caractérisés par des actions redistributives en faveur des classes défavorisées. Cela a été particulièrement le cas lorsqu'il y avait une rente disponible (celle du pétrole au Venezuela, de l'agriculture exportatrice en Argentine, des mines en Bolivie). C'est là une variable de situation qui a été déterminante pour spécifier certains régimes populistes. Mais l'expérience a aussi montré que des régimes populistes pouvaient avoir un caractère composite, notamment en étant néolibéraux en économie (et donc non nationaux-protectionnistes). Cela a été le cas dans l'Amérique latine des années 1990 avec le Péruvien Fujimori, le Brésilien Collor ou encore l'Argentin Menem. Même chose dans l'Europe contemporaine en Hongrie et en Pologne, même si dans ces derniers cas c'est la manne des crédits de Bruxelles et les facilités d'accès au grand marché intérieur qui jouent un rôle décisif pour encadrer la politique économique de ces pays.

Les régimes populistes s'appuient sur le même type d'électorat que les mouvements populistes. Leurs soutiens les plus fermes sont originaires des campagnes ou des petites villes, comme des zones industrielles en déclin ; ce sont les perdants de la mondialisation, ceux qui se voient sans avenir et qui se sentent oubliés par les partis traditionnels ; c'est aussi le monde des moins diplômés qui peinent à trouver leur place dans la société de la révolution numérique. Mais il ne s'agit pas que de cela en même temps. Si Modi en Inde, Poutine en Russie, Erdoğan en Turquie, Bolsonaro au Brésil ou Trump aux États-Unis sont arrivés au pouvoir, c'est aussi parce qu'ils ont su greffer la rhétorique populiste sur des passions susceptibles d'élargir leur audience à d'autres franges de la société. Avec l'exaltation de la fibre nationaliste jusque dans son expression guerrière, d'abord : Modi et Poutine sont l'expression exemplaire de ce virulent national-populisme. L'exacerbation de la haine de l'étranger et l'affirmation des sentiments racistes, aussi : Trump et Modi se retrouvent sur ce point. L'expression d'un intransigeant conservatisme moral encore : on le retrouve presque partout, le cas brésilien étant tristement exemplaire.

Les régimes que l'on peut dire populistes sont ainsi mus par des ressorts qui dépassent, ou exacerbent du moins, les cinq éléments structurants de la culture politique du populisme. Leur rapport à la démocratie varie du même coup considérablement. S'ils se font tous les hérauts d'une démocratie immédiate et polarisée, ils peuvent osciller entre un maintien ténu de l'État de droit (en fonction des freins constitutionnels encore actifs) et une franche démocrature. On peut dire pour toutes ces raisons que le spectre des régimes populistes est beaucoup plus large que celui des mouvements. Se multiplient ainsi de plus en plus des formes hybrides. Dans les années 1920, Hermann Heller avait forgé en pionnier ce qualificatif de *régimes hybrides* à propos des libéralismes autoritaires de l'époque. Les régimes de ce type ont pris de l'ampleur aujourd'hui pour constituer une galaxie populiste en expansion.

Populisme de droite et populisme de gauche

Existe-t-il un populisme de gauche qui se distinguerait d'un populisme de droite ? Concernant les régimes, on peut indéniablement le dire (en ne tenant pas compte pour l'instant de leur inscription dans la durée). Nous avons déjà mentionné des exemples latino-américains. Mais y a-t-il une différence proprement doctrinale ? La question se pose car la place accordée à la notion de peuple dans la reconstruction populiste de la politique a pour conséquence immédiate de secondariser, voire d'effacer, la centralité précédemment reconnue au clivage entre la droite et la gauche. En Espagne, Podemos avait parlé lors de sa création d'un « parti fondé sur une hégémonie et non une idéologie », indiquant que le « tournant du peuple » qu'il effectuait dessinait une nouvelle ligne organisatrice de la confrontation politique. Les dirigeants du mouvement s'étaient justifiés auprès des militants des partis traditionnels de gauche, et notamment des socialistes, en estimant que dorénavant « le système n'a plus peur de la gauche, il a peur du peuple[1] ». En France, Jean-Luc Mélenchon a suivi une trajectoire similaire. Dès l'automne 2012, il indiquait ainsi que son objectif était de « faire

1. Cité dans les pages consacrées au « tournant Podemos » et à son impact en France dans l'ouvrage de Lilian Alemagna et Stéphane Alliès, *Mélenchon à la conquête du peuple*, Paris, *op. cit.* (version augmentée de *Mélenchon le plébéien*, Paris, Robert Laffont, 2012).

naître un front du peuple[1] ». « Mon défi, précisera-t-il plus tard après avoir mis fin au projet initial du Front de gauche, n'est pas de rassembler la gauche, étiquette bien confuse ; il est de fédérer le peuple[2]. » Son affiche de la campagne présidentielle 2017 mettra ainsi en avant le slogan « La force du peuple ». Marine Le Pen manifestera la même ambition du côté droit en employant des formules voisines. Il y a plus largement là un type de redéfinition de la carte politique qui est commun aux populismes des cinq continents.

Pour répondre à la question de l'éventuelle distinction entre populisme de gauche et populisme de droite, il faut d'abord rappeler que les populismes ont une histoire. D'une double manière. En s'insérant d'abord dans l'histoire générale de l'expérience démocratique, avec les espérances qui l'ont sous-tendue et les désenchantements qui en sont issus. C'est de ce fait que nous sommes partis pour les appréhender et nous y reviendrons longuement dans la deuxième partie de l'ouvrage pour en caractériser plus précisément les données. Mais les populismes s'inscrivent aussi dans l'évolution des individus et des organisations qui s'en réclament ouvertement ou qui s'y attachent. Ils sont dans cette mesure toujours greffés sur des cultures politiques préalables.

Et le fait est là que, dans le cas européen, la plus grande part des mouvements populistes du XXIe siècle ont d'abord été des *dérivations* de mouvements d'extrême droite préexistants. Cela a notamment été le cas en Italie. Cela l'a également été en France,

1. *Libération*, 12 septembre 2012. Cette position marquait une rupture avec ce qu'il avait défendu pendant la campagne présidentielle du printemps 2012. Son programme avait en effet alors souligné que « le Front de gauche est né de l'exigence de réinventer la gauche » et qu'il s'agissait de « bousculer la donne à gauche » (*L'Humain d'abord. Le programme du Front de gauche et de son candidat commun Jean-Luc Mélenchon*, Paris, Librio, 2011, p. 10 et 11).

2. *Le Journal du dimanche*, 2 avril 2017. C'est en 2016 que Jean-Luc Mélenchon avait mis fin à la coalition du « Front de gauche » et lancé « La France insoumise ». Il avait aussi parlé de mettre en place « une force physique qui polarise la société » (*Le Choix de l'insoumission*, Paris, Seuil, 2016, p. 299).

avec l'histoire exemplaire du Front national. Lorsqu'il avait été fondé en 1972, le Front avait rassemblé un ensemble de groupuscules qui se reconnaissaient dans l'appellation de « droite nationaliste ». On y retrouvait des membres de formations néofascistes et néonazies des années 1930, des défenseurs du maréchal Pétain, des anciens de l'OAS, des membres des comités Tixier-Vignancour[1] formés à l'occasion de la présidentielle de 1965. Intellectuellement et culturellement, se situaient dans son orbite des héritiers de Charles Maurras, des chrétiens traditionalistes proches de Mgr Lefebvre, des négationnistes exaltés, aussi bien que les doctrinaires du GRECE. Cela formait une nébuleuse composite, mais tous partageaient une même haine du gaullisme, un antisémitisme viscéral, des sentiments xénophobes profondément ancrés et une même hantise du mélange des races. Et tous se comprenaient comme les défenseurs d'un Occident qu'ils voyaient, au-delà de la menace communiste, attaqué dans son identité profonde par les valeurs modernistes et libérales autant que par le péril migratoire. Mais ce Front national naissant ne pesait du même coup politiquement que du poids de cette addition groupusculaire. Aux élections législatives de 1973, ses candidats ne recueillirent ainsi que 1,32 % des suffrages exprimés et Jean-Marie Le Pen avait dû se contenter de 0,74 % des voix au premier tour de l'élection présidentielle de 1974. C'était un parti dont on pouvait alors penser qu'il représentait le passé.

Cette dimension d'extrême droite ancrée dans les rancœurs et les nostalgies persistera longtemps. Les multiples saillies de Jean-Marie Le Pen sur le « détail » de l'histoire de la Seconde Guerre mondiale ou l'humanité de l'occupant allemand, ainsi que son goût pour les formulations à double sens qui lui permettaient d'exprimer de façon biaisée son antisémitisme en témoigneront. Les organisations étrangères avec lesquelles il était lié en seront aussi l'expression (voir sa proximité avec le MSI italien, le mouvement britannique d'Enoch

1. Rappelons que Jean-Marie Le Pen avait été le directeur de campagne de Jean-Louis Tixier-Vignancour en 1965.

Powell ou encore les néonazis autrichiens). Mais, du sein même de cette continuité, le Front national réussira à monter électoralement en puissance dans le contexte de la fin des Trente Glorieuses et de la progression en flèche du chômage. Fort de ses slogans « Les Français d'abord », « Mettre en œuvre la préférence nationale », « Deux millions de chômeurs, ce sont deux millions d'immigrés de trop » et de sa mise en avant de la question sécuritaire, son audience fera un spectaculaire bond en avant dans les années 1980. Le parti obtiendra ainsi 11,2 % des suffrages aux élections européennes de juin 1984 et son chef montera à 14,4 % lors du premier tour de la présidentielle de 1988. Désormais solidement installé dans le paysage politique français, il atteindra des scores encore plus importants et obtiendra des élus à tous les niveaux de l'organisation politique et territoriale de l'espace français (le score du parti culminant ensuite à 24 % aux élections européennes de juin 2014).

Outre les facteurs proprement économiques et sociaux qui ont sous-tendu cette progression, la montée en puissance du Front national se nourrira aussi du désenchantement démocratique qui s'amplifiera à partir de la fin des années 1980. En se faisant le champion de la dénonciation de la « bande des quatre[1] » et de « l'Établissement », il récoltera les dividendes de sa stigmatisation des élites et de sa dénonciation du « système », l'allégorie du coup de balai faisant son apparition sur ses affiches dès le début des années 1990[2]. En étant progressivement multipliés par quinze ou vingt, ses électeurs avaient du même coup changé de visage. Bien au-delà des petits cercles réactionnaires d'origine ou des milieux socioprofessionnels sensibles aux accents poujadistes d'un Jean-Marie Le Pen (qui avait été élu député en 1956 et en 1958 sur les listes du

1. Les quatre principaux partis de droite et de gauche ayant alors des élus au Parlement.

2. Voir Valérie Igounet, *Les Français d'abord. Slogans et viralité du discours Front national (1972-2017)*, Paris, Inculte / Dernière marge, 2016, p. 51. Ouvrage illustré très précieux pour appréhender la continuité du FN et ses évolutions.

libraire de Saint-Céré), le Front national a progressivement recueilli les suffrages de bien d'autres catégories de Français, sa pénétration dans le monde ouvrier étant notamment spectaculaire. Si moins de 3 % des ouvriers avaient voté Le Pen en 1974, ils étaient 30 % vingt ans plus tard et la moitié en 2012 ! Les chiffres montreront aussi une hausse impressionnante dans les zones périurbaines ; et de façon transversale dans tous les milieux peu diplômés.

Plus tard, en 2011, au moment du passage de témoin houleux à Marine Le Pen, on commencera à parler autour d'elle de nécessaire « dédiabolisation » du Front national comme condition d'une nouvelle progression. Le meurtre du père a de fait entraîné une rupture avec un langage habité par l'histoire des années 1930, par celle de la Seconde Guerre mondiale et par la mémoire des plaies vives de la guerre d'Algérie. Cette dédiabolisation a notamment donné congé à l'antisémitisme ouvert ou rampant qui suintait de la bouche du chef. Mais le FN est du même coup apparu pour ce qu'il était devenu en profondeur, un *national-populisme* et un *national-protectionnisme*.

Cette culture nationale-populiste et nationale-protectionniste était en rupture avec la vision économique première de Jean-Marie Le Pen. Les programmes économiques du parti dans les années 1980 restaient en effet d'inspiration ouvertement libérale. Le FN ne cessait alors de dénoncer le « trop d'État » comme les charges fiscales pesant abusivement sur les PME, tout en considérant que le « désir de profit » et le « désir de propriété » étaient les moteurs incontournables de l'économie[1]. C'est ensuite la démission de l'État qu'il stigmatisera, comme les profits du capitalisme financier, les questions économiques et sociales occupant en outre une place beaucoup plus importante dans son programme. Le « nouveau » Front national de Marine Le Pen pouvait ainsi se

1. Voir *Droite et démocratie économique. Doctrine économique et sociale du Front national*, 2e éd., Limoges, 1984, et Jean-Marie Le Pen, « Pour une vraie révolution française », *National Hebdo*, 26 septembre 1985.

présenter comme plus à gauche qu'un Parti socialiste gestionnaire. Et on verra même aux européennes de 2009 un tract provocateur du parti, distribué dans le Nord, avoir pour slogan « Jaurès aurait voté Front national », en citant ce dernier : « À celui qui n'a rien, la Patrie est son seul bien[1]. » C'était une façon de souligner que le FN se situait au-delà du clivage droite-gauche. Dans son livre-programme de 2012 intitulé *Pour que vive la France*, Marine Le Pen n'avait pas hésité de la sorte à citer Karl Marx ainsi que le *Manifeste d'économistes atterrés* !

Marine Le Pen avait en outre arrimé son parti à l'histoire républicaine en gommant les relents maurrassiens et contre-révolutionnaires qui émaillaient souvent les discours de son père. Alors que celui-ci ne donnait dans sa description de l'héritage français qu'une place subordonnée aux deux siècles de République comparés aux « 4 000 ans de culture européenne », aux « vingt siècles de christianisme » et aux « quarante rois[2] », elle avait davantage fait sien le vocabulaire républicain traditionnel ; montrant qu'elle savait aussi le manipuler, dans ses références à la laïcité au premier chef, pour rapprocher la question de l'immigration de celle de la place de l'islam dans le pays. Et elle ira, chose absolument impensable pour son père, jusqu'à se réclamer de certains éléments de l'héritage gaulliste[3]. Loin des vitupérations paternelles contre une démocratie essoufflée, elle sanctifiera au contraire celle-ci comme « notre ultime bien commun », dénoncera la « véritable confiscation de la parole publique par une caste » et se présentera en porte-parole des oubliés, des invisibles et des anonymes.

1. Le document est reproduit par Valérie Igounet, *Les Français d'abord*, *op. cit.*, p. 139. On notera que Steeve Briois, le maire Front national d'Hénin-Beaumont, avait à cette époque placé un buste de Jaurès dans son bureau. Marine Le Pen citera de son côté à de nombreuses reprises Jaurès.

2. Voir sa présentation de *Pour la France. Programme du Front national*, Paris, Albatros, 1985.

3. En matière d'indépendance nationale ou de souveraineté, de conception de l'État stratège ou encore de conception du référendum.

Ces ruptures n'ont pas été de l'ordre de ce qu'on pourrait qualifier d'*aggiornamento*. Elles ont simplement relativisé les spécificités natives de l'histoire française du FN pour l'établir dans un « être populiste » faisant écho à des pages plus anciennes de l'histoire française[1]. Le basculement sera officialisé en 2018 avec l'adoption de la nouvelle dénomination de « Rassemblement national ». Cette évolution n'a pas suscité de scission au sein du parti, même si subsistent de petits cercles intellectuels pour lesquels le populisme ne constitue qu'un « moment » de transition vers un horizon de « révolution nationale » plus radicale[2]. Dans d'autres pays, une extrême droite fortement organisée a en revanche continué de prospérer aux côtés des nouveaux partis populistes. C'est le cas du Jobbik à côté du Fidesz d'Orbán en Hongrie, du FPÖ autrichien qui prospère dans l'ombre de l'ÖVP de Sebastian Kurz, de même qu'en Italie les Fratelli d'Italia ont repris le flambeau du MSI néofasciste (avec son emblème) et que se sont développés des groupes néofascistes d'action quasi militaire comme Casa Pound à l'écart de la Ligue.

À l'autre bout du spectre politique, le mouvement La France insoumise a succédé au précédent Parti de gauche qui s'inscrivait classiquement dans la déclinaison des partis de gauche et d'extrême gauche. C'est donc dans ce second cas sur une culture d'essence marxiste que s'est greffé le populisme incarné par Jean-Luc Mélenchon. Un populisme qui a lui aussi en partie pris ses distances avec un héritage jugé désormais trop étroit et inadapté. En affirmant par exemple que son but était dorénavant de fédérer le peuple et non

1. Voir sur ce point Grégoire Kauffmann, *Le Nouveau FN. Les vieux habits du populisme*, Paris, Seuil, coll. « La République des idées », 2016.

2. Voir sur ce point le cas exemplaire de la revue *Éléments* dirigée par Alain de Benoist (notamment auteur de l'ouvrage *Le Moment populiste. Droite-gauche, c'est fini !*, Paris, Pierre-Guillaume de Roux, 2017). Si elle constitue un pôle central de réflexion sur le populisme, de droite et de gauche, elle continue à entretenir avec insistance la flamme de toutes les pensées d'extrême droite les plus radicales, honorant les auteurs néonazis et néofascistes ainsi que leurs inspirateurs.

plus d'unifier la gauche, le dirigeant a su donner un langage à une évolution qui a aussi été une rupture. En termes d'histoires respectives, c'est un abîme qui sépare les deux mouvements. Ces héritages pèsent lourd et invitent en conséquence à clairement distinguer populisme de gauche et populisme de droite et d'extrême droite. Cette opposition est le plus évidemment marquée au niveau des personnes, qu'il s'agisse des militants et des dirigeants des partis concernés. Pour les hommes et pour les femmes, les héritages sont en effet inscrits dans leur histoire personnelle. C'est manifeste lorsqu'on appartient à une lignée qui porte le patronyme de Le Pen. Mais c'est aussi vrai pour tous ceux que des liens d'amitié et de proximité relient sensiblement à un même passé militant de gauche ou d'extrême gauche. La reconnaissance d'une convergence est ainsi psychologiquement impossible à formuler au sommet. Mais c'est moins le cas au niveau des électorats[1]. Et force est de constater en même temps que les cultures politiques respectives telles qu'elles sont exprimées *aujourd'hui* dessinent bien des parallélismes. C'est le cas si l'on prend en compte les cinq caractéristiques que nous avons distinguées. Outre les convergences en matière de conception de la société et de la démocratie, c'est aussi un partage des mêmes colères et des mêmes rejets, une même culture de la défiance et du soupçon qui rapprochent les esprits.

D'autres évolutions sensibles sont aussi notables. La question de l'identité a par exemple longtemps tracé une évidente ligne de partage entre droite et gauche, constituante des héritages sur lesquels se sont greffés les populismes. Elle existe toujours, mais elle s'est déplacée à l'intérieur même de ce qui avait autrefois formé *la* gauche, les populismes « de gauche » mettant volontiers l'accent sur le capital des traditions de leurs pays. Loin de vouloir « du passé faire

1. Même s'il reste encore une nette différenciation à ce niveau en France. Voir sur ce points les données présentées par Yann Algan, Elizabeth Beasley, Daniel Cohen et Martial Foucault dans *Les Origines du populisme. Enquête sur un schisme politique et social*, Paris, Seuil, coll. « La République des idées », 2019.

table rase », ils ont aussi glorifié ce dernier en même temps qu'ils prenaient leur distance avec des formes jugées trop manifestes de multiculturalisme (la question de la laïcité jouant sur ce point dans le cas français un rôle décisif de reclassement des positions). C'est sous l'égide d'une même communion dans une certaine interprétation de l'idée républicaine que les différences se sont aplanies. Les questions qualifiées de « sociétales » ont de leur côté cessé de tracer une ligne de démarcation intangible. Pour deux raisons. Du côté droit, parce que les réformes comme celles du droit à l'avortement ou du mariage pour tous ont moins alimenté les passions, étant de fait progressivement passées dans les mœurs. Tandis que, du côté gauche, des voix appelaient de plus en plus fortement à ne pas privilégier le « sociétal » par rapport au « social ».

La vigoureuse réincorporation de l'idée de nation dans un patrimoine de gauche a favorisé de son côté la formation d'une culture souverainiste transversale, réduisant de cette autre façon la profondeur du fossé séparant les héritages. En France, les drapeaux rouges se sont faits plus rares et l'emblème tricolore est par exemple maintenant presque aussi présent dans les manifestations de La France insoumise que dans celles du Rassemblement national. On a bien vu sur ce point le rôle de passeur joué par le Mouvement des citoyens de Jean-Pierre Chevènement qui est progressivement apparu comme un grand échangeur idéologique et politique, certains de ses adhérents se ralliant à Marine Le Pen ou Nicolas Dupont-Aignan, alors que d'autres se rangeaient derrière Jean-Luc Mélenchon[1]. Souverainisme qui trouve dans la vivacité de sa critique de la politique et des institutions européennes une alimentation qui rapproche encore, sur un autre mode, les esprits.

1. Sur la logique de ces rapprochements et de ces reclassements, voir les longs développements que je consacre à la « théorie des greffes et des passerelles », au « grand retournement » et à « l'histoire des équivoques » dans *Notre histoire intellectuelle et politique (1968-2018)*, Paris, Seuil, 2018, p. 263-266 et p. 321-350.

D'autres éléments participent encore d'un socle commun aux différents populismes. Sur le continent européen, c'est la même exécration des institutions bruxelloises, qui symbolisent à leurs yeux le règne d'une démocratie confisquée par les juges et les experts ainsi que l'effacement de la politique devant le pouvoir des marchés. Si les perspectives sécessionnistes et les projets d'abandon de l'euro au profit des anciennes monnaies nationales ne sont plus ouvertement affirmés à l'heure d'un Brexit problématique, et du fait aussi de la réticence des opinions à accepter ces ruptures, l'invitation à la refondation d'une simple Europe des nations reste un objectif fondamental pour les populistes. La proximité affirmée avec la Russie de Poutine est également un marqueur visible de la proximité des différents courants populistes.

Reste ce qui constitue toujours un fossé d'importance : la question des immigrés et des réfugiés. Elle trace encore actuellement avec évidence une ligne de partage entre un populisme de droite ou d'extrême droite et un populisme de gauche. Le rejet de la « caste » va en effet de pair chez les premiers avec la dénonciation de la menace que feraient peser les immigrés sur l'identité du peuple, tandis que des seconds affirment un point de vue humaniste d'accueil. L'avenir politique du phénomène populiste est en grande partie lié aux conditions de maintien ou au contraire d'affaiblissement de cette distinction. Plusieurs éléments ont indiqué qu'une évolution vers le second terme de l'alternative pouvait être de l'ordre du possible. Les prises de position d'anciens responsables de Die Linke en Allemagne ont notamment fait l'effet d'une bombe sur ce point. Les prises de position du mouvement Aufstehen (« Debout ») lancé en 2018 par Sahra Wagenknecht, une ancienne dirigeante du parti, l'ont illustré de façon exemplaire[1]. C'est la reformulation de la question de l'immigration qui a rendu pensable et possible cette évolution. Si la perspective humaniste plaide pour lui conserver

1. Elle l'a ensuite quitté au printemps 2019 pour entreprendre une carrière médiatique.

son caractère discriminant, son inscription dans le cadre critique du néolibéralisme induit en effet d'autres perspectives, une même condamnation d'un capitalisme à la recherche de travail à bon marché pouvant rapprocher les esprits. Si l'on dit comme Jacques Nikonoff, l'ancien président d'ATTAC, que « mettre un terme à l'immigration économique est une prise de position politique et non un acte raciste », ou encore que « chacun doit être maître chez lui » et que « le pillage des forces vives dans les pays pauvres est une nouvelle forme de néocolonialisme[1] », la digue peut commencer à être ébranlée. La manière dont évoluera cette forme de reformulation de la question de l'immigration jouera à n'en pas douter un rôle décisif dans la convergence de types de populismes aujourd'hui encore nettement différenciés.

Si la question de l'immigration est destinée à rester partout au cœur de l'agenda politique dans la période d'exacerbation des nationalismes que nous vivons, la capacité d'un populisme de gauche à l'emporter sur un populisme de droite pourrait s'avérer limitée. Si ce dernier exprime d'une façon qui est ressentie par les électeurs comme plus radicale la vision populiste de la politique et de la société, il bénéficiera en effet inéluctablement d'un avantage comparatif. Et le fait est que les théoriciens et les grandes voix du populisme de gauche n'ont jusqu'à présent pas indiqué comment ils envisageraient l'inversion de cette dynamique dès lors que l'anticapitalisme, l'antilibéralisme et la revendication d'une démocratie plus directe ne sont plus l'apanage de la gauche. L'évolution des situations italienne et française constituera sur ce point un indicateur lourd de conséquences pour l'avenir.

1. Entretien dans *Éléments*, nº 177, avril-mai 2019.

II

HISTOIRE

1

Histoire de moments populistes (I) : césarisme et démocratie illibérale en France

Si le bonapartisme est appréhendé comme un modèle politique et administratif, identifié aux institutions mises en place par Napoléon, le césarisme moderne peut être quant à lui défini comme une conception de la démocratie autoritaire liée de façon exemplaire à la rhétorique et aux pratiques de son neveu, Louis Napoléon devenu Napoléon III[1]. Si ce dernier a conquis les suffrages des Français, c'est d'abord parce qu'il s'est présenté comme le champion et le serviteur d'un peuple-roi. « Je considère le peuple comme propriétaire et les gouvernements quels qu'ils soient comme des fermiers », avait-il dit dans une de ses expressions les plus précoces[2]. Il ne cessera de le répéter, allant jusqu'à

1. Pour une analyse plus développée que dans ces pages de la doctrine politique de Napoléon III, je renvoie au chapitre que je lui consacre dans *La Démocratie inachevée. Histoire de la souveraineté du peuple en France*, *op. cit.* (voir « La démocratie illibérale, le césarisme », p. 181-221).

2. Lettre à son précepteur, Narcisse Vieillard, en date du 29 janvier 1836 (cité *in* Philippe Séguin, *Louis Napoléon le Grand*, Paris, Le Livre de Poche, 1992).

faire de nombreux emprunts à la Constitution de 1793 dans divers projets de réformes qu'il publiera dans les années 1830. Et lorsqu'il sera candidat à la présidence de la République, en 1848, c'est le « saint peuple » qu'il invoquera avec ses partisans.

Ce qui constitue sur cette base le césarisme réside dans une approche de la souveraineté du peuple inscrite dans un triple cadre : une conception de l'expression populaire par la procédure privilégiée du plébiscite ; une philosophie de la représentation comme incarnation du peuple en un chef ; un rejet des corps intermédiaires qui font obstacle au face-à-face du peuple et du pouvoir. En même temps qu'est consacré le pouvoir de légitimation et de sanction du peuple (au moyen d'élections librement organisées), les libertés publiques (de la presse, d'organisation partisane, etc.) ne sont pas reconnues, au prétexte qu'elles parasiteraient l'expression libre et immédiate de la volonté générale. Le peuple est quant à lui uniquement appréhendé sous les espèces d'une totalité que l'on ne saurait décomposer.

La théorie du plébiscite

La démocratie plébiscitaire a été présentée dès le printemps 1848 par les soutiens de Louis Napoléon comme une alternative aux formes classiques du gouvernement représentatif. Les journaux bonapartistes avaient alors fait de la dénonciation du système parlementaire un de leurs thèmes majeurs. Les principaux éléments de la rhétorique antiparlementaire qui culminera à la fin du siècle trouveront alors leur première expression cohérente dans les publications bonapartistes de cette période. S'y trouvaient vilipendés à longueur de pages « les verbiages et les mensonges » de députés assimilés à des « cochons à l'engrais » qui volent leur traitement et conduisent la France à sa perte[1]. Dans le ton comme dans le vocabulaire, ces textes résonnaient déjà des accents boulangistes.

1. Cf. Robert Pimienta, *La Propagande bonapartiste en 1848*, Paris, 1911, p. 58-59.

Aux interfaces jugées inévitablement déformantes, les partisans de Louis Napoléon opposaient les vertus du face-à-face direct entre le peuple et le pouvoir. « Entre le peuple et son souverain, pas d'intermédiaire qui s'arroge le droit de remplacer l'un et l'autre », disaient-ils pour résumer leur position[1]. La théorie de l'appel au peuple ordonnait donc logiquement toute leur vision des institutions politiques. Parlant de l'esprit de la Constitution de 1852, Louis Napoléon, qui n'était encore que le nouveau président de la République, avait noté : « Le chef que vous avez élu est responsable devant vous : il a toujours le droit de faire appel à votre jugement souverain, afin que, dans les circonstances solennelles, vous puissiez lui continuer ou lui retirer votre confiance[2]. » À deux reprises, en décembre 1851 et en janvier 1852, il cherchera ainsi et trouvera l'assentiment direct du peuple à son entreprise de refondation.

L'exemple suisse était sur ce point fréquemment invoqué dans les milieux bonapartistes. Louis Napoléon avait donné le ton dès 1833 en publiant ses *Considérations politiques et militaires sur la Suisse*, ouvrage dans lequel il avait tenu à rappeler que Napoléon Bonaparte s'était fait le protecteur et le conservateur des anciennes assemblées d'habitants, les *Landsgemeinde*, là où elles existaient dans les cantons soumis à l'autorité française. Adossée à l'exemple suisse, la théorie bonapartiste du plébiscite pouvait prétendre à la respectabilité et, plus encore, se présenter comme une doctrine d'avenir face à un système parlementaire dénoncé comme expression d'un archaïsme représentatif.

L'homme-peuple et le peuple-Un

Le plébiscite bonapartiste n'était pas une simple technique de consultation du peuple. Il participait d'une vision politique globale et d'une recompréhension longue de l'histoire de la démocratie.

1. *Ibid.*, p. 59.
2. Adresse, précédant la Constitution du 14 janvier 1852.

Il redonnait notamment sens et force à un impératif de responsabilité, tout en faisant d'un principe d'incarnation la réponse aux problèmes de la représentation. Dès sa proclamation du 2 décembre 1851, Louis Napoléon avait ainsi considéré la mise en place d'un « chef responsable » comme la clef de son projet constitutionnel, ce principe de responsabilité ne prenant à ses yeux sens et forme que dans le cadre d'une personnalisation accrue du pouvoir.

« L'empereur n'est pas un homme, c'est un peuple[1]. » Cette extraordinaire formule de l'un des principaux théoriciens du Second Empire résumera ce principe bonapartiste d'incarnation politique. De manière encore plus condensée, un autre de ses partisans parlait de l'empereur, « élu de la démocratie française », comme d'un « homme-peuple[2] ». Il n'y avait plus, dès lors, de distance à effacer ou de coupure à redouter entre représentant et représentés, ces derniers s'abîmant parfaitement dans la figure du premier. Napoléon III ne faisait là que reprendre le dispositif mis en scène par son oncle. Mais il l'a théorisé et lui a donné du même coup sa pleine ampleur. Depuis ses *Rêveries politiques* et ses *Idées napoléoniennes*, le futur empereur n'avait cessé de répéter qu'il fallait un chef pour incarner la volonté populaire, ne jugeant la souveraineté du peuple pleinement accomplie que si elle prenait effectivement corps dans un homme à la fois fort et pleinement responsable. « L'aristocratie n'a pas besoin de chef, tandis que la nature de la démocratie est de se personnifier dans un homme », résumait-il[3]. C'est une idée qu'il n'a cessé d'exposer sous

1. *Id.*

2. Jean Gilbert Victor Persigny, « Discours sur les principes politiques de l'Empire » (Saint-Étienne, 12 août 1863), in *Le Duc de Persigny et les doctrines de l'Empire*, Paris, 1865, p. 164. La formule « homme-peuple » se trouve à ma connaissance utilisée pour la première fois dans le titre d'une courte brochure saint-simonienne, *Napoléon ou l'Homme-Peuple*, Paris, s.d. (mars 1832). « Le peuple c'est moi, disait le petit caporal, et le petit caporal avait raison, y lit-on. Il voulait dire par là que lui plus que tous les autres connaissait le peuple, vivait sa vie » (p. 1).

3. Reprenant une formule de Thiers dans ses *Idées napoléoniennes* (1839), in *Œuvres de Napoléon III*, Paris, 1869, t. I, p. 37.

de multiples formes, jusqu'à la mettre au cœur de la monumentale *Histoire de Jules César* qu'il avait tenu à rédiger. « La démocratie, confiante et passionnée, y soulignait-il, croit toujours ses intérêts mieux représentés par un seul que par un corps politique[1]. »

Cette conception de la représentation-incarnation s'était appuyée chez lui sur une *politique de la proximité* dont il fut un des pionniers. Politique notamment illustrée par ses nombreux voyages pendant lesquels il sillonnait les provinces françaises à la rencontre directe de leurs habitants[2]. Napoléon III visitait les ateliers et les usines, parcourait les exploitations agricoles, inspectait les crèches et les hôpitaux, explorait les quartiers les plus pauvres. Il recevait des délégations, de notables certes, mais aussi d'ouvriers ou de paysans. Il assistait à des bals et à des banquets auxquels participaient des foules parfois considérables (près de 10 000 personnes dans certains cas !). Au début du Premier Empire, un proche de son oncle avait pressenti de façon quasiment prophétique les usages inédits que pourraient avoir les déplacements politiques dans la société moderne. « Le chef d'un grand État, avait-il écrit, n'a qu'un moyen de connaître le peuple qu'il gouverne : c'est de voyager ; il n'a qu'un moyen de se faire connaître de ce peuple, c'est de voyager. Les voyages seuls mettent le prince et le peuple en communication directe l'un avec l'autre. On a dit et on a cru que le peuple ne pouvait faire connaître ses droits au prince que par des représentants. Quand le prince voyage, le peuple fait ses affaires lui-même. Sous un prince qui voyage, il y a plus de vraie et de bonne démocratie que dans toutes les républiques du monde[3]. » Les déplacements dans le pays étaient ainsi compris

1. Napoléon III, *Histoire de Jules César*, 1865-1866, t. I, p. 280. Voir sur ce point les informations utiles rassemblées par Juliette Glikman, *L'« Histoire de Jules César » de Napoléon III*, mémoire de maîtrise, université de Paris I, 1994.

2. Cf. André Laurence, *Le Voyage impérial et sa mise en scène sous le Second Empire*, mémoire de maîtrise, université de Paris I, 1990.

3. Pierre-Louis Roederer, *Des voyages des chefs de gouvernements*, reproduit dans les *Œuvres du comte Pierre-Louis Roederer*, Paris, 1857, t. VI, p. 460.

comme une forme de communication politique directe et de mise en scène démocratique de la souveraineté, correspondant à l'âge de la représentation-incarnation. Un juriste les considérera de façon parlante comme des sortes de « plébiscites continus[1] ».

C'était bien souligner qu'ils participaient d'une sorte de démocratie directe. Mais c'était aussi suggérer une autre de leurs caractéristiques matérielles : la réduction de la participation du peuple à une forme d'adhésion festive dans laquelle il ne se manifestait que sous les espèces d'une masse unanime. L'avènement de l'homme-peuple se prolongeait ainsi avec lui dans la célébration d'un peuple-Un. Le bonapartisme renouait de la sorte avec les anciennes visions unanimistes du politique.

La tension entre l'unanimité comme principe de légitimation et la pluralité comme technique de décision est au cœur de la difficulté démocratique. Mais elle prend un sens plus aigu lorsque la pluralité est aussi perçue comme la trace d'une division philosophiquement inacceptable, lorsque les partis sont uniquement appréhendés comme les vecteurs de factions menaçantes. Car il faut alors réaffirmer avec une force encore plus grande le caractère philosophiquement essentiel d'une légitimité-unanimité. En superposant les impératifs sociologiques de la représentation-incarnation aux conséquences du monisme français, le bonapartisme a construit toute sa vision du politique autour d'un présupposé de l'unanimité sociale. Il ne veut connaître que *le* pays ou *le* peuple, toujours au singulier, comme si les Français ne pouvaient exister dans leurs différences sociales et politiques. Alors que les libéraux pensent que la représentation a pour but de refléter la diversité et de constituer *ensuite* une forme de cohérence à travers les mécanismes de la délibération parlementaire, les bonapartistes voulaient qu'elle exprime immédiatement une unité présupposée. La culture politique révolutionnaire avait oscillé en son temps entre les deux pôles, un Sieyès s'étant fait à la

1. Maurice Deslandres, *Histoire constitutionnelle de la France de 1789 à 1870*, Paris, 1933, t. II, p. 509.

fois le défenseur intransigeant d'une vision moniste du politique et le théoricien d'une conception pluraliste des représentants comme organes de la volonté générale. Les apôtres du césarisme trancheront, eux, et radicaliseront la conception du peuple-Un.

Le plébiscite jouait un rôle déterminant dans cette vision moniste du politique. Il était appréhendé comme un rituel de l'unanimité. Il renouait presque, de la sorte, avec le cérémonial révolutionnaire des fraternisations ou des serments. Annonçant le plébiscite de 1870, Napoléon III avait ainsi rappelé comme un fait à ses yeux essentiel : « Vous avez été presque unanimes, il y a dix-huit ans, pour me conférer les pouvoirs les plus étendus ; soyez aussi nombreux aujourd'hui pour adhérer à la transformation du régime impérial[1]. » Cette vision était alors d'autant plus facilement adoptée que la conception pluraliste du vote était encore loin d'avoir pénétré la société. En 1852, près du tiers des villages accordaient ainsi la totalité de leurs voix aux candidats du préfet[2]. Le plébiscite superposait de cette façon, dans une confusion inaperçue par les acteurs de l'époque, les éléments d'une culture démocratique « moderne » avec les résidus d'une culture sociale « archaïque » de la communauté.

La polarisation démocratique

Napoléon III était un chaud partisan de l'ouverture des économies – son règne sera marqué par la signature d'un traité de libre-échange avec la Grande-Bretagne – mais il n'était en rien un partisan du laisser-faire. « Un gouvernement n'est pas un *ulcère nécessaire*, avait-il

1. Appel du 23 avril 1870, reproduit dans Émile Ollivier, *L'Empire libéral*, Paris, Garnier frères, 1895-1918, t. XIII, p. 335.

2. Cf. Patrick Lagoueyte, *Candidature officielle et pratiques électorales sous le Second Empire (1852-1870)*, thèse de l'université de Paris I, 1990, t. III, p. 1104. L'auteur qualifie ces villages de « bastions de l'unanimité » (*ibid.*, p. 1097). Sur la superposition de ces deux cultures, voir les remarques pertinentes de Christine Guionnet, *L'Apprentissage de la politique moderne. Les élections municipales sous la monarchie de Juillet*, Paris, L'Harmattan, 1997.

ainsi insisté, c'est plutôt le moteur bienfaisant de tout organisme social[1]. » Cette dimension « jacobine » de sa conception de l'action publique s'accompagnait cependant en même temps de la reconnaissance d'une nécessaire autonomie de la société civile. Le Second Empire encouragera ainsi le développement des coopératives et des mutuelles, qui connaîtront un essor spectaculaire dans les années 1860. Il sera aussi l'artisan des premières lois de décentralisation en 1866 et 1867[2]. Il mettra surtout fin à l'interdiction du syndicalisme en abolissant en 1864 le délit de coalition qui constituait un des piliers de la conception révolutionnaire de l'économie et de la société. Émile Ollivier, celui qui présentera devant le Corps législatif ce projet de loi historique, dira ainsi que la célèbre théorie de Le Chapelier constituait « l'erreur fondamentale de la Révolution française[3] ». Mais cette conception positive et « libérale » de la société civile allait chez lui de pair avec un non moins remarquable illibéralisme démocratique. On peut ainsi considérer Napoléon III comme le premier théoricien, et praticien simultanément, de ce type inédit d'illibéralisme. La manière dont il a traité les questions des partis politiques et celle de la liberté de la presse l'a montré de façon exemplaire. C'est en effet au nom d'une certaine vision de la démocratie et de la souveraineté du peuple qu'il a justifié la suppression des premiers et la mise sous tutelle de la seconde. Les arguments employés sont pour cela particulièrement intéressants à rapporter.

1. *Idées napoléoniennes* (1839), in *Œuvres de Napoléon III*, *op. cit.*, t. I, p. 21. Sur sa vision d'un État fort, voir aussi son discours du 15 octobre 1852 à Bordeaux.

2. La Commission de décentralisation qu'il mettra en place définira les grands principes dont sortiront tous les grands projets des décennies suivantes.

3. Émile Ollivier, *Commentaire de la loi du 25 mai 1864 sur les coalitions*, Paris, 1864, p. 52.

De la critique césarienne des partis

« Il n'y a de pouvoirs que ceux constitués par la volonté du peuple exprimée par les représentants ; il n'y a d'autorités que celles déléguées par lui ; il ne peut y avoir d'action que celle de ses mandataires revêtus de fonctions publiques. C'est pour conserver ce principe dans toute sa pureté que la Constitution a fait disparaître toutes les corporations et qu'elle n'a plus reconnu que le corps social et les individus. » Ces termes dans lesquels Le Chapelier avait présenté en 1791 le décret abolissant les sociétés populaires[1] reproduisaient presque mot à mot ceux qu'il avait utilisés pour appeler quelques mois plus tôt à mettre hors la loi les jurandes et les corporations. « Notre gouvernement est représentatif : il est composé d'hommes que le peuple a choisis, résumera un peu plus tard un conventionnel. Mais que sont les sociétés populaires ? Une association d'hommes qui se sont choisis eux-mêmes[2]. »

Les bonapartistes vont suivre Le Chapelier dans sa critique des partis, alors qu'ils avaient vivement dénoncé ses arguments appliqués à la sphère économique et sociale. La rupture qu'ils ont introduite

1. *Archives parlementaires* (A.P.), 1re série, t. XXXI, p. 617. Le décret du 30 septembre 1791 stipule : « Nulle société, club, association de citoyens ne peuvent avoir, sous aucune forme, une existence politique. » Le Chapelier commente : « Les sociétés, les réunions paisibles de citoyens, les clubs, sont inaperçus dans l'État. Sortent-ils de la situation privée où les place la Constitution, ils s'élèvent contre elle, ils la détruisent au lieu de la défendre. »

2. Bourdon (de l'Oise), A.P., t. XCIX, p. 210. Voir aussi l'article exemplaire de Roederer, « Des sociétés populaires », publié dans *Le Républicain* du 30 brumaire an III (20 novembre 1794) ; reproduit dans les *Œuvres du comte Pierre-Louis Roederer*, *op. cit.*, t. VII, p. 17-22. La Convention rejettera ainsi vivement en juin 1793 le projet d'une démocratie qui serait animée par ces sociétés et non pas organisée par le fonctionnement régulier des pouvoirs constitués. Cf. le sort qui est fait à Boissel qui propose que « les sociétés populaires et leurs frères des tribunes remplacent les assemblées primaires » (*Les Entretiens du Père Gérard sur la Constitution*, reproduit *in* A.P., t. LXVI, p. 635).

sur ce point avec les mœurs et les institutions de la IIe République comme de la monarchie parlementaire est très nette. Si le fond moniste de la culture politique française conduisait en principe à bannir les corps intermédiaires dans l'ordre politique, les choses avaient en effet été beaucoup plus flexibles dans la pratique. Pendant la Révolution, les circonstances jugées exceptionnelles avaient d'abord conduit à accepter dans les faits ce qui était récusé en théorie[1]. À la fin de la Restauration comme sous la monarchie de Juillet, la formation de comités électoraux destinés à organiser et soutenir des candidatures partisanes avait de la même façon été tolérée[2]. On avait encore vu fleurir ces comités en 1848 sans qu'il soit question de les considérer comme illégitimes et d'entraver leur action[3]. Le Second Empire veillera au contraire à une très stricte application pratique de l'impératif moniste.

« Les comités électoraux, notait typiquement dès 1852 le ministre de l'Intérieur, Morny, auraient l'inconvénient de créer des liens prématurés, des droits acquis qui ne feraient que gêner les populations

1. « Tandis que la révolution a duré, disait par exemple Le Chapelier, cet ordre de choses a presque toujours été plus utile que nuisible » (*ibid*). Les sociétés populaires ont en effet dans ce cadre une utilité militante et pédagogique. Mais alors que Le Chapelier juge que leur dissolution est rendue possible par le fait que « la révolution est terminée », Robespierre lui-même, notons-le, ne les considérait que *circonstanciellement* encore indispensables (« Je ne crois pas que la révolution soit finie », argumentait-il).

2. Les premiers comités électoraux organisés en France sont mis en place à l'occasion des élections de 1828 (à travers le réseau de la société libérale « Aide-toi, le ciel t'aidera »). Alors que le droit d'association et de réunion est très sévèrement restreint par une loi de 1834, les comités électoraux continueront à se mettre en place sans entraves (ils joueront notamment un grand rôle aux élections de 1846). Mais il convient de rappeler que régnait alors le suffrage censitaire.

3. Le grand débat avait alors été de savoir si les comités électoraux devaient être des organisations quasi publiques, regroupant tous les électeurs, pour désigner les candidats, ou s'il était admissible qu'il puisse y avoir un pluralisme des comités.

et leur ôter toute liberté[1]. » Au-delà des visées immédiatement politiciennes, c'est donc bien l'existence même d'un organe intermédiaire de mise en forme du vote qui était visée, toute structure de ce type étant suspectée d'introduire un biais dans l'expression de la volonté générale. On présupposait ainsi que le peuple devait se manifester dans sa force spontanée et native, son être ne prenant forme authentique que dans la projection immédiate des individus dans le corps collectif. Une circulaire de 1857 répétait avec force l'interdiction : « Vous ne tolérerez pas les organisations des comités électoraux. Tous ces moyens artificiels de propagande n'ont d'autre résultat que de substituer l'influence de quelques meneurs au bon sens impartial des masses[2]. » L'hostilité du régime au scrutin de liste trouvera son origine dans ce même raisonnement. Avec le scrutin de liste tel qu'il fonctionnait dans les années précédentes de la IIe République, il fallait en effet impérativement que se mettent en place des instances « privées », fondées sur la concertation de quelques individus, pour élaborer les candidatures. Le retour au scrutin uninominal a, du même coup, été présenté par le régime comme la garantie d'une expression plus libre du suffrage universel, aucune interface particulière ne venant s'immiscer dans l'organisation du vote. C'est dans le cadre de cette vigilante proscription qu'une action en justice sera intentée contre un groupe de journalistes et de notables qui s'étaient réunis en 1863 pour tenter de coordonner l'action républicaine aux élections législatives en organisant les candidatures de l'opposition. Le procès eut un retentissement énorme. Face aux avocats républicains qui accusaient l'Empire de porter atteinte au suffrage universel, le procureur général dénonça ce qu'il qualifiait d'« administration extérieure », placée à côté des pouvoirs publics

1. Circulaire aux préfets du 20 janvier 1852 publiée dans *Le Moniteur universel* du même jour.

2. « Circulaire très confidentielle » du ministre de l'Intérieur, Billault, aux préfets en date du 1er juin 1857. Reproduite *in* Patrick Lagoueyte, *Candidature officielle et pratiques électorales sous le Second Empire*, *op. cit.*, t. I, Annexes, p. 11.

réguliers et il parla de « corruption du suffrage universel[1] ». Le comité électoral, avait-il encore dit, est finalement au service de « l'intérêt particulier de ses membres ». Il présupposait en outre à ses yeux une hiérarchie implicite entre des « principaux » et un « menu peuple » que les premiers seraient pratiquement chargés de guider et d'éclairer, réduisant la participation électorale à un choix préfabriqué par quelques-uns[2], les citoyens n'étant plus que des machines à voter aux mains de ces « principaux ».

Si la dénonciation des libertés bafouées soudait toute l'opposition, les arguments impériaux avaient aussi un poids indéniable dans l'opinion. De nombreux ouvriers y étaient en particulier très sensibles, déplorant par exemple que le comité électoral républicain mis en place pour les élections de 1863 ait été essentiellement composé d'avocats, de journalistes et d'anciens parlementaires qui s'étaient autoconstitués en instance de nomination des candidats[3]. Que serait alors un processus démocratique de désignation des candidats qui mériterait d'être qualifié de « démocratique » ? L'Empire avait sa réponse : la candidature officielle. Ouvertement choisi par les pouvoirs publics, le candidat officiel n'était pas l'homme d'un parti, mais le représentant du régime en tant que tel ; régime supposé démocratiquement institué. Sa nomination ne faisait donc aucune difficulté. Le pouvoir était parfaitement légitimé à y procéder lui-même. Les électeurs n'étaient en outre pas invités dans ce cas à distinguer une personne, mais à soutenir une politique (ou, au

1. *Le Procès des treize en appel*, Paris, 1864, réplique du procureur général, p. 335. « La loi, disait-il encore, ne veut pas d'un gouvernement dans le gouvernement. »

2. Empruntés à Montesquieu, les termes de « menu peuple » et de « principaux » avaient maladroitement été utilisés par Arago, l'un des avocats des accusés.

3. Cette critique suscitera en 1864 la publication du « Manifeste des soixante » dans lequel des militants ouvriers (d'inspiration proudhonienne) appelleront à susciter des candidatures d'ouvriers pour que ceux-ci soient socialement représentés, afin que le Parlement ne reflète pas seulement la diversité des opinions.

contraire, à la sanctionner). L'élection était de cette façon jugée dépersonnalisée et du même coup totalement politique, sans aucun « parasitage extérieur ». Mais comment choisir démocratiquement, même dans un tel cadre, le candidat d'opposition ? Les républicains avaient été sensibles à la difficulté. Au point qu'un de leurs chefs de file, Garnier-Pagès, avait alors suggéré la mise en place d'une procédure fort compliquée : les électeurs de chaque quartier auraient élu des délégués formant ensuite un comité central chargé de nommer les candidats[1]. La suggestion avait été repoussée, parce qu'elle était légalement et pratiquement difficile à mettre en œuvre. Mais surtout parce que les chefs républicains, dans leur grande majorité, redoutaient de se voir imposer des candidats qu'ils n'auraient pas souhaités. Carnot avait ainsi reconnu que nombreux avaient été parmi les ténors républicains ceux qui « désiraient que ce comité se formât de lui-même d'une façon un peu dictatoriale ». Après le malaise ainsi créé par la nomination des candidats républicains en 1863, le fameux « Manifeste des soixante », qui lança en 1864 l'idée de candidatures ouvrières spécifiques, fut alors rédigé en réaction à ce qui était ressenti comme une forme d'accaparement du processus démocratique par des notables[2].

Le problème d'un tel risque d'accaparement conduisant à une forme de privatisation et de confiscation de « l'énergie démocratique » avait conduit pendant la Révolution française, de façon un peu utopique, à *personnaliser radicalement* l'élection, la situant dans un espace de choix qui pouvait être considéré comme absolument non politique, les critères du vote étant supposés s'attacher uniquement à la distinction des qualités intellectuelles et morales des individus. Le Second Empire a fait le choix contraire d'une *politisation totale* de l'élection, superposant exactement l'État et la société politique.

1. Projet rapporté par l'intéressé au cours du procès des treize en première instance (*Cour impériale de Paris. Procès des treize*, 1864, p. 17).

2. Voir sur ce point mon développement dans *Le Peuple introuvable. Histoire de la représentation démocratique en France*, *op. cit.*

La polarisation du politique résultant de cette fusion impliquait qu'il ne puisse exister aucune sorte d'espace public entre l'État et la sphère privée. Cela conduisait du même coup à une dissociation inédite du libéralisme et de la démocratie. Tant qu'il existe un espace public-politique distinct de l'État, les libertés justement qualifiées de « publiques » (droit d'association, de réunion, de formation libre de partis, etc.) participent en effet du fonctionnement de la démocratie. Il n'y a pas ainsi de démocratie sans liberté d'association, sans existence de partis librement formés, etc. Il en va tout différemment dans le cadre de la polarisation du politique. Il y a dans ce cas une sorte de constitution immédiate et globale du politique qui n'a plus besoin pour s'exprimer d'aucun support intermédiaire.

Une vision « démocratique » de l'encadrement de la liberté de la presse

« Le lendemain d'une révolution, avait dit Louis Napoléon en 1852, la première des garanties pour un peuple ne consiste pas dans un usage immodéré de la tribune et de la presse ; elle est dans le droit de choisir le gouvernement qui lui convient. » C'était souligner que l'impératif démocratique l'emportait à ses yeux sur l'impératif libéral. Alors que les libertés individuelles classiques devaient être pour lui reconnues, les libertés publiques comme la liberté de la presse étaient considérées comme secondaires. Le décret du 17 février 1852, qui attribuait au gouvernement une autorité discrétionnaire sur la presse, est ainsi resté en vigueur pendant presque toute la durée du régime. Les arguments mis en avant pour justifier cet état de fait sont d'autant plus intéressants à analyser qu'ils ont été publiquement exposés et théorisés. Face à leurs détracteurs qui estimaient que la liberté *publique* de la presse ne faisait qu'un avec la liberté *individuelle* d'expression, les tenants du régime considéraient à l'inverse qu'il y avait une distinction essentielle à opérer. Les journaux, estimaient-ils en effet, constituent de véritables pouvoirs, mais des pouvoirs privés, autoproclamés, alors qu'ils entendent jouer un rôle d'ordre public. L'un des théoriciens du régime dira que « le journal est un véritable pouvoir d'État, exercé sans délégation de personne et sans responsabilité[1] ». « À l'inverse de tous les pouvoirs réguliers, dont le moindre a sa racine et sa délégation dans la loi constitutionnelle, insistera un autre, la presse est un pouvoir spontané, volontaire, ne relevant que de lui-même, de ses intérêts, de ses caprices ou de ses ambitions. Le nombre des pouvoirs publics est limité, le nombre des journaux ne l'est pas ; les attributions de ces pouvoirs sont définies, les attributions de la presse n'ont ni règle ni mesure[2]. » La presse, selon une de ses expressions particulièrement frappantes, est pratiquement « la rivale des pouvoirs publics[3] », alors même qu'elle ne supporte aucune contrainte de légitimité et de représentativité. Si la presse n'était pas contenue, disait-il carrément, elle serait « une complète et flagrante usurpation sur les pouvoirs publics[4] ». « Sans avoir le droit d'élire, développait-il, elle cherche à diriger les élections ; sans avoir le droit de figurer dans les corps délibérants, elle cherche à influencer les délibérations ; sans avoir le droit de siéger dans les conseils du souverain, elle cherche à provoquer ou à prévenir les actes du gouvernement ; sans avoir reçu ni d'un département, ni d'un arrondissement, ni d'une commune, ni d'un hameau, une délégation quelconque, elle cherche à gouverner la nation ; en un mot, elle cherche à substituer son action à l'action de tous les pouvoirs établis et légaux, sans être

1. Émile Ollivier, formule reproduite dans ses *Solutions politiques et sociales*, Paris, 1894, p. 113-114.

2. Adolphe Granier de Cassagnac, discours du 16 mars 1866, *Annales du Sénat et du Corps législatif*, p. 138.

3. *Ibid.*, p. 139. « Est-ce que le bon sens, disait-il encore, ne se révolte pas à l'idée de créer bénévolement, sans nécessité, à côté de l'Empereur, du Sénat, du Corps législatif, un pouvoir politique immense et nouveau, qui serait désormais indépendant dans sa sphère et dont l'autorité délimitée et définie se poserait en rivale du gouvernement régulier établi par tous ? » (*id.*).

4. Adolphe Granier de Cassagnac, *L'Empereur et la démocratie moderne*, Paris, 1860, p. 21.

en réalité investie d'un droit proprement dit[1]. » Les journaux étaient appréhendés dans cette perspective comme « des centaines de petits États au milieu de l'État », des institutions privées qui jouaient un rôle politique. Ils étaient une puissance publique en mains particulières : le journaliste, résumait ce théoricien du régime, intervient dans la vie publique avec sa conscience ou ses intérêts personnels comme seul mandat. Il n'est élu par personne alors qu'il incarne un véritable pouvoir social[2].

Le journal, une institution privée ? Les bonapartistes se sont faits les dénonciateurs implacables du journal comme structure capitaliste antidémocratique. Granier de Cassagnac en donnera une définition que ne renieraient pas certains modernes pourfendeurs des médias : « Une société de capitalistes [qui] groupe autour d'elle un certain nombre d'écrivains de talent[3]. » Pour dire les choses autrement, le journal peut être considéré comme une puissance aristocratique dans un monde démocratique. Une brochure rédigée par un proche du régime avait ainsi significativement pris pour titre *L'Aristocratie des journaux et le suffrage universel*[4]. Les bonapartistes estimaient pour cela tout à fait

1. *Id.*

2. « Où est, dans cette constitution habituelle de la presse périodique, le droit politique et la délégation du pays, demandait-il encore ? Où est, pour ces capitalistes ou pour ces écrivains, n'ayant d'autres liens que leurs intérêts ou leurs convenances, l'investiture qui les ferait les directeurs, les contrôleurs des corps politiques, les juges du gouvernement ? Où est ce sacerdoce, dont quelques journalistes parlent de temps en temps ? Qu'on se dise comment la presse périodique pourrait dominer tous les pouvoirs publics, sans posséder les prérogatives du moindre d'entre eux ? » (*ibid.*, p. 22). C'était déjà l'argument central employé sous la Restauration par les adversaires de la liberté de la presse. « Pour être député, il faut être l'élu des électeurs, disaient-ils ; le journaliste s'investit lui-même de son ministère redoutable » (cité par Émile Ollivier, *Solutions politiques et sociales*, *op. cit.*, p. 114).

3. *L'Empereur et la démocratie moderne*, *op. cit.*, p. 22.

4. *L'Aristocratie des journaux et le suffrage universel*, Paris, 1864. L'auteur y dénonce avec violence « le droit abusif que se sont arrogé les journaux de

justifié le contrôle de la presse. « Les journaux, qui ne représentent et ne sauraient représenter que des intérêts individuels, doivent être subordonnés aux intérêts généraux », disaient-ils[1]. À défaut de concevoir une impossible élection des journalistes, il convenait donc de les surveiller. Il fallait aussi leur opposer la parole des pouvoirs élus, supposée exprimer adéquatement la volonté générale puisque issue d'elle. On ne s'étonne donc pas que le régime ait un moment songé dans cet esprit au lancement d'un journal bon marché susceptible de donner à la parole publique toute sa place. C'est ainsi toute une conception du public qui est en cause dans la vision césarienne du politique. Le public n'est jamais compris comme l'espace en travail de l'interaction et de la réflexion entre les groupes et les individus ; il n'est appréhendé que sous les espèces figées des institutions légitimées par l'élection.

La liberté politique, comme liberté publique, ne pouvait avoir aucune place dans ce cadre. « La liberté politique, écrivait franchement Émile Ollivier, celle qui consiste à faire des journaux, des clubs, des élections, si elle n'est pas la simple garantie d'une liberté sociale existante, n'est plus qu'un privilège dangereux, une machine de bouleversement et d'exploitation au service des politiciens d'en haut et d'en bas, qui peuvent devenir députés ou créer des journaux[2]. » C'est en ce sens que l'illibéralisme du Second Empire a été constitué de politiques qui ont été ouvertement théorisées et revendiquées.

---

l'opposition de diriger le suffrage universel » (p. 5). « L'exercice de la liberté de la presse, martelait de son côté Cassagnac, est une faculté éminemment aristocratique, en ce sens qu'elle suppose la réunion, toujours difficile et rare, de certains capitaux et de certains talents » (*L'Empereur et la démocratie moderne*, *op. cit.*, p. 24).

1. *Ibid.*, p. 23.
2. Émile Ollivier, *L'Empire libéral*, *op. cit.*, t. V, p. 100.

2

Histoire de moments populistes (II) : les années 1890-1914

Les années 1890-1914 marquent un double tournant. Dans l'ordre politique, d'abord. C'est le moment de la première crise du modèle démocratique. Elle a été particulièrement sensible aux États-Unis et en France, là où le suffrage universel (masculin) était établi depuis le plus longtemps (alors que c'est seulement en 1871 qu'il avait été institué en Allemagne, et que le troisième *Reform Bill* anglais de 1884 n'avait fait qu'élargir ce droit, son universalité étant mise en place en 1918 seulement). En économie, c'est le choc de la « première mondialisation » qui a caractérisé la période[1], déclenchant une vague de xénophobie et une demande de protectionnisme qui bousculeront les clivages partisans existants et redessineront les enjeux structurant les cultures politiques.

1. Première mondialisation de la période industrielle s'entend, bien d'autres étapes de l'ouverture du monde pouvant être décrites, de l'Antiquité au tournant décisif des XVe-XVIIIe siècles analysé par Fernand Braudel.

L'Amérique des années 1890-1900 a été marquée par la critique des partis et la dénonciation de la corruption. La démocratie était alors apparue comme dégradée, ayant trahi la promesse de ses origines. Les partis étaient ainsi accusés d'avoir confisqué la souveraineté populaire et de s'être transformés en machine à gérer des prébendes ; et ceux qui étaient à leur tête d'être corrompus. La création du People's Party en 1892, que ses membres appelèrent souvent The Populist Party, s'est nourrie de ce désenchantement démocratique (cf. annexe, p. 259). Dans un pays fédéral, doté d'un État relativement faible, c'est à l'échelon municipal que les choses étaient principalement ressenties. C'est là que les dérives du système des dépouilles étaient les plus sensibles. C'est là aussi que la mainmise des partis sur les affaires publiques était la plus visible. Les villes étaient alors presque toutes dirigées en sous-main par celui que l'on appelait le *boss*, le chef de la machine politique du parti au pouvoir. Le maire, qui était élu, n'était le plus souvent qu'un de ses sous-ordres. Le *boss* était celui qui imposait les recrutements, faisait et défaisait les positions, contrôlait les décisions. Le système alimentait surtout une corruption omniprésente. Le mal-gouvernement des cités symbolisait ainsi, en exacerbant ses traits, les dysfonctionnements de la démocratie américaine à la fin du XIXe siècle, une démocratie en complète rupture avec l'esprit et les pratiques de ses origines.

Un journalisme de dénonciation naîtra et prospérera dans ce contexte. Autour de 1900, des titres comme le *Cosmopolitan*, le *McClure's Magazine* ou l'*Everybody's Magazine* connaîtront un immense succès en multipliant les révélations scandaleuses et en clouant au pilori les « nouveaux tsars » qui s'étaient approprié les biens publics. On les appellera les *muckrakers*, les « remueurs de boue ». Il ne s'agissait pas seulement pour eux de faire sensation, d'augmenter les tirages en étalant les petites et les grandes malversations d'une classe politique corrompue. Ils étaient aussi des prêcheurs qui voulaient rénover la démocratie, racheter le monde de ses fautes, l'appeler à la conversion. On a justement remarqué à ce propos qu'un de ces journalistes, Lincoln Steffens, auteur d'un des ouvrages les plus retentissants publiés dans cette veine, *The Shame of the Cities* (1904), utilisait dans ses articles un vocabulaire saturé de moralisme protestant où se bousculaient les termes de *shame, sin, guilt, salvation, damnation, pride, soul*[1]. La presse avait en effet pour eux une véritable fonction de régénération, indissociablement spirituelle et politique. L'éditeur du *Cosmopolitan* l'avait exprimé d'une extraordinaire formule en 1906 : « Notre but est d'assainir les cloaques des intérêts privés corrompus avec l'eau pure de l'esprit public[2]. »

En termes plus directement politiques, c'est le Progressive Movement qui exprimera ce rejet et formulera des propositions d'assainissement de la vie politique et d'approfondissement des institutions démocratiques. Sans être organisé et tenir congrès, il jouera un rôle beaucoup plus important et plus global que le petit People's Party qui avait surtout mobilisé quelques années plus tôt le monde rural des Grandes Plaines et du Sud. C'est le mouvement qui fut le moteur de la rénovation des institutions démocratiques en Amérique. Dans les États de l'Ouest tout particulièrement avec l'instauration des primaires, la mise en place des référendums d'initiative populaire ou encore de mécanismes de révocation des élus. L'élection à la présidence de Theodore Roosevelt en 1904 exprima la force de ces idées[3]. C'est le système politique américain qui se modifia de la sorte. On pourrait dire de cette façon que le populisme s'est alors éteint du fait de sa banalisation et de son absorption. Le langage même des

1. Cf. Stanley K. Schultz, « The Morality of Politics: The Muckrakers' Vision of Democracy », *The Journal of American History*, vol. 52, n° 3, décembre 1965.

2. « *Turn the waters of a pure public spirit into the corrupt pools of private interests and wash the offensive accumulations away* » : cité *in* article ci-dessus, p. 530. Dans la même veine, Louis D. Brandeis, du *Harper's Weekly*, réputé être « l'avocat du peuple », notait que « si la lumière du soleil est connue pour constituer le meilleur désinfectant, la lumière de la publicité est le plus efficace des policiers », in *Other People's Money and How the Bankers Use It* (1913), nouv. éd., New York, F.A. Stokes, 1932, p. 32.

3. Un éphémère Parti progressiste verra même le jour en 1924 autour d'un ancien républicain, Robert La Follette (il recueillera alors 5 millions de voix).

deux grands partis s'était d'ailleurs lui-même modifié, célébrant le *common man* et les *middle classes*. Il a pu également ressurgir ultérieurement sous des espèces sulfureuses, comme avec le populisme raciste d'un George Wallace, ancien gouverneur de l'Alabama, qui, après avoir brillé aux primaires démocrates de 1964, obtint en tant que candidat indépendant un record de 13,50 % des voix en 1968.

En France, c'est l'épisode boulangiste[1] qui marquera une rupture et traduira l'ampleur du désenchantement d'une partie du pays. S'il a été de courte durée, ce dont il a été l'expression va donner le ton des années 1890-1900, conduisant à un brouillage de la distinction entre la droite et la gauche et dessinant les traits d'une culture politique protestataire d'un style inédit. Comme aux États-Unis, la dénonciation de la corruption a joué un rôle central. Le scandale de Panama[2], qui avait révélé la perméabilité des députés aux sollicitations des milieux industriels et financiers, servit de détonateur au déclenchement d'une puissante vague d'antiparlementarisme[3]. Chansonniers, caricaturistes et pamphlétaires se déchaîneront pour enrager contre les « Folies-Bourbon », le « guignol parlementaire » ou le « Palais Bourbeux », un Parlement assimilé à une « ménagerie » ou à un théâtre de la « comédie démocratique ».

1. Le général Boulanger bouleversa l'échiquier politique, faisant en 1899 une percée électorale spectaculaire en entraînant dans son sillage un mélange de bonapartistes, de monarchistes et de militants de gauche et d'extrême gauche sur la base d'une idéologie nationaliste et antiparlementaire liée à l'expression d'un virulent antisémitisme, ce dernier ayant explicitement été considéré comme un élément capable de surmonter les différents clivages sociaux de l'époque (« Le boulangisme, écrira ainsi Barrès dans *L'Appel au soldat*, doit être antisémite, précisément comme un parti de réconciliation nationale »).

2. Scandale provoqué par la découverte du fait que de nombreux députés avaient été payés par les promoteurs du premier projet de constitution du canal de Panama pour voter une loi permettant le lancement d'un grand emprunt qui réunira près de 1 million de souscripteurs.

3. Voir les articles rassemblés dans le numéro spécial consacré à la question dans la revue *Parlement(s)*, n° 3, 2013.

Cela fera la fortune d'une masse de journaux satiriques illustrés presque totalement consacrés à une virulente dénonciation des institutions. Le député y incarnera, semaine après semaine, une figure honnie superposant le cynisme à la veulerie, la médiocrité à la corruption. Fait significatif, les représentants du peuple ne seront presque jamais caractérisés par leurs appartenances politiques dans ces journaux. Le député y constituera un véritable *type social*, toujours dépeint à travers le prisme de quelques traits caricaturaux, à l'instar du capitaliste ou du Juif dans une certaine presse, souvent la même presse d'ailleurs, à l'image de ce que l'on trouvait dans *L'Assiette au beurre*. Le développement de titres de cette nature, qui ont alors connu un succès considérable, marquera un tournant. Cette littérature du dégoût et de la dérision indiquera qu'une importante partie de la population avait cessé de croire à l'idéal d'une souveraineté active et positive du peuple. La scène politique avait ainsi alors été dominée par une culture politique de la défiance. En témoignera de façon significative la référence omniprésente à l'image du « coup de balai » pour exprimer la façon dont beaucoup concevaient l'action politique sous la seule bannière d'une *démocratie négative* gorgée de ressentiment et d'impuissance simultanément.

Le rejet des politiciens se liera par ailleurs pendant cette période en France à l'expression d'un violent anti-intellectualisme. Chez un Maurice Barrès, il était une sorte de pendant de l'antisémitisme pour constituer le ciment de son nationalisme que l'on dirait aujourd'hui « populiste ». Il opposait ainsi le petit peuple au contact de la réalité et « l'instinct des humbles » au poison rationaliste et individualiste d'intellectuels cantonnés dans l'abstraction. Il ne cessera de manifester son mépris pour les universitaires et les « étudiants en bérets », célébrant à l'inverse le bon sens des masses détentrices de la vérité française ; des masses guidées par un sens instinctif de la volonté générale et préférant l'efficacité de l'action aux vains discours[1].

1. Ce point est bien souligné par Zeev Sternhell dans son *Maurice Barrès et le nationalisme français*, Paris, Armand Colin, 1972. Voir aussi le travail plus

Ces années 1890 vont aussi être marquées dans l'ordre économique et social par l'entrée dans une période d'intense mondialisation[1]. Ce sera la période de constitution des empires modernes, les cas français et anglais ayant été particulièrement emblématiques. C'est ce dernier phénomène qui a généralement le plus retenu l'attention des historiens de l'économie, qu'il ait été analysé avec Lénine comme étant le stade suprême du capitalisme ou, pour ses défenseurs, comme un vecteur indispensable de croissance et de paix sociale intérieure[2]. Mais la mondialisation de ces années a joué un rôle encore plus large. Elle a induit des bouleversements d'une ampleur comparable à notre « deuxième mondialisation » qui a restructuré les économies et les sociétés depuis maintenant une trentaine d'années. L'ouverture des économies au tournant du XXe siècle avait en effet connu un boom spectaculaire. Dans un pays comme la France, les échanges extérieurs comptaient par exemple pour près de 20 % du PNB de la période. La stabilité monétaire liée à l'adoption de l'étalon-or et la réduction du coût des transports dérivées du progrès technique avaient notamment contribué à cette expansion. Il en résulta aussi une convergence inédite du prix des denrées agricoles et des matériaux industriels de base, la notion de « cours mondiaux » commençant ainsi à prendre consistance. En termes financiers, l'internationalisation du capital était de son côté déjà presque aussi importante qu'aujourd'hui. Dans le cas français, toujours, on estime qu'entre le quart et le tiers de la richesse nationale globale était placée à l'étranger ; le pourcentage

récent de Sarah Al-Matary, *La Haine des clercs. L'anti-intellectualisme en France*, Paris, Seuil, 2019.

1. Pour apprécier la nature et l'ampleur du phénomène, voir Suzanne Berger, *Notre première mondialisation. Leçons d'un échec oublié*, Paris, Seuil, coll. « La République des idées », 2003. Les données chiffrées que nous mentionnons ci-dessous proviennent de cet ouvrage.

2. « Si l'on veut éviter la guerre civile, il faut devenir impérialiste », dira fameusement Cecil Rhodes, la grande figure symbolique de l'impérialisme britannique de la période.

était encore supérieur pour la Grande-Bretagne[1]. Le troisième indicateur de mondialisation, outre le développement du commerce international et le flux de capitaux, est celui des migrations. Les chiffres étaient là encore plus impressionnants puisqu'on estime par exemple que 55 millions d'Européens s'installèrent pendant cette période dans le Nouveau Monde, tandis que des mouvements massifs de population marquaient l'Europe elle-même. Des mouvements sans équivalent jusqu'à nos jours.

Ce double contexte économique et politique engendra des tensions et des fractures très profondes dans les sociétés européenne et américaine de l'époque, faisant surgir de nouvelles peurs et de nouvelles attentes qui ont puissamment redessiné les imaginaires démocratiques et sociaux. Avec d'un côté la revendication d'une démocratie plus directe et de l'autre la montée en puissance d'une demande de protectionnisme teintée de forts accents xénophobes comme condition d'une plus grande justice sociale.

La panacée du référendum

La chute du Second Empire n'avait pas suscité beaucoup de regrets, la République apparaissant en France comme la normalité historique d'un régime de l'émancipation. Les nostalgiques du règne de Napoléon III attireront cependant les sympathies d'une partie de l'opinion en se constituant en « groupe parlementaire de l'appel au peuple ». Leur thème de prédilection consonnera en effet avec les aspirations du moment, auxquelles le général Boulanger donnera une première expression de masse. Si ce dernier avait d'abord pu

1. Dans le cas français, les petits épargnants s'étaient avérés particulièrement friands de valeurs étrangères (ce dont témoignera le choc provoqué par la perte des emprunts russes !). On notera que les investissements dans les empires coloniaux étaient relativement secondaires (si la Grande-Bretagne dirigeait 30 % de ses investissements à l'étranger dans ses colonies, le pourcentage n'était que de 13 % pour la France).

apparaître comme l'expression d'un « grand dégoût collecteur », pour reprendre une expression de Jules Ferry, c'est aussi autour de lui que l'idée de référendum avait commencé à être considérée comme la solution aux dérives et aux inachèvements du système représentatif. « Dans une démocratie, avait-il dit dans son discours-programme de juin 1888, les institutions doivent se rapprocher autant que possible du gouvernement direct. Il est juste et bon, en concluait-il, qu'on interroge le peuple par voie directe chaque fois que s'élèveront de graves conflits d'opinion qu'il peut seul résoudre. C'est pourquoi je pense qu'il est indispensable d'introduire dans notre Constitution le *jus ad referendum*[1]. » Le mot et l'idée étaient lancés. Si les milieux bonapartistes parlèrent encore un temps d'« appel au peuple », ils formuleront ensuite le projet d'une *république référendaire*, l'élection au suffrage universel du président de la République se liant chez eux à l'adoption d'un recours régulier à des consultations populaires dans l'ordre législatif comme dans l'ordre communal. Les socialistes français mettront quant à eux en avant l'idée de *législation directe par le peuple*. À un siècle de distance, c'est au souvenir de la Constitution de 1793 qu'ils se référaient. Les héritiers du blanquisme, autour d'Édouard Vaillant, appelleront de leur côté à substituer au régime parlementaire « la législation directe et le gouvernement direct du peuple par le peuple ». Le milieu du nationalisme naissant, dont Maurice Barrès constituera la figure intellectuelle de référence, s'ouvrira lui aussi à cette perspective, porté par sa détestation viscérale d'un parlementarisme jugé à bout de souffle[2]. Cette perspective sera alimentée chez lui par sa détestation des intellectuels et des raisonneurs auxquels il aimait opposer « l'instinct des humbles », le petit peuple étant à ses yeux

1. *Annales de la Chambre des députés*, session de 1888, t. III, p. 448.

2. Dans *Sous l'œil des barbares* (1888), il parlera des politiciens comme n'étant que des barbares « bêtes, bavards et vulgaires ». Dans son *Appel au soldat* (1900), il dira que « le parlementarisme est un poison du cerveau comme l'alcoolisme, le saturnisme, la syphilis ».

l'expression authentique de la voix de la nation ; c'est donc à lui qu'il convenait de s'adresser directement.

Cette idée force avait alors la capacité de canaliser en France les énergies de différents secteurs de l'opinion, bouleversant les clivages partisans antérieurs. C'était la même chose en Allemagne. Le SPD naissant fera de ce projet de législation directe un de ses chevaux de bataille, l'un des siens ayant d'ailleurs été l'auteur de l'ouvrage qui fera partout en Europe référence à gauche sur le sujet[1]. La question était alors également à l'ordre du jour en Grande-Bretagne, comme on l'a trop peu souligné. Dans ces années 1890, chez les socialistes, mais aussi dans les milieux conservateurs, la question était débattue avec sympathie. Le thème fut notamment très présent au moment des élections de 1895. Dicey, le grand constitutionnaliste que tous respectaient, se fera à cette occasion l'un des plus éloquents partisans de l'introduction du référendum, qu'il concevait comme un « veto du peuple[2] ». Les socialistes radicaux du *Clarion* s'en feront également les propagandistes très actifs[3]. Les conservateurs le soutiendront aussi un moment, affichant leur confiance dans les vertus prudentielles du peuple (sur le même mode que leurs aînés de 1867 au moment de l'adoption du second *Reform Bill*). Avec Balfour et Salisbury, ils espéraient par ce biais pouvoir faire l'économie d'une réforme en profondeur de la Chambre des lords, qui

1. Il s'agit du livre de Carl Rittinghausen, *La Législation directe par le peuple ou la Véritable Démocratie*, 1851. L'ouvrage, d'abord publié en allemand, sera traduit dans plusieurs langues européennes (dont le français) et fera l'objet de multiples rééditions. Sur l'impact de cette conception, voir le chapitre que je lui consacre dans *La Démocratie inachevée. Histoire de la souveraineté du peuple en France*, *op. cit.*, p. 155-179.

2. Voir notamment ses articles « Ought the Referendum to Be Introduced into England? », *The Contemporary Review*, avril 1890, et « The Referendum », *The National Review*, mars-août 1894.

3. Cf. Ian Bullock et Siân Reynolds, « Direct Legislation and Socialism: How British and French Socialists Viewed the Referendum in the 1890's », *History Workshop*, nº 24, automne 1987.

constituait alors un thème politique central. Avec le référendum, disaient-ils, ce sera au peuple de trancher entre les deux Chambres en cas de conflit, sans qu'il soit besoin d'amoindrir l'une d'entre elles[1]. Ce n'étaient donc pas seulement les nostalgies de 1793 qui mettaient en Europe la question du référendum à l'ordre du jour à la fin du XIXe siècle !

Aux États-Unis, le sentiment de confiscation démocratique, comme on l'a déjà souligné, avait lui aussi fait surgir la question du référendum dans les débats du pays à partir du milieu des années 1890 ; celle-ci étant souvent liée au projet de mise en place du mécanisme d'initiative populaire pour déclencher la procédure. La critique des partis avait simultanément conduit à élaborer le système des primaires visant à élargir la souveraineté du peuple à son droit de choisir les candidats. Il est par ailleurs significatif que les ouvrages consacrés à l'expérience suisse se soient multipliés outre-Atlantique comme en Europe pendant cette période. Dominait sur les deux continents le sentiment qu'il fallait régénérer les institutions pour les conformer à leur mission d'origine. C'est dans cet esprit que se sont fait entendre au tournant du XXe siècle des accents que l'on dirait aujourd'hui populistes.

La montée du national-protectionnisme

Parallèlement, dans l'ordre économique et social, ces années ont été marquées par la montée en puissance du thème du protectionnisme, en réaction directe aux effets de la première mondialisation. Mais ce n'était pas la seule question de politique économique qui était visée dans ce cadre, l'adoption de mesures protectionnistes spécifiques avait d'ailleurs été quelque chose de banal tout au long du XIXe siècle. L'enjeu avait été plus largement celui d'une redéfinition des fondements du lien social. Ce sera le cas de façon particulièrement exemplaire en France. La revendication de protectionnisme

1. Cf. « Maurice Balfour on the Referendum », *The Spectator*, 10 février 1894.

a alors été sous-tendue dans l'Hexagone par l'idée d'un enracinement dans une identité nationale rachetant les différences et les divisions qui traversaient la société. Elle a en ce sens structuré une véritable idéologie politique en suggérant de substituer à l'opposition du travail et du capital le fait d'une solidarité collective face à la menace étrangère. L'égalité démocratique s'est de cette façon alors reformulée sous les espèces de l'appartenance à une communauté de protection et de distanciation.

La formation de cette culture protectionniste a puissamment contribué à restructurer le paysage idéologique français à la fin du XIXe siècle. Le national-protectionnisme a en effet alors été présenté par certains comme une alternative à l'idée socialiste. L'évolution d'un Maurice Barrès a témoigné de façon exemplaire de ce glissement, lui qui fut le premier à utiliser en 1892 le terme de « nationalisme » pour désigner un type de *politique intérieure*. C'était donc une vision qui n'avait plus rien à voir avec celle de Michelet ou de Renan. Pour Barrès, la perspective nationaliste était celle qui accomplissait pleinement l'idéal d'un « protectionnisme ouvrier » (l'expression était alors fréquemment utilisée), le socialisme traditionnel ayant à ses yeux échoué à lui donner forme. Il y avait la promesse d'une efficacité immédiatement lisible avec le national-protectionnisme[1]. En instituant un traitement inégal entre étrangers et nationaux, il donnait une signification négative, directement sensible, à la réalisation d'une certaine idée de l'égalité ; alors que le socialisme en formulait une définition certes plus exigeante, mais aussi beaucoup

1. « Insistons là-dessus : le nationalisme est un protectionnisme », dira Barrès (« L'erreur intellectuelle des socialistes », *Le Journal*, 22 janvier 1897, in *L'Œuvre de Maurice Barrès*, Paris, Club de l'honnête homme, 1966, t. V, p. 400). Notons que, lorsque l'Action française commentera son programme électoral de 1898, elle mettra fortement l'accent sur ce lien entre nationalisme et protectionnisme et se félicitera qu'il « ait composé ces trois idées de nationalisme, de protectionnisme et de socialisme dans un système fort séduisant » (cité in *ibid.*, p. 384).

problématique, renvoyé qu'était son avènement aux lendemains d'une hypothétique révolution.

Autour de ce « moment 1890 », différents types de réarrangements politico-intellectuels se sont de la sorte opérés autour des ensembles constitués par les trois termes de nationalisme, socialisme et protectionnisme. Et c'est l'idée protectionniste qui a indubitablement été au cœur de la recomposition des représentations de la solidarité qui en dérivaient. Le national-protectionnisme des républicains de gouvernement en a représenté la modalité dominante. Mais d'autres configurations plus radicales ont aussi dérivé de ces réarrangements. Nous venons de citer le cas de la « réinvention » du nationalisme dont Barrès a été le symbole. Il en a cependant existé des variantes encore plus extrêmes. Dans les milieux blanquistes de la fin du XIXe siècle, souvent qualifiés de néo-hébertistes, le national-protectionnisme a pris des accents « sociaux-chauvinistes » violemment xénophobes et antisémites. Ce passage du radicalisme révolutionnaire à l'ultranationalisme a été un des exemples les plus frappants des reclassements idéologiques et politiques de la période. C'est ainsi dans des cercles d'anciens blanquistes qu'a été formée en 1894 la Ligue pour la défense du travail national et qu'a été publiée une feuille xénophobe, *L'Idée nationale*. Il n'y était question que de « France aux Français », de « France envahie par l'étranger » et de « socialisme nationaliste ». Socialiste toujours, car on s'y déclarait en même temps, sous les espèces xénophobes, « partisan de l'égalité sociale la plus absolue[1] ». Comment expliquer que d'ardents admirateurs de Louise Michel aient pu évoluer vers ces positions exaltées, après être passés par le sas de l'adhésion au boulangisme ? Ce n'est possible que si on l'interprète comme une sorte de *recomposition pervertie* d'un idéal, et non pas comme une rupture. Faute de penser réalisables leurs projets insurrectionnels

1. Voir Marc Crapez, *La Gauche réactionnaire. Mythes de la plèbe et de la race dans le sillage des Lumières*, Paris, Berg International, 1997, notamment p. 221-224.

et révolutionnaires, ces hommes ont en fait reconverti leur radicalisme et reformulé leur exigence d'égalité[1].

Ces réalignements ont eu leur traduction directe dans l'opinion et dans l'activité des mouvements sociaux. Au-delà de la progression de l'idée protectionniste en matière de commerce extérieur, on a ainsi observé pendant cette période une montée en puissance du thème de la protection du travail national contre les travailleurs immigrés présents sur le territoire. L'idée de taxer l'utilisation d'étrangers a ainsi trouvé un écho bienveillant à la Chambre des députés et de nombreux projets de lois ont été déposés sur le sujet. Le terme que nous avons déjà mentionné de « protectionnisme ouvrier[2] » s'imposera d'ailleurs dans ce contexte, élargissant le sens premier de la référence aux barrières douanières.

Maurice Barrès se fera le champion de cette conception au moment de la campagne électorale de 1893 en publiant un pamphlet incendiaire, *Contre les étrangers*. Le texte, véritable manifeste politique, était une sorte de synthèse des grands thèmes du protectionnisme xénophobe de l'époque : taxe spéciale sur les employeurs utilisant de la main-d'œuvre étrangère ; expulsion de ceux qui tombent à la charge de l'assistance publique ; préférence nationale systématique en matière d'embauche. Mais il est aussi intéressant de souligner que Barrès liait directement cette vision à une philosophie de la solidarité et de l'égalité. Chez lui, la référence à la patrie redéfinissait en effet complètement la question sociale. C'est par un retournement intérieur du socialisme de sa jeunesse qu'il était aussi devenu l'un des principaux chantres du nationalisme de l'époque. Preuve particulièrement significative du fait que l'idée

1. Leur virulent antisémitisme doit être interprété dans cette même perspective.

2. Voir la thèse de Maurice Hollande, *La Défense ouvrière contre le travail étranger. Vers un protectionnisme ouvrier*, Paris, 1913, ainsi que Giuseppe Prato, *Le Protectionnisme ouvrier (l'exclusion des travailleurs étrangers)*, trad. française, Paris, 1912.

protectionniste avait débordé le champ de la politique économique pour prendre une signification sociale et politique globale. La multiplication des manifestations contre les travailleurs étrangers dans ces années 1890, allant dans certains cas jusqu'à des exactions meurtrières, témoignera tragiquement de la pénétration de cette vision dans les milieux populaires.

Sans être argumenté de façon pareillement articulée, ce type de protectionnisme xénophobe s'affirmera aussi puissamment aux États-Unis. Ses effets furent spécialement sensibles en Californie où se multiplièrent les actions contre les travailleurs immigrés d'origine chinoise ; en même temps que continuait à peser l'hostilité nativiste[1] à l'égard des vagues les plus récentes d'immigration. C'est en fait dès la fin des années 1870 que l'on avait vu éclore des campagnes antichinoises et antijaponaises en Californie[2]. Un vote alors organisé dans l'État sur la question de l'immigration chinoise avait donné un résultat écrasant de 161 405 voix opposées à cette immigration contre seulement 638 voix favorables[3] ! Dans ces années, les membres du Workingmen's Party ou les Knights of Labor n'hésitaient pas à s'en prendre physiquement aux travailleurs asiatiques, la charte de la première organisation stipulant même que le parti ne saurait condamner les travailleurs impatients qui manifesteraient

1. On a qualifié aux États-Unis de « nativisme » le sentiment de cohésion et de supériorité des groupes ouvriers les plus anciens et les plus qualifiés qui s'exprimait sous la forme d'un mépris et d'un rejet des nouveaux immigrants. Sentiment dont Marx et Engels avaient, les premiers, souligné la prégnance pour donner aux ouvriers qualifiés le sentiment aristocratique de former une société d'égaux, en se rapportant plus à la distance vis-à-vis du reste du monde ouvrier qu'à la séparation de classe qui les distinguait eux-mêmes des classes possédantes.

2. Voir les données rassemblées dans le numéro spécial « Chinese and Japanese in America », *The Annals of the American Academy of Political and Social Science*, vol. 34, nº 2, septembre 1909.

3. Voir John P. Young, « The Support of the Anti-Oriental Movement », in « Chinese and Japanese in America », *loc. cit.*, p. 12.

leur haine des Chinois[1] ! Le pays adopta parallèlement dès 1882 les premières lois visant à opérer une sélection ethnique des immigrants. Elles allaient ouvrir un long cycle de restriction tant qualitatives que quantitatives.

Le populisme avorté

Les différents ingrédients d'une culture politique populiste étaient de la sorte présents au tournant du XXe siècle (à l'exception notable de la référence à un leader charismatique)[2]. Et de façon certes fort différenciée selon les pays, la France au premier chef, et les États-Unis dans une moindre mesure, ayant été les plus marqués. Aucun régime populiste ne vit pourtant le jour, et aucun mouvement de cette nature ne fut même proche d'accéder au pouvoir. Pourquoi ? Il est essentiel de répondre à cette question pour distinguer ce qui sépare notre moment populiste contemporain de ce précédent. Les réponses diffèrent selon les pays.

Dans le cas américain, la virulente critique des partis a d'abord eu pour caractéristique de ne pas mettre en cause l'architecture constitutionnelle globale du pays. Et elle a d'une certaine façon été canalisée par l'adoption de quelques-unes des propositions essentielles du Progressive Movement. C'est ainsi que dans plus du tiers des États, de l'Ouest et du Midwest surtout, furent mises en place au tournant du siècle des procédures de référendum et d'initiative populaire ainsi que de révocation des élus aux différents niveaux (pouvant aller des juges et des shérifs aux gouverneurs)[3]. Le système

1. Cité par Mary R. Coolidge, *Chinese Immigration*, New York, 1909, p. 109.

2. Qui s'explique en France par le souvenir du Second Empire, et plus largement par le spectre de l'absolutisme encore présent dans toutes les mémoires, l'idée étant partout que le projet démocratique devait se tenir à distance des personnalités exceptionnelles pour s'accomplir.

3. Des « Ligues pour la législation directe » avaient mobilisé de façon très efficace l'opinion sur ces questions. Outre ces réformes dans les États, ce mouvement progressiste donna naissance à ce que l'on a qualifié de « Progressive

des primaires fut simultanément adopté dans de nombreux États[1], faisant reculer de façon très notable le pouvoir des appareils partisans. Les racines politiques du populisme furent éradiquées sur ce mode en Amérique, même si subsista, en se déplaçant à un niveau plus général, la stigmatisation de « Washington » comme source de tous les maux du pays. La culture politique de la défiance put être endiguée de cette façon en étant positivement dépassée. Face à la montée en puissance d'un national-protectionnisme aux accents xénophobes, la réponse américaine fut beaucoup plus sombre. Au-delà des politiques de restriction de l'immigration, on vit en effet pendant ces années une sorte de report de la demande de protection sur la consolidation de la frontière raciale entre les Noirs et les Blancs. C'est la *whiteness* qui devint pour beaucoup ce qu'il était prioritaire de protéger. En a témoigné le fait que les politiques de ségrégation seront mises en place à cette époque dans les États du Sud. Le populisme trouva ainsi en Amérique un exutoire dans le racisme.

En Allemagne et en Angleterre, les accents populistes avaient moins été marqués. Les idées protectionnistes n'avaient pas pénétré le pays dans le second cas, malgré la forte campagne menée par Joseph Chamberlain en leur faveur, tant leur association à la vie chère restait prégnante[2]. Le Parti travailliste prit ainsi vigoureusement position contre le mantra protectionniste, mais en ne se limitant pas à vanter les vertus d'une économie ouverte. La vraie protection, disait avec force son leader, Ramsay Macdonald, réside dans les lois du travail

Era », symbolisée par la figure de Theodore Roosevelt, président de 1901 à 1909. C'est ainsi le moment où fut créé l'impôt sur le revenu, accordé le droit de vote aux femmes, réformé l'élection des sénateurs en étant soumise au suffrage direct, créé le système des parcs nationaux.

1. Élargissant et démocratisant le vieux système de *caucus* pour choisir les candidats dans chaque parti (les *caucuses* étaient la plupart du temps entre les mains des seuls militants du parti).

2. Voir sur ce point l'ouvrage majeur de Frank Trentmann, *Free Trade nation: Commerce, Consumption and Civil Society in Modern Britain*, Oxford, Oxford University Press, 2008.

et le contrôle public de l'activité économique[1]. Les économistes de gauche du pays (ceux qu'on appellera les « nouveaux libéraux », puis ceux qui s'inscrivirent dans le sillage de Keynes) faisaient de leur côté le procès de la vision impérialiste qui accompagnait dans le pays la thématique protectionniste. Ils plaidaient pour la redistribution des revenus et les réformes sociales en dénonçant l'illusion de l'impérial-protectionnisme[2]. Du côté allemand, les succès industriels à l'exportation rendaient peu sensible à ce thème le monde du travail[3].

Les militants socialistes de ces deux derniers pays étaient en revanche attirés par l'idée de démocratie directe[4]. La figure de Rittinghausen faisait autorité en Allemagne et de très nombreux écrits dénonçaient en Grande-Bretagne la « mal-représentation » parlementaire et la confiscation de la souveraineté du peuple. Mais cette tentation fut repoussée tant par le SPD que par le Labour, de manière très argumentée[5]. Tout en critiquant le système représentatif et parlementaire tel qu'il existait, les deux partis soulignèrent l'importance fonctionnelle des procédures représentatives. Mais, au-delà d'une analyse intellectuellement consistante, c'est l'existence même de partis de masse, dotés donc d'une forte capacité de représentation effective du salariat, qui avait changé l'appréhension des choses dans ces deux pays (alors que c'est aujourd'hui la déliquescence des partis qui nourrit et justifie la visée populiste).

1. Voir son ouvrage programmatique *The Zollverein and British Industry*, Londres, 1903.

2. Voir l'ouvrage emblématique de John A. Hobson, *Imperialism: A Study*, Londres, 1903 (en particulier la chapitre « Imperialism Based on Protection »).

3. Alors que c'était justement la menace allemande qui était mise en avant par les partisans anglais du protectionnisme.

4. *Idem* au niveau de l'Internationale.

5. Voir les importants ouvrages de leurs dirigeants, Karl Kautsky, *Parlementarisme et socialisme. Étude critique sur la législation directe par le peuple*, trad. française, Paris, 1900, et Ramsay Macdonald, *Socialism and Government*, vol. 2, Londres, 1909, et *Parliament and Democracy*, Londres, 1920.

Leur forte représentation parlementaire et la puissance de leur allié syndical avaient alors par ailleurs permis d'obtenir de conséquentes réformes sociales.

Les socialistes français étaient loin d'avoir le poids de leurs voisins. Mais ils estimaient parallèlement qu'au-delà des dispositions institutionnelles[1], c'était la réalité des rapports de force politiques qui comptait. La perspective révolutionnaire dessinait en outre en France, comme en Allemagne, une alternative consistante à un populisme négatif, essentiellement constitué par la défiance et le ressentiment. Malgré sa relative modestie, l'œuvre réformatrice de ce qu'on a appelé la « République radicale » avait simultanément donné aux citoyens l'image d'une politique capable de répondre aux enjeux du présent. L'introduction de la représentation proportionnelle, la mise en place des premiers éléments d'un État-providence, le développement du syndicalisme et des lois du travail : tout cela avait contribué à conjurer le spectre de l'impuissance qui avait constitué un des principaux éléments alimentant la proposition populiste de l'aube du XXe siècle.

La Première Guerre mondiale bouleversera ensuite les choses, redoublant les inquiétudes et les attentes qui avaient précédemment trouvé un début de résolution. Les années de l'entre-deux-guerres seront ainsi marquées par la radicalisation révolutionnaire autant que par la montée en puissance des idéologies qui constitueront le fascisme et le nazisme, allant donc bien au-delà de ce qui constituait l'horizon des protestations populistes précédentes.

1. Ils étaient d'ailleurs pragmatiques sur ce point, ne repoussant pas l'idée de référendum pour « corriger et rajeunir la conception traditionnelle du parlementarisme » (une formule que l'on trouvera à plusieurs reprises dans les programmes de la SFIO).

3

Histoire de moments populistes (III) : le laboratoire latino-américain

Au XXe siècle, le terme de « populisme » a définitivement fait son entrée dans le langage politique commun pour qualifier des mouvements et des régimes latino-américains. Il y a encore peu, il renvoyait ainsi au Venezuela de Chávez, à l'Équateur de Correa ou à la Bolivie de Morales. Ils étaient tous les trois les continuateurs d'une histoire qui avait été marquée au milieu du siècle sur le continent par les figures fondatrices de Jorge Eliécer Gaitán en Colombie et de Juan Perón en Argentine. On les avait qualifiés de « populistes » car ce qu'ils incarnaient n'entrait dans aucune des catégories politiques usuelles de l'époque, qu'il s'agisse des distinctions entre la droite et la gauche ou entre le capitalisme et le socialisme. Leurs détracteurs avaient utilisé cette expression flottante pour exprimer leur embarras devant ce qui leur apparaissait composer un étrange alliage entre l'affirmation d'idéaux démocratiques et des accents totalitaires ; leur étonnement aussi devant un style inédit de campagne électorale et de discours gouvernemental.

On ne peut comprendre ces régimes et ces idéologies, que l'on avait alors souvent qualifiés d'« hybrides » ou de « bâtards », sans les rapporter à leurs conditions d'émergence, qui renvoyaient à des réalités économiques, politiques et sociales bien différentes de celles qui avaient accompagné l'avènement de la modernité en Europe et en Amérique du Nord. Il faut en rappeler brièvement les données pour bien comprendre ce qui a donné naissance à la spécificité de ces populismes.

Le développement économique de l'Amérique latine a eu pour première caractéristique d'être centré sur l'agriculture. À partir de la fin du XIXe siècle, ces pays ont massivement exporté dans le monde entier leur blé, leur café, leur sucre, leurs bananes ou leur viande. La propriété y était en même temps concentrée comme nulle part ailleurs dans le monde, les descendants de l'élite post-coloniale ayant accaparé l'essentiel des terres d'un continent fort peu peuplé à ses débuts. En Argentine, pour ne donner qu'un seul exemple, 1 % des propriétaires monopolisaient ainsi 70 % des superficies en 1930. À côté de cette petite oligarchie foncière qui contrôlait l'essentiel de l'économie de ces pays, le capitalisme industriel y restait peu développé, lié pour une grande part à des investissements étrangers.

Les sociétés politiques étaient parallèlement peu structurées. Si les pères fondateurs des régimes nés des indépendances du début du XIXe siècle avaient voulu calquer sur les modèles européen et américain leurs institutions – c'était pour eux une façon de s'affirmer comme « modernes » –, la vie politique était en fait restée inscrite dans les rapports sociaux latifundiaires de dépendance et de déférence. Le suffrage universel était théoriquement reconnu, mais il était de fait souvent encadré de multiples façons, par des dispositions réglant l'inscription sur les listes électorales ou les pressions liées à l'expression d'un vote public par exemple. Régnaient ainsi partout des démocraties de façade encastrées dans de puissants réseaux oligarchiques qui se partageaient ou se disputaient le pouvoir (quand ils étaient concurrents). Des dictatures militaires ou l'irruption de *caudillos* venaient par ailleurs régulièrement scander l'histoire de ces pays pour offrir un exutoire démagogique à l'impatience populaire ou maintenir l'ordre social existant lorsqu'il paraissait proche de basculer. Les partis politiques établis n'exprimaient dans la plupart des cas que les différences d'intérêts ou de sensibilités à l'intérieur du petit monde des élites postcoloniales. L'exemple colombien de l'opposition entre le Parti libéral et le Parti conservateur était symptomatique à cet égard. Tous ces éléments liés à un faible développement industriel avaient fait que le continent n'avait pas connu la montée en puissance de partis socialistes puis communistes qui avaient révolutionné la vie politique en Europe. Les sociétés latino-américaines de l'époque étaient, elles, restées divisées entre une masse asservie et de puissantes oligarchies[1]. Elles n'étaient pas des sociétés de classes au sens marxiste du terme[2].

Les populismes ont surgi dans ce contexte spécifique, au moment où la demande de reconnaissance sociale et d'intégration politique se faisait plus pressante en même temps que les effets de la corruption plus voyants. Ils ont à chaque fois correspondu à une situation de crise sociale et politique autant que morale. Mais ils n'ont en même temps pu fonder des régimes capables de durer qu'en période de prospérité économique. Cela a été exemplairement le cas pour le péronisme. Lorsqu'il fut élu en 1946 à la présidence de l'Argentine, le pays était en plein boom économique, renouant avec les années fastes du début du XXe siècle qui avaient fait du pays la sixième puissance économique mondiale. La demande de produits agricoles

1. L'armée était un des rares moyens de promotion sociale dans ces pays, les enfants des classes sociales favorisées s'en détournant. Ce facteur expliquera le rôle politico-social que l'armée entendra y jouer, en se revendiquant d'un sens de l'intérêt général lié à leur origine sociale autant qu'à leur fonction.

2. Sans même parler de la spécificité induite par la présence de fortes populations autochtones vivant en marge du développement dans de nombreux pays (andins tout particulièrement) ou de la longue persistance d'une société esclavagiste dans le cas brésilien.

avait en effet été considérable dans un monde désorganisé par la guerre. L'Argentine pourra ainsi doubler ses dépenses publiques entre 1946 et 1948, tandis que les salaires s'envolaient. Perón finança donc sans difficultés son ambitieux programme de réformes sociales. Un demi-siècle plus tard, les gouvernements de Chávez, de Kirchner, de Morales ou de Correa pourront eux aussi s'appuyer sur une période de boom du prix du soja, du gaz ou du pétrole pour honorer – dans un premier temps du moins – leurs promesses électorales. Ils seront les héritiers de l'Argentin du mitan du XXe siècle autant que du Colombien Gaitán.

Gaitán : une figure fondatrice

Jorge Eliécer Gaitán, que nous avons déjà évoqué, a bouleversé dans les années 1940 le paysage politique colombien. Membre de l'aile gauche du Parti libéral, il se fera connaître dès la fin des années 1920 en apportant son soutien aux travailleurs brutalement réprimés pour avoir protesté contre les conditions de travail dans des bananeraies de l'United Fruit. Après une carrière politique couronnée de succès – il sera maire de Bogotá et vice-président de l'Assemblée –, il se fera le champion d'une alternative au face-à-face traditionnel entre les libéraux et les conservateurs qui structurait la vie de son pays. À la tête de son propre mouvement, il posera les fondements d'un type inédit de culture politique auquel les masses allaient adhérer. Il sera assassiné au printemps 1948, quelques jours avant un scrutin présidentiel dont tout le monde s'accordait à dire qu'il allait le remporter haut la main[1].

1. Sur l'itinéraire de Gaitán dans la Colombie de son temps, voir au premier chef : W. John Green, *Gaitanismo, Left Liberalism, and Popular Mobilization in Colombia*, Gainesville, University Press of Florida, 2003 ; Daniel Pécaut, *L'Ordre et la violence. Évolution socio-politique de la Colombie entre 1930 et 1953*, Paris, Éd. de l'EHESS, 1987 ; Alberto Zalamea, *Gaitán, autobiografia de un pueblo*, Bogotá, Zalamea Fajardo Editores, 1999.

Qualifié de « tribun du peuple » par ses supporters[1], Gaitán, on l'a déjà mentionné, fera de la formule « Je ne suis pas un homme, je suis un peuple » un de ses slogans majeurs[2], reprenant sans le savoir l'énoncé bonapartiste que nous avons précédemment commenté. Insistant sur ce qui le distinguait des *caudillos* qui invitaient les électeurs à les suivre (ils étaient souvent des militaires habitués à diriger leurs troupes), il dira qu'il était, lui, à l'inverse, « conduit par la multitude », prêt à donner sa vie pour elle. Il n'avait donc rien d'un démagogue, au sens précis du terme, ne cessait-il de répéter. Il rompra ce faisant avec la vision marxiste du social[3] pour considérer le peuple comme une entité élargie à tous ceux qui pouvaient se considérer comme *desposeidos*. Le peuple se définissait en effet d'abord pour lui par l'évidence ressentie d'une différence et d'une distance avec l'*oligarquía*, la *plutocracia*. Il était constitué par cette distinction radicale, et n'avait pas besoin pour cela d'être précisément qualifié en termes sociologiques : il était Un et multiple. Il ne s'agissait donc pas tant pour Gaitán de représenter des conditions sociales spécifiques que d'attiser cette radicalité constitutive, radicalité qui trouvait dans l'émotion son moteur décisif. Il théorisera pour cela de façon pionnière la fonction révolutionnaire de l'émotion.

D'où l'importance des considérations morales dans son discours. Ce n'étaient pas des arguments qu'il s'agissait pour lui de mobiliser : l'essentiel était de provoquer le dégoût. Les oligarques étaient avant

1. Ses supporters le qualifieront aussi de « nouveau messie », d'« apôtre de la justice sociale », de « rédempteur de la Colombie », des expressions chargées de religiosité populaire.

2. Les citations de Gaitán qui suivent sont extraites de : *Gaitán. Antologia de su pensamiento social y económico*, Bogotá, Ediciones Suramérica, 1968 ; Jorge Eliécer Gaitán, *Escritos politicos*, Bogotá, Ancora Editores, 1985 ; David Moreno, *Trayectoria del pensamiento politico de Gaitán*, Bogotá, Centro Cultural Gaitán, 1983.

3. Gaitán s'efforcera pour cela toujours de rabaisser les syndicalistes qui prétendaient représenter adéquatement le monde objectif du travail. Il se comprenait, lui, comme l'expression d'un peuple figure de la totalité sociale.

tout pour lui des êtres immoraux et répugnants contre lesquels il fallait sonner la charge[1]. Et il ne cessait simultanément de répéter que « le peuple est supérieur à ses dirigeants ». C'est donc sous la bannière d'une « Restauration morale » qu'il mènera le combat et proposera de surmonter le divorce entre le « pays réel » et un « pays politique » aux mains des élites. Le principal objet de la lutte politique, dira-t-il en conséquence, est la *depuración moral*. C'est le partage d'une même indignation qui devait ainsi constituer pour lui le peuple, ce qui permettrait d'en donner une définition extensive et floue à la fois.

Le régime péroniste

Impliqué dès les années 1930 dans des actions putschistes, Perón, qui était devenu colonel, sera nommé en 1945 secrétaire d'État au Travail et à la Prévoyance sociale dans le gouvernement issu de la révolution de 1943. Très actif dans ce poste, il entreprit un vaste train de réformes, allant de la mise en place des conventions collectives et des tribunaux de prud'hommes à l'élaboration d'un statut de l'ouvrier agricole et de l'établissement de pensions de retraite pour certaines catégories de salariés qui en étaient privées. La forte croissance économique de la période lui permit de financer de multiples dépenses de prévoyance sociale et d'augmenter les salaires. Sa popularité ayant suscité des jalousies et *in fine* provoqué son éviction du gouvernement, il reviendra spectaculairement aux affaires en étant en 1946 le premier président du pays à être élu au suffrage universel.

Comme Gaitán, Perón ne cessera de se mettre en scène comme un fils et un serviteur du peuple. « Heureusement, je ne suis pas de ces présidents qui vivent une vie à part, affirmait-il volontiers. Au contraire, je vis parmi le peuple, comme j'ai toujours vécu, je partage tous les hauts et les bas, tous les succès et toutes les déceptions avec

1. Il terminera souvent ses discours par la formule : « *Pueblo... a la carga !* »

mes classes travailleuses[1]. » Ou encore : « J'ai choisi les humbles, car je suis parvenu à comprendre que seuls les humbles peuvent sauver les humbles. » S'adressant aux « masses souffrantes et transpirantes », il les assurait de son soutien indéfectible et de sa proximité : « Je voudrais vous serrer contre mon cœur comme je le ferais avec ma mère », n'hésitait-il pas à dire. Alors même qu'il régnait sans partage, il parlera de la « dépersonnalisation des desseins que la révolution avait incarnés en lui », soulignant de cette façon la prétention du leader populiste d'incarner un pouvoir de manière purement fonctionnelle, c'est-à-dire d'allier au fond les qualités démocratiques d'un parfait représentant avec les vertus monarchiques d'un pouvoir identifié au bien public car détaché de tout intérêt personnel. Les fonctions attribuées à son épouse Eva Perón, qui tiendra à se faire appeler Evita pour montrer qu'elle était accessible à tous, seront destinées à rendre sensible cette sollicitude. À côté des mécanismes de l'État-providence mis en place par le régime, la Fondation qu'elle présidait distribuait ainsi, de façon discrétionnaire, des vêtements, des appareils ménagers, de la nourriture ou des aides sociales. Evita établissait de la sorte un lien direct avec les *descamisados*[2] qu'elle ne cessait de courtiser.

Comme Gaitán encore, Perón clouera sans relâche au pilori l'oligarchie pour constituer le peuple en son unité. Mais alors que l'élan du Colombien avait été stoppé aux portes du pouvoir, Perón gouvernera. Avec lui, le populisme ne se limitera pas à une rhétorique politique : il établira un type de régime. Un régime que l'Argentin entendra édifier en rupture explicite avec ce qu'il appellera « le monde démo-libéral[3] ». Rupture destinée selon lui à

1. Juan Domingo Perón, « Qu'est-ce que le péronisme ? », discours du 20 août 1948. Les citations que nous donnons de lui sont extraites de Juan Domingo Perón, *El modelo argentino*, *op. cit.*

2. Littéralement les « sans-chemises ». Une expression souvent utilisée par le régime pour donner une dimension sensible à sa sollicitude pour les plus pauvres.

3. Juan Perón, *El concepto justicialista*, Madrid, 1965, p. 3.

passer d'une démocratie formelle à une démocratie réelle. « Je suis bien plus démocrate que mes adversaires, dira-t-il ainsi, parce que je suis à la recherche d'une vraie démocratie, qui ait un contenu, tandis qu'eux ils défendent un cadre vide, une apparence de démocratie[1]. » Cette démocratie avancée, elle était pour lui celle des urnes. On pourrait parler à ce propos d'une sorte d'« absolutisme majoritaire ». Avec la nouvelle Constitution qu'il fera voter en 1949, les pouvoirs de la Cour suprême avaient ainsi été réduits et ceux du pouvoir exécutif fortement accrus. Les partis politiques avaient par ailleurs vu leur activité sévèrement encadrée, leur dissolution étant rendue possible « si leurs principes idéologiques mettent en danger la paix sociale ou s'ils ont des connexions internationales ». Une nouvelle législation introduisant par ailleurs un délit sévèrement réprimé de « manque de respect à l'égard de l'autorité établie » permettait de museler les opposants. Si la liberté de la presse était formellement maintenue, de nombreux journaux furent pourtant de fait réduits au silence de façon indirecte[2]. Les fonctionnaires étaient simultanément appelés à manifester leur loyauté vis-à-vis du régime[3], faute de quoi ils pouvaient être révoqués. C'est-à-dire que

1. Discours de candidature à la présidence, *La Nación*, 13 février 1946.

2. Certains étaient par exemple avertis qu'ils devaient remplacer leurs rotatives car leur bruit gênait le voisinage, l'approvisionnement en papier était rendu impossible pour d'autres car le stationnement des camions devenait interdit dans leur rue ; ou il se trouvait encore qu'aucune imprimerie ne « voulait » plus les imprimer.

3. Il vaut la peine de citer sur ce point la circulaire présidentielle du 22 octobre 1948 qui établissait cette prescription : « Il faut entendre par loyauté l'accord complet avec les principes politiques, sociaux et économiques qui guident l'action du gouvernement. S'ils ne sont pas convaincus, les fonctionnaires font, consciemment ou inconsciemment, de l'obstruction dans leur travail. Notre gouvernement préconise et met en œuvre une politique sociale qui va dans le sens d'une révolution populaire ; or, une bureaucratie, formée par l'oligarchie capitaliste pour défendre les intérêts de cette classe, ne peut comprendre une politique au service de la collectivité. C'est pourquoi je rappelle à messieurs les ministres qu'ils doivent assainir les administrations dont ils ont

la fonction publique devait être l'instrument du pouvoir majoritaire (cette vision de la démocratie et de la légitimité présentait de ces différentes façons un fort lien de parenté avec celle qui avait été théorisée un siècle plus tôt par les têtes pensantes du Second Empire). Employant à propos du péronisme le qualificatif de « démocratie hégémonique », un fin connaisseur de l'histoire argentine dira de façon éclairante que la caractéristique principale de ce régime avait été d'être « anti-institutionnel en même temps qu'électoraliste[1] ».

De la qualification du populisme latino-américain

Gaitán ou Perón ne se sont jamais qualifiés de « populistes ». La notion de populisme n'a commencé à être utilisée par les analystes de la réalité latino-américaine que dans les années 1960, ce néologisme traduisant alors la difficulté de faire entrer dans les cadres conceptuels usuels de la science politique le type d'idéologies et de régimes qui avaient marqué le continent au sortir de la Seconde Guerre mondiale. Mais il n'a en même temps jamais pu faire l'objet d'analyses théoriques vraiment satisfaisantes, la plupart des commentaires se limitant à en décrire les discours et les pratiques et à les rapporter à la spécificité d'un style politique ou au contexte socio-économique des pays concernés[2] (l'accent

---

la charge en éliminant les fonctionnaires incompétents et ceux qui, volontairement ou involontairement, agissent contre les principes de la révolution. Pour parvenir à ce double assainissement, je signerai tous les décrets de suspension de fonction et de licenciement que messieurs les ministres estimeront justifiés » (cité dans *La Décade péroniste*, présenté par Georges Béarn, Paris, Gallimard-Julliard, 1975, p. 119).

1. Alain Rouquié, *Le Siècle de Perón. Essai sur les démocraties hégémoniques*, Paris, Seuil, 2016, p. 349.

2. Voir le livre pionnier d'Ernest Gellner et Ghita Ionescu (dir.), *Populism: Its Meanings and National Characteristics*, Londres, Weidenfeld & Nicolson, 1969. Voir aussi les analyses, les plus commentées en Amérique latine, de Gino Germani ou Torcuato Di Tella (en Argentine), Fernando Henrique Cardoso et

étant alors mis sur les *causes* du populisme). Ce sont les cadres intellectuels d'appréhension spontanée de ces réalités qui ont empêché de les comprendre en profondeur. D'un côté la tendance à les assimiler à une forme de fascisme. De l'autre l'obligation ressentie par les historiens et sociologues de la période de les interpréter dans le cadre d'une analyse marxiste.

Il y avait certes de bonnes raisons de rapprocher ces phénomènes de l'expérience fasciste des années 1930. Le fait tout d'abord que Gaitán et Perón l'avaient connue de près et avaient été marqués par elle. Gaitán avait ainsi fait sa thèse de doctorat en Italie, au milieu des années 1920, sous la direction d'un juriste proche de Mussolini. Il avait assisté à des meetings du Duce et été impressionné par le ton et la forme de ses discours. Il avait alors compris le rôle essentiel que la radio allait être amenée à jouer dans la vie politique moderne et mesuré l'importance de constituer des forces politiques organisées et disciplinées. Il s'en souviendra quand il s'adressera aux foules et structurera son propre mouvement. Mais son intérêt n'avait pas été plus loin. Les choses étaient différentes pour Perón. Lui aussi avait été le témoin direct de ce que représentait le régime de Mussolini, ayant effectué en 1939 une mission militaire à Rome. Il avait aussi éprouvé plus tard des sympathies pour le régime nazi, adoptant des positions favorables à l'Allemagne au début de la Seconde Guerre mondiale (et protégeant après 1945 des dignitaires nazis venus se réfugier dans son pays). Ces sympathies avaient une dimension idéologique, mais elles avaient aussi un fondement historique : le lien très ancien entre l'armée argentine et la Wehrmacht, cette dernière ayant formé un grand nombre d'officiers du pays. Les immigrés allemands sympathisants avec Hitler étaient par ailleurs nombreux en Argentine, de même que les affidés du Duce (la population d'origine italienne formant près de la moitié du pays). Le projet

Francisco Weffort (au Brésil), qu'il est indispensable de prendre en compte pour retracer l'histoire intellectuelle de l'appréciation du populisme en Amérique latine.

affiché d'offrir une troisième voie entre le communisme soviétique et le capitalisme américain avait alors parallèlement une indéniable force de séduction sur tout le continent latino-américain[1]. Tout cela légitimait le fait de rapprocher dans le cas argentin le populisme du fascisme, en faisant apparaître le premier « comme le télescopage incongru entre un fascisme honteux et une démocratie sociale en construction[2] ». Mais « rapprochement » ne voulait pas dire spécification analytique : il a pour cela plutôt fait écran.

De son côté, l'analyse marxiste dont se réclamaient de nombreux chercheurs en sciences sociales dans les années 1960 arrivait mal à faire entrer dans son cadre conceptuel le phénomène. La célébration populiste du peuple se démarquait d'abord d'une analyse en termes de classes. Le terme de « classe ouvrière » était en effet étranger au langage des Gaitán, Perón, Getúlio Vargas (au Brésil) ou Lázaro Cárdenas (au Mexique). Leur virulente dénonciation de l'oligarchie ne se liait par ailleurs aucunement à la critique d'un mode de production. D'où la tentation de ne voir dans les régimes populistes que des réformismes équivoques, *in fine* contre-révolutionnaires, alliés de fait du grand capital. Ou de ne les comprendre que comme un phénomène de transition, lié à l'archaïsme pré-industriel de l'Amérique latine de ces années[3].

Dans les deux cas, c'est plus encore le populisme contemporain que ces approches des années 1960 s'avèrent totalement incapables d'appréhender. Car loin d'être la marque d'un archaïsme, celui-ci

1. Perón soulignera à de nombreuses reprises l'attrait qu'avait exercé pour lui cette idée de troisième voie. Voir sa préface à Raúl Mendé, *El justicialismo. Doctrina y realidad peronista*, Buenos Aires, 1951.

2. La formule est donnée par Alain Rouquié dans *Le Siècle de Perón*, *op. cit.*, p. 12.

3. Dans son grand classique, *Política y sociedad en una época de transición* (Buenos Aires, Paidos, 1968), Gino Germani proposa ainsi de comprendre le populisme comme une expression de la transition difficile entre une société traditionnelle et la société moderne. On notera que les récentes *Subaltern Studies*, dans leur écart au marxisme, se sont avérées plus à même de saisir l'essence sociale et culturelle de ces mouvements populistes.

dessine désormais plutôt un avenir aussi radieux qu'inquiétant. On ne peut du même coup en saisir la force que si on reconsidère sa nature sur d'autres bases. Le fait que les sociétés contemporaines soient devenues des sociétés d'individus, qui ne peuvent plus seulement être appréhendées en termes de classes, invite à penser le populisme présent dans le cadre des indéterminations structurantes de la démocratie elle-même. Ce qui conduit en retour à relire avec cet outillage conceptuel l'histoire du populisme latino-américain. Et à le considérer dans son caractère d'archaïsme paradoxalement devenu précurseur.

4

Histoire conceptuelle : le populisme comme forme démocratique

Nous avons décrit dans les chapitres précédents certaines expériences et certains moments historiques qui pouvaient faire écho à des traits caractéristiques des populismes contemporains. Mais le constat de tels échos venus du passé, pour suggestifs qu'ils soient, n'a en lui-même aucune vertu explicative. Ils constituent seulement une invitation à élargir le cadre de l'analyse pour prendre la pleine mesure du présent. Je propose dans cette direction d'appréhender cet élargissement en partant d'une théorie des indéterminations de la démocratie[1]. C'est dans cette perspective plus générale, elle-même insérée dans une histoire longue de l'expérience démocratique, qu'il faut en effet comprendre l'essence des populismes, dans ce qui les unit comme dans ce qui les différencie.

1. Pour une approche conceptuellement plus développée de cette notion, voir mes développements dans « Retour sur mon travail », *in* Sarah Al-Matary et Florent Guénard (dir.), *La Démocratie à l'œuvre. Autour de Pierre Rosanvallon*, Paris, Seuil, 2015.

Parler d'indéterminations de la démocratie renvoie au fait que les notions qui semblent la fonder et la résumer avec le plus d'évidence – celles de pouvoir et de peuple au premier chef – sont toujours restées ouvertes à de multiples interprétations, éventuellement contradictoires.

Le projet démocratique a en effet constitué le politique en un champ resté ouvert du fait même des tensions et des incertitudes qui le sous-tendaient. S'il est maintenant considéré comme l'incontournable principe organisateur de tout ordre politique juste, l'impératif que traduit cette évidence a ainsi toujours été aussi ardent qu'imprécis. Parce qu'elle est fondatrice d'une expérience de liberté, la démocratie n'a cessé de constituer une solution problématique pour instituer une cité d'hommes libres. En elle se lient depuis longtemps le rêve du bien et la réalité du flou. Cette coexistence a ceci de particulier qu'elle ne tient pas principalement au fait qu'elle serait un idéal lointain sur lequel tout le monde s'accorderait, les divergences sur sa définition renvoyant à l'ordre des moyens à employer pour le réaliser. L'histoire de la démocratie n'est pas seulement pour cela celle d'une expérience contrariée ou d'une utopie trahie.

Bien loin de correspondre à une simple incertitude pratique sur les voies de sa mise en œuvre, le sens flottant de la démocratie participe plus fondamentalement de son essence. Il évoque un type de régime qui n'a cessé de résister à une catégorisation indiscutable. C'est de là que procède la particularité du malaise qui sous-tend son histoire. Le cortège de déceptions et le sentiment des trahisons qui l'ont toujours accompagné ont été d'autant plus vifs que n'a cessé d'être inaccomplie sa définition. Un tel flottement constitue le ressort d'une quête et d'une insatisfaction qui peinent du même coup à s'expliciter. Il faut partir de ce fait pour comprendre la démocratie : en elle s'enchevêtrent l'histoire d'un désenchantement et celle d'une indétermination. La montée en puissance des populismes au XXIe siècle s'inscrit dans cette histoire problématique. On en prend clairement la mesure si on rappelle ce qu'ont été quelques-unes des apories structurantes de la démocratie.

Aporie structurante 1 : le peuple introuvable

Si l'*idée* de peuple souverain s'est imposée en sa généralité, la figuration et l'expression de cette puissance anonyme et commandante n'ont cessé d'être discutées. Dès la période des révolutions fondatrices, le peuple a été perçu comme un maître indissociablement impérieux et problématique. Pour de multiples raisons. Du fait de l'oscillation sémantique entre les notions de *populus* et de *plebs* d'abord. D'un côté, la vision objective et positive de la généralité sociale, le peuple-nation expression de la raison publique et de l'intérêt général. De l'autre, dans une perspective sociologique plus réduite, le spectre de la plèbe menaçante ou de la multitude gouvernée par les passions les plus immédiates. En France, la discussion du printemps 1789 sur le nom à donner à la nouvelle assemblée formée par l'autonomisation du tiers état avait bien témoigné de l'embarras des contemporains. Alors que la proposition avait été émise de la qualifier d'« Assemblée des représentants du peuple français », les réticences avaient été nombreuses[1]. « Un mot qui se prête à tout », avait-on dit de plusieurs côtés, tandis que Mirabeau, le promoteur de la formule, avait fait machine arrière en concédant : « Le mot "peuple" signifie nécessairement ou trop ou trop peu. » La dénonciation alternative d'« Assemblée nationale » avait alors recueilli l'unanimité des suffrages et permis d'éviter d'approfondir la question du sujet vivant de la démocratie.

Au-delà de cette tension entre *plebs* et *populus*, que l'on pourrait dire « archaïque », car d'ordre presque prédémocratique, c'est l'écart du peuple-corps civique au peuple social qui n'a cessé d'être problématique. Alors que le premier est nécessairement Un, figure alternative d'une souveraineté auparavant incarnée dans le corps du roi, le second se manifeste toujours comme pluriel et divisé :

1. Voir mes développements dans *Le Peuple introuvable. Histoire de la représentation démocratique en France*, Paris, Gallimard, 1998.

il n'existe que sous les espèces de groupes sociaux différenciés et d'opinions diverses. Un écart, remarquons-le, qui n'a cessé de s'accroître dans un monde où l'idéal d'unanimité a pris congé. Le peuple comme totalité, pris au singulier, est ainsi devenu « introuvable ». Loin de former un bloc, dont une unanimité exprimerait la substance, il n'existe que sous les espèces de différentes manifestations sensibles, celles du *peuple électoral*, du *peuple social*, que l'on pourrait aussi qualifier d'« actif », et du *peuple-principe*. Chacune d'entre elles n'exprime donc qu'une dimension particulière du peuple-corps civique.

Le peuple électoral est le plus simple à appréhender, puisqu'il prend consistance numérique dans les urnes. Il se manifeste immédiatement dans la division d'une majorité et de minorités. Il reste cependant beaucoup plus insaisissable que ce qu'indique cette donnée arithmétique primaire. L'expression électorale est d'abord souvent fortement diversifiée, déclinant le peuple-opinion sous de nombreuses étiquettes. L'opération électorale est en outre elle-même loin de le représenter complètement. Subsiste en effet la forte absence des non-inscrits et des abstentionnistes, la distance des bulletins blancs ou nuls. Ce peuple électoral est surtout évanescent, ne se manifestant que d'une manière fugitive et intermittente, fluctuant au rythme des scrutins. Toutes ces caractéristiques ne semblent pas destinées *a priori* à le qualifier au premier chef pour exprimer adéquatement la généralité sociale. Ses titres à tenir ce rang existent cependant. L'épreuve électorale permet en effet d'abord de clore les controverses : personne ne peut discuter la matérialité du chiffre de 51 face à celui de 49. La force de l'élection tient en outre au fait qu'elle s'enracine dans la reconnaissance d'une forme d'égalité radicale que traduit le droit de tous à se présenter devant l'urne. Si ses résultats divisent, la procédure qui la fonde unifie.

Alors que le peuple électoral érige un pouvoir qui prend épisodiquement la forme d'une majorité, le peuple social – celui qui prend la parole, signe des pétitions, participe à des manifestations, s'engage dans des associations – se donne comme une succession ininterrompue de minorités, actives ou passives. Il est addition des protestations et des initiatives de toute nature, exposé des situations vécues comme une entorse à un ordre juste, manifestation sensible de ce qui fait ou défait la possibilité d'un monde commun. C'est un peuple-flux, un peuple-histoire, un peuple-problème. Ce peuple social est la vérité problématique de l'être-ensemble, de ses abîmes et de ses mensonges, de ses promesses et de ses inaccomplissements. C'est sur ce mode qu'il peut être considéré comme une figure de la généralité sociale. Ce n'est pas l'unité d'un sentiment qui l'établit dans cette qualité, mais l'entrelacement des questions constitutives du lien collectif qu'il tisse. On pourrait ajouter là que le peuple des sondages se manifeste comme son double et comme son ombre à la fois, la part passive immergée du peuple actif visible aux yeux de tous.

Le peuple-principe n'est pas d'ordre substantiel. Il est constitué par l'équivalent général fondant le projet d'inclusion de tous dans la cité : l'égalité. Il est défini par un mode de composition du commun. Le représenter, c'est faire vivre ce principe, conserver ce qui constitue le bien le plus structurellement et le plus évidemment public : les droits fondamentaux. Ces droits sont au sens propre du terme des biens publics non rivaux : tous peuvent en bénéficier sans que nul n'en soit privé[1]. Ils constituent indissociablement la citoyenneté de l'individu, comme forme d'appartenance à la collectivité, et l'humanité de l'homme, comme reconnaissance de l'irréductible singularité de chacun. En eux se lient parfaitement le tout et les parties de la société. Leur respect implique que toutes les voix soient entendues, que toutes les marges soient prises en compte. Le sujet de droit est pour cela la figure même de ce peuple : il réduit en effet à l'essentiel ses multiples déterminations ; il l'incarne d'une façon

1. Un bien collectif, selon la définition de l'économiste Roger Guesnerie, inspirée de ce que Victor Hugo disait de l'amour d'une mère pour ses enfants, est caractérisé par le fait que « chacun en a sa part et que tous l'ont cependant en entier ». C'est en ce sens un bien *non rival*, et donc radicalement collectif.

dans laquelle tous peuvent parfaitement se reconnaître. Ce passage de la sociologie au droit est ressenti comme d'autant plus nécessaire dans le monde contemporain que les anciennes catégories descriptives du social ont perdu de leur pertinence. La société est de moins en moins constituée par des identités stables : ce sont dorénavant surtout des principes de composition qui en déterminent la nature. Le sujet de droit est pour cela aujourd'hui l'homme le plus concret qui soit. Il est la figure directement sensible de tous ceux qui sont discriminés, exclus, oubliés. Il se lie ainsi à la reconnaissance des singularités ; chaque individu peut se projeter en lui. Loin de renvoyer à une abstraction, c'est ainsi lui qui donne dorénavant le plus visiblement chair à l'idée de communauté politique.

Au-delà de la diversité de ces figures du peuple sensible, c'est la tension entre le principe politique de la démocratie et son principe sociologique en général qui n'a cessé de s'exacerber. La politique moderne confie en effet au peuple le pouvoir au moment où son projet d'émancipation conduit parallèlement à abstractiser le social sous les espèces du sacre de l'individu lié à l'affirmation des droits de l'homme. Son principe politique consacre la puissance d'un sujet collectif dont le principe sociologique tend à dissoudre la consistance sensible et à réduire la visibilité. La notion de souveraineté du peuple s'est fort bien accommodée de cette tension dans un premier temps, lorsqu'elle se limitait à définir un principe d'opposition et de différenciation face au passé (avec la critique de la tyrannie et de l'absolutisme) ou par rapport au monde extérieur. Ou encore lorsque la structuration de la société en classes clairement définies la rendait facilement représentable, les sociétés industrielles ayant modernisé de cette façon les anciennes sociétés de corps. L'entrée dans des sociétés d'individus a modifié les termes de cette lisibilité du social dans laquelle était ancrée l'idée traditionnelle de peuple (voir le peuple de Hugo, de Michelet ou de Proudhon). Et ce d'autant plus que l'impératif d'égalité, requis pour faire de chacun un sujet de droit et un citoyen à part entière, implique de considérer les hommes de façon relativement abstraite. Toutes leurs différences et leurs distinctions doivent être mises à distance pour ne plus les considérer que dans leur commune et essentielle qualité : celle de sujet autonome. Pour le dire autrement, c'est le sacre juridique de l'individu qui conduit à rejeter comme archaïque et insupportable toute appréhension substantielle du social. La société démocratique entraîne pour cette raison une critique permanente des institutions qui pourraient enchaîner les hommes à une nature, les rendant par là même dépendants d'une puissance extérieure à eux. Si restent mises en avant les assignations à certaines identités (de race, d'identité sexuelle, etc.), c'est parce qu'elles sont perçues comme constituant un déni d'universalité et de droit à être un individu quelconque[1]. Tout se conjugue ainsi pour que *le* peuple se soit dévitalisé dans la démocratie contemporaine, alors même que le sentiment des citoyens de ne plus avoir prise sur le cours des choses les incite à trouver la voie d'une souveraineté plus active.

Aporie structurante 2 : les équivoques de la démocratie représentative

Les équivoques de la mise en forme de la souveraineté du peuple dérivent du fait que le pouvoir de ce dernier ne s'exerce pas directement : il ne peut pratiquement prendre forme que médiatisé et instrumentalisé par des procédures représentatives. Ce constat a été au cœur de l'œuvre constitutionnelle des pères fondateurs américains et français pour qui la démocratie était définie, en référence à l'Antiquité, par l'existence d'un peuple assemblé sur le forum capable d'être en même temps législateur et magistrat. Mais cette

1. Être discriminé, c'est ne pas être reconnu dans les différentes dimensions de sa singularité. C'est donc ne pas être considéré comme *quelqu'un*. Mais c'est parallèlement se voir refuser la qualité d'individu *quelconque* puisqu'on est enfermé dans une catégorie. La personne discriminée est de cette façon doublement exclue : de la société des égaux autant que de la société des singularités. Voir sur ce point mon ouvrage *La Société des égaux*, *op. cit.*

apparente évidence a recouvert historiquement une ambiguïté majeure. D'un côté, le système représentatif a en effet été appréhendé comme un simple artifice technique résultant d'une contrainte purement matérielle (organiser le pouvoir dans une société de grande dimension). Approche qui suggérait implicitement qu'un tel système n'était qu'un pis-aller, le substitut forcé à un impossible gouvernement direct des citoyens, ce dernier constituant dans l'absolu le système politique idéal. Mais l'instauration de procédures représentatives a aussi, d'un autre côté, été explicitement rapportée à une vision proprement positive de leurs vertus intrinsèques. Le gouvernement représentatif a alors été considéré comme une forme politique originale et spécifique, définissant un type inédit de régime, qui ajoutait donc une quatrième espèce à leur typologie classique[1]. Ces deux approches étaient contradictoires dans la mesure où le gouvernement représentatif était appréhendé, dans le premier cas, comme un équivalent de la démocratie, alors qu'il constituait plutôt, dans le second, un dépassement ou une limitation de celle-ci. La frontière entre ces approches s'est de fait trouvée brouillée dès lors que s'est progressivement imposé le vocable de « démocratie représentative » oscillant entre les deux idéaux-types de l'*aristocratie élective* (l'expression est de Rousseau : elle sera plus tard reprise par ceux qui entendaient « terminer la révolution » en France) et de la *démocratie directe-immédiate*. Il est important de préciser cette distinction.

La vision du gouvernement représentatif comme aristocratie élective se décline sur quatre plans :

– *Quant à la conception de l'élection*. Celle-ci est appréhendée comme un mécanisme de *sélection* (le terme se retrouve constamment sous la plume des pères fondateurs américains et français). Elle s'apparente à un processus de classement, de tri et de détection d'un certain nombre de qualités. Elle se rapproche de cette façon de l'idée d'examen ou de concours. Il était d'ailleurs fréquent de

1. Distinguant la monarchie, l'aristocratie et la démocratie.

voir le parallèle établi au XIXe siècle, certains parlant d'« élection scientifique ou intellectuelle » pour qualifier ce type d'épreuves.

– *Quant au rapport représentants-représentés.* Il est constitué par le fait d'une distinction, d'une différence, constitutive d'une forme de hiérarchie intellectuelle et morale[1] (voir la référence sur les deux continents aux termes de « capacité », de « vertu », de « sagesse »). Les représentants sont de la sorte considérés comme formant une élite. Le terme d'« aristocratie naturelle » était même souvent utilisé à ce propos par les pères fondateurs américains (imprononçable en France dans les premières années de la Révolution, il refera surface avec Bonaparte sous les espèces de la « méritocratie »).

– *Quant à l'épistémologie de l'intérêt général.* C'est en termes de connaissance que la mise au jour de celui-ci est appréhendée. Il n'est pas déduit des demandes sociales dispersées mais construit à partir d'une compréhension globale de la situation de la société et de ses besoins à un moment déterminé. Dans le langage des fédéralistes américains, on utilisait ainsi le terme de « connaissance des intérêts généraux de la société » (Hamilton) pour qualifier le lien représentatif. En même temps qu'étaient mises en avant des « variables de liaison » : la fidélité, la confiance, la dépendance.

– *Quant à la nature du gouvernement représentatif.* Il est d'une autre nature que le gouvernement démocratique et constitue, comme on vient de le voir, un type de régime politique original.

La démocratie immédiate s'oppose point par point à cette conception :

– *Quant à la conception de l'élection.* Celle-ci est envisagée comme une reproduction. C'est l'idée d'une représentation-miroir, telle qu'un Mirabeau l'avait définie, en notant que la bonne composition

1. Parlant de la tâche de production de la loi confiée par les citoyens aux représentants, Sieyès disait ainsi typiquement que ces derniers devaient être considérés comme « bien plus capables qu'eux de connaître l'intérêt général » (*Dire sur le veto royal*, Versailles, 7 septembre 1789, p. 14). Les pères fondateurs américains tenaient le même langage dans *Le Fédéraliste*.

d'une assemblée devait être « pour la nation ce qu'est une carte réduite pour son étendue physique ; soit en partie, soit en grand, la copie doit toujours avoir les mêmes proportions que l'original ». Dans ce cas, ce n'est pas le modèle de l'examen ou du concours auquel elle peut se rapporter, mais à celui du tirage aléatoire d'un échantillon. À l'élection-sélection d'éminences s'oppose plutôt, là, le modèle du tirage au sort, fonctionnellement adapté pour reproduire du quelconque, ou celui de l'élection proportionnelle, destinée à représenter la société dans ses différences.

– *Quant au rapport représentants-représentés.* Il est constitué par le fait d'une similarité, d'une proximité. « Ils sont toujours vous, ces élus – écrivait Necker (pour stigmatiser les défenseurs de cette approche) dans ses *Réflexions philosophiques sur l'égalité*[1] –, et vous dans une exactitude parfaite. Leur intérêt, leur volonté sont les vôtres, et aucun abus d'autorité, de la part de ces nouveaux jumeaux, ne vous paraît possible. » En notant que le terme de « représentant » donnait alors « l'idée d'un autre soi-même », le même Necker soulignait bien la prégnance de cette vision d'un rapport de similarité. En Amérique, ce thème était aussi un leitmotiv de l'opposition des antifédéralistes à Hamilton et Madison. Ils parlaient eux aussi d'une représentation substantielle qui devrait être « la véritable image du peuple » ; et les termes de *likeness*, de *resemblance* se retrouvaient en permanence sous leurs plumes.

– *Quant à l'épistémologie de l'intérêt général.* On voit celui-ci résulter d'une expérience partagée avec les gens ordinaires, d'une confrontation directe aux attentes sociales, d'une sympathie avec les souffrances de la société.

– *Quant à la nature du gouvernement représentatif.* Il est conçu dans ce cas comme un équivalent fonctionnel de l'idéal d'une démocratie directement greffée sur les besoins et les sentiments de la société.

1. Publiées en 1793 en annexe à sa *Révolution française*. Cité ici in *Œuvres complètes de M. Necker*, Paris, 1821, t. X.

Ces deux idéaux-types ne découpent pas deux camps ou deux idéologies concurrentes, même s'ils ont chacun eu leurs interprètes les plus expressifs. Ils dessinent plutôt les deux pôles d'une tension qui a partout fait sentir ses effets, même si c'est dans chaque cas sur un mode spécifique. L'électeur aspire ainsi à être gouverné par des personnes qu'il estime capables d'effectuer leurs tâches, mais il désire simultanément porter son choix sur des individus qui expriment ses attentes et parlent son langage. Tension qui se manifeste aussi dans la différence entre le langage des campagnes électorales (qui valorise les possibles et met l'accent sur la proximité des candidats avec les électeurs) et le langage de l'action gouvernementale (qui rappelle les contraintes).

Aporie structurante 3 : les avatars de l'impersonnalité

Le propre de la démocratie est de mettre la volonté générale au poste de commandement. Si la loi exprime cette volonté générale, c'est parce qu'elle est le produit du consentement de tous. Généralité et impersonnalité sont les deux traits complémentaires qui la caractérisent, dans sa qualité substantielle d'un côté et dans la forme du pouvoir qu'elle exerce de l'autre. Elle peut commander sans opprimer car elle est censée être structurellement objective, impartiale, détachée de toute visée intéressée. Elle est le maître juste par excellence, une puissance d'ordre qui oblige les hommes sans les dominer ; elle contraint sans les violenter ou les humilier ceux qui lui obéissent. Le règne démocratique de la loi est pour cela aux antipodes de ce qui définit un pouvoir personnel : il implique une dépersonnalisation radicale au pouvoir. Après la chute du roi, cela a été la grande idée directrice des révolutionnaires français. D'où la centralité donnée à l'instauration d'un pouvoir exécutif collégial dans les Constitutions de 1793 à 1795 (le régime mis en place par cette dernière ayant pour cela porté le nom de « Directoire », un triumvirat étant à la tête de son exécutif). On peut d'ailleurs noter que l'un des motifs décisifs de la mise en accusation de Robespierre avait été sa prétendue intention d'accaparer seul le pouvoir en se faisant roi[1]. Et rappeler aussi que l'idée de mettre en place un « président de la France » avait été unanimement rejetée après l'abolition de la monarchie en août 1792.

Cette dépersonnalisation du pouvoir avait été de pair pendant ces années avec une dévalorisation du pouvoir exécutif, la production des lois par une assemblée étant considérée comme le cœur vivant d'une République démocratique. Tout changera au tournant du siècle. Pour conjurer l'impuissance parlementaire et le désarroi intellectuel de cette période du Directoire, c'est en effet une épée que l'on finira par chercher pour résoudre le problème constitutionnel et politique français. Avec la Constitution de l'an VIII, rédigée pour sortir de la crise, l'idée dominante sera qu'il fallait concentrer le pouvoir entre les mains de l'exécutif. Et c'est parallèlement le principe d'impersonnalité qui sera révoqué. « On était fatigué des assemblées », résumera Bonaparte laconiquement[2]. Mme de Staël a su caractériser en des formules restées célèbres le choc causé par l'ascension de Bonaparte à son retour d'Égypte. « C'était la première fois, depuis la Révolution, qu'on entendait un nom propre dans toutes les bouches, avait-elle écrit. Jusqu'alors on disait : l'Assemblée constituante a fait telle chose, le Peuple, la Convention ; maintenant, on ne parlait plus que de cet homme qui devait se mettre à la place de tous, et rendre l'espèce humaine anonyme, en accaparant la célébrité pour lui seul, et en empêchant tout être existant de pouvoir jamais en acquérir[3]. » C'était bien

1. Sur cette rumeur révélatrice, voir Bronislaw Baczko, « Robespierre-roi ou comment sortir de la Terreur », *Le Débat*, n° 39, mars-mai 1986. Un Robespierre qui n'avait par ailleurs pas hésité à dire : « Je suis peuple moi-même », indiquant sa prétention à l'incarner (cité dans Marcel Gauchet, *Robespierre, l'homme qui nous divise le plus*, *op. cit.*, p. 82).

2. Cité par Patrice Gueniffey, *Bonaparte*, Paris, Gallimard, 2013, p. 517.

3. Mme de Staël, *Considérations sur les principaux événements de la Révolution française* (1818), in *Œuvres posthumes*, Paris, Firmin-Didot, 1838, p. 204 (lignes écrites au début des années 1810).

décrire le congé qui avait été donné d'un coup à l'idéal précédent d'impersonnalité.

Napoléon fut le premier chef d'État de l'âge démocratique à se revendiquer d'une double légitimité : celle de la consécration par les urnes, mais aussi celle d'une certaine capacité d'incarnation. On dira de lui qu'il avait été un « éclatant exemple du don de personnification[1] », ou qu'il avait été capable d'« absorber en soi une génération tout entière[2] » ; de telle sorte qu'un spectateur de son ascension s'exclamera : « Vous portez notre nom. Régnez à notre place[3]. » Mais, après sa chute, c'est l'hérésie constituée par l'idée d'une personnification du pouvoir qui unira dans une même réprobation libéraux, républicains, socialistes et communistes de toutes obédiences. Avec Mme de Staël, ils voueront aux gémonies « un homme élu par le peuple, qui a voulu mettre son *moi* gigantesque à la place de l'espèce humaine[4] ». À gauche, l'impersonnalité aura désormais un visage, celui du peuple vivant. Foules révolutionnaires ou majorités électorales, ses formulations varieront, mais la perspective restera celle dont Michelet indiquera le sens : « Les masses font tout [et] les grands noms font peu de choses, [...] les prétendus dieux, les géants, les titans [...] ne trompent sur leur taille qu'en se hissant par fraude aux épaules du bon géant, le Peuple[5]. » Michelet qui aimait citer ce mot d'Anacharsis Cloots dans son *Appel au genre humain* : « France, guéris des individus[6]. »

1. Daniel Stern, *Histoire de la Révolution de 1848*, Paris, Sandré, 1850-1853, t. 3, p. 342.

2. Edgar Quinet, dans la préface de 1835 à son poème *Napoléon*.

3. Edgar Quinet, *Napoléon*, éd. de 1857, p. 296. Quinet reniera plus tard ces premiers élans bonapartistes.

4. *Considérations sur les principaux évènements de la Révolution française*, *op. cit.*, p. 237.

5. Jules Michelet, préface à *Histoire romaine* (1839), in *Œuvres complètes*, t. 3 : *1832-1839*, Paris, Flammarion, 1973, p. 335.

6. Jules Michelet, *Histoire de la Révolution française*, t. 2 (1847), Paris, Gallimard, « Bibliothèque de la Pléiade », 1952, p. 1321.

Une expression à laquelle Léon Gambetta fera plus tard écho en invitant ses contemporains de la IIIe République à se méfier des « personnalités excessives ».

Au tournant du XXIe siècle, la montée en puissance du pouvoir exécutif, avec l'impératif de mise à l'épreuve de la responsabilité qui l'accompagne, a remis à l'ordre du jour la question de la personnalisation du pouvoir en démocratie[1]. En même temps que la crise de la représentation a redonné force et sens à une certaine demande d'incarnation. D'où la tension qui en résulte avec l'impératif historique d'impersonnalité.

Aporie structurante 4 : la définition du régime d'égalité

La démocratie ne désigne pas seulement un type de régime politique : elle qualifie aussi une forme de société. Historiquement, c'est d'ailleurs à cette deuxième dimension que le terme a d'abord été attaché. En France, le mot « démocratie » est ainsi utilisé dans les années 1820 pour désigner une société construite sur le principe de l'égalité des droits. C'est le terme de « république », et non celui de « démocratie », qui servait alors à désigner un régime fondé sur l'exercice du suffrage universel et le principe de la souveraineté du peuple[2]. Lorsque Tocqueville décrira l'Amérique de son temps, il mettra ainsi surtout l'accent sur le fait qu'il s'agissait d'une société d'individus égaux en liberté et en dignité qui, au-delà de la simple égalité de droit, formaient une société de semblables. L'idéal démocratique a ainsi dès son origine été celui de la formation d'une société des égaux autant que celui d'une participation de tous à l'exercice de la souveraineté.

1. Voir sur ce point mes analyses dans *Le Bon Gouvernement*, Paris, Seuil, 2015.
2. D'où le fait que certains publicistes de l'époque aient pu dire que la France était déjà une démocratie alors qu'elle n'était pas encore une République du fait du suffrage censitaire. Voir Pierre Rosanvallon, « L'histoire du mot "démocratie" à l'époque moderne », *La Pensée politique*, n° 1, 1993.

Si le sens et les modalités de l'exercice de cette souveraineté du peuple n'ont cessé d'être controversés dans des termes que nous avons exposés dans les pages précédentes, le débat sur la portée et les formes de l'égalité démocratique a été, lui, beaucoup plus âpre encore. Les différentes conceptions de l'égalité entraînent en effet des conséquences matérielles et institutionnelles beaucoup plus importantes que celles qui sont attachées aux modalités de l'exercice du suffrage. C'est notamment toute la question de l'État-providence qui est dans ce cas impliquée. L'écart peut ainsi être immense entre la simple égalité des droits et l'accessibilité à tous des fonctions publiques, liées à une conception restrictive de l'égalité des chances, et une appréhension développée de ce que veut dire une société des égaux[1]. La référence à un même idéal démocratique peut ainsi renvoyer à toute une variété de *régimes d'égalité*, symétriquement liés à des perceptions fort différentes des inégalités admissibles.

Les démocraties limites : les trois familles

Ces différentes figures de l'indétermination ont sous-tendu l'histoire politique et sociale de la modernité, structurant la démocratie comme un vaste champ d'explorations et d'expérimentations, alimentant simultanément les peurs des uns et les impatiences des autres. C'est d'ailleurs ce qui explique que le terme même de « démocratie » ne se soit imposé que très progressivement pour qualifier le type de régime vers lequel il convenait incontestablement de tendre. Il n'appartenait par exemple pas au vocabulaire des constituants français et des pères fondateurs du régime américain : c'est de gouvernement représentatif qu'ils parlaient pour qualifier leur idéal. Le mot fut longtemps considéré comme problématique. Il avait d'abord pour certains une consonance archaïque et renvoyait surtout

1. Voir mes développements dans *La Société des égaux*, *op. cit.*

aux livres d'histoire[1]. Pour les conservateurs, il évoquait plus directement l'avènement d'une prise de pouvoir par la rue qui les faisait frémir. En 1848, un François Guizot écrivait ainsi que « le chaos se cache aujourd'hui sous un mot : démocratie[2] ». De l'autre côté, ce sont les références au socialisme, au communisme ou à l'instauration d'une République qui s'imposèrent dès les années 1840 dans les appels à la constitution d'un monde organisé pour le bien du plus grand nombre. C'est en fait seulement avec l'avènement du suffrage pour tous que le mot « démocratie » devint universellement honoré[3]. Mais il fut compris de façons très différentes. Certains entendaient limiter sa portée, le suffrage universel n'ayant été à leurs yeux qu'une concession faite pour canaliser la violence sociale et servir d'exutoire à l'impatience des masses[4]. D'autres entendaient à l'inverse élargir sa dimension étroitement procédurale à la perspective de la réalisation d'une société-communauté.

C'est dans ce contexte que se sont dessinées différentes figures qui entendaient saisir la démocratie dans des termes qui stabilisent les différents types d'attentes ou de peurs qui lui étaient liées, c'est-à-dire qui l'établissent dans des conceptions qui en suppriment les indéterminations et mettent du même coup fin aux débats et aux interrogations sur son accomplissement. Il faut parler dans ce cas

1. Voir Pierre Rosanvallon, « L'histoire du mot "démocratie" à l'époque moderne », art. cité.

2. François Guizot, *De la démocratie en France*, Paris, janvier 1849, p. 9. « C'est le mot souverain, universel, poursuivait-il. Tous les partis l'invoquent et veulent se l'approprier comme un talisman [...]. Le mot "démocratie" a des perspectives et des promesses infinies. Il pousse à toutes les pentes, il parle à toutes les passions » (p. 9 et 12).

3. À l'exception de groupes d'extrême droite, comme celui de l'Action française, ou des cercles catholiques traditionnalistes qui voyaient dans la démocratie une des expressions les plus haïssables de la modernité sans Dieu.

4. Voir sur ce point mes développements dans *Le Sacre du citoyen. Histoire du suffrage universel en France*, Paris, Gallimard, 1992.

de *démocraties limites*, tant elles conduisent à en exacerber de façon problématique certains traits au détriment d'autres, au prix d'un possible retournement de la démocratie contre elle-même. On peut en distinguer trois grandes familles : les démocraties minimalistes, les démocraties essentialistes et les démocraties polarisées.

La vision minimaliste de la démocratie a eu dès le XIXe siècle des défenseurs guidés par la peur du nombre qui limitaient l'idéal démocratique à l'établissement d'un État de droit. Mais elles n'ont trouvé qu'au XXe siècle leurs théoriciens. Karl Popper et Joseph Schumpeter ont notamment proposé des définitions normatives de la démocratie qui leur ont donné consistance. Karl Popper, le philosophe de la société ouverte, se fera le défenseur d'une conception négative de la démocratie dans son ouvrage *La Société ouverte et ses ennemis* (1945) irrigué par une méditation sur les origines et les sens du totalitarisme. Il proposait dans ce livre de remplacer la vieille interrogation de Platon et de Rousseau sur « qui doit gouverner ? » par une recherche des moyens permettant d'éviter la violence et l'oppression dans les changements de gouvernement. « Réaliser la démocratie ne veut pas tant dire mettre le peuple au pouvoir que s'efforcer d'éviter le péril de la tyrannie », écrivait-il[1]. Si « le véritable problème de la démocratie [...] consiste à empêcher la dictature », poursuivait-il, on ne peut donc sans danger faire comme si le mot « démocratie » signifiait « pouvoir du peuple[2] ». En soulignant que la démocratie a d'abord pour but d'empêcher la dictature, Popper appréhendait le rôle des élections comme celui d'un « tribunal populaire » et non pas comme l'exercice direct d'une volonté. Schumpeter ira dans le même sens dans son *Capitalisme, socialisme et démocratie* (1942). Il dénoncera lui aussi comme dange-

1. Karl Popper, *La Leçon de ce siècle*, Paris, Anatolia, 1993, p. 89. Nous citons ce recueil car il contient un ensemble de textes très représentatifs de la conception poppérienne de la démocratie. Voir aussi son article « Sur la théorie de la démocratie », *Médiaspouvoirs*, nº 10, avril-juin 1988.

2. Karl Popper, *La Leçon de ce siècle*, *op. cit.*, p. 131 et 89.

reuse l'idée de « volonté populaire[1] ». Appliquant à la politique sa vision de l'économie, il concevra la démocratie comme un système concurrentiel dans lequel des entrepreneurs politiques opèrent sur des votes pour obtenir le pouvoir de décision[2]. Dans ces conditions, martelait-il, « démocratie signifie seulement que le peuple est à même d'accepter ou d'écarter les hommes appelés à le gouverner[3] ». Cantonnée par décret dans cette limite, la démocratie minimale a eu une indéniable force de séduction dans un monde où les visions du politique étaient en partie surdéterminées par le spectre du communisme. Sa modestie apparaissait comme un gage de protection.

Cette appréhension minimale-négative de la démocratie trouvera sa formulation commune dans le célèbre aphorisme de Winston Churchill[4]. Dans les faits, elle correspondra à un monde dans lequel les « entrepreneurs politiques » de Schumpeter prendront le visage de notables et de partis confisquant la souveraineté. Ou bien elle se dégradera dans des formes d'oligarchie démocratique, à l'image de ce qui s'est passé aux États-Unis où l'argent est devenu une des ressources essentielles de l'action politique. En ne concevant pas l'État-providence comme un des piliers constitutifs de la démocratie, elle n'aura en outre pas le souci de construire une véritable communauté citoyenne et laissera en conséquence ouverte la porte à l'exploration d'autres limites.

1. La volonté du peuple n'est guère plus qu'« un ramassis confus de vagues impulsions mollement rattachées à des slogans tout faits et à des impressions erronées » (Joseph Schumpeter, *Capitalisme, socialisme et démocratie*, Paris, Payot, 1972, p. 334).

2. D'où la célèbre définition : « La méthode démocratique est le système institutionnel, aboutissant à des décisions politiques, dans lequel des individus acquièrent le pouvoir de statuer sur des décisions à l'issue d'une lutte concurrentielle portant sur les votes du peuple » (*ibid.*, p. 335). Voir tout le chapitre XXII, « Une théorie alternative de la démocratie », ainsi que la conclusion de l'ouvrage.

3. *Ibid.*, p. 375.

4. « La démocratie est le pire des régimes à l'exception de tous les autres. »

Les démocraties essentialistes sont quant à elles fondées sur la dénonciation des mensonges du formalisme démocratique. C'est pourquoi elles se sont souvent qualifiées de « démocraties réelles ». Critiques des visions individualistes-procédurales qui mettent l'accent sur la figure du citoyen-électeur, elles ont identifié l'idéal démocratique à la réalisation d'un ordre social communautaire. « L'établissement de la communauté est le but final de la démocratie », dira ainsi Étienne Cabet, le premier à exposer cette conception dans son *Credo communiste* (1841)[1]. La démocratie communiste de Cabet était ainsi définie comme une forme de société et non comme un régime politique, déplaçant et résolvant de cette façon les questions posées par ce dernier. Une forme de société dans laquelle était donc abolie la distinction entre société civile et société politique : « Tout travail est une fonction publique », disait-il. La société au singulier était pour lui une communauté de vie et de travail, une communauté « unitaire, égalitaire et fraternelle » que l'on dirait aujourd'hui autogérée. Marx lui emboîtera le pas quelques années plus tard, en adossant cette perspective à une philosophie de l'histoire confortant l'humanité dans la possibilité de réaliser cet objectif. Lui aussi invitait à ne plus distinguer l'individu et le citoyen, le but étant que la société soit immédiate à elle-même, « la vie sociale se signifiant directement » selon sa célèbre formule[2]. La démocratie politique comme régime, c'est-à-dire comme système séparé d'organisation et de régulation, était en conséquence appelée à dépérir pour lui, l'organisation sociale relevant de simples principes gestionnaires.

1. Il avait auparavant publié *Comment je suis communiste* en 1840 et développera longuement sa conception dans *Douze lettres d'un communiste à un réformiste sur la communauté*, août 1841.

2. Employée dans la *Critique du droit politique hégélien* (1842), Paris, Éditions sociales, 1975, p. 138. Il parlera en conséquence du Moyen Âge comme de la « démocratie de la non-liberté » (*ibid.*, p. 71), le monde social de l'époque étant régulé de façon interne par ses ordres et ses corps sans avoir besoin de recourir à une sphère étatique-politique.

Alors que la définition minimale de la démocratie tente d'en résorber les indéterminations par un rétrécissement « réaliste » de sa définition procédurale, il y a dans cette approche essentialiste le projet d'une sorte de résolution par sa dissolution dans une vision utopique du social. Elle repose sur l'idée qu'une bonne organisation de la société, dans un monde débarrassé du règne de la marchandise et de l'exploitation capitaliste, pourrait en éliminer les conflits et les divisions. Dans une telle société, le peuple formerait un ensemble uni et homogène dans lequel les différences seraient purement fonctionnelles. La formation de la volonté générale n'y résulterait donc pas de l'arithmétique des préférences et des opinions individuelles, exprimées dans la procédure électorale. Elle serait la vie même d'une communauté unie et cohérente aux antipodes de la vision libérale classique qui concevait la société comme un entrelacs complexe de positions et d'intérêts divergents et également légitimes. La question de la représentation serait aussi résolue, l'expression de la vie sociale se résorbant totalement dans l'objectivité des situations. Il n'y aurait alors pas de différence entre représentation et connaissance sociale. Si cette forme de démocratie limite peut sembler loin de notre univers contemporain, elle a gouverné les espérances avec l'intensité que l'on sait aux XIXe et XXe siècles.

L'histoire a montré que cette utopie « se précipitait » en totalitarisme, au sens chimique du terme, dès lors que l'on entendait forcer la main aux résistances de la réalité pour l'accomplir. Comme l'a fortement souligné Claude Lefort, le totalitarisme retourne la démocratie contre elle-même en interdisant l'expression de la division sociale au nom de la nécessité de son dépassement. Il impose ainsi par la force la fiction d'un peuple-Un, supposé parfaitement représenté par un Parti lui-même incarné par son chef, permettant à ce dernier, que Soljenitsyne appelait l'*égocrate*, de dire avec assurance : « La société, c'est moi[1]. » De telle sorte que le pouvoir-société

1. Voir les pages que Claude Lefort consacre à cette figure de l'égocrate dans *Un homme en trop. Réflexions sur « L'Archipel du Goulag »*, Paris, Seuil, 1976.

censé accomplir la promesse d'une pleine maîtrise de son destin par une collectivité s'est avéré dans le cas soviétique être le plus cruel des pouvoirs s'exerçant sur celle-ci. Plus implacable même qu'un despotisme extrême, puisqu'à la différence de ce dernier, qui ne peut nier son extériorité, il prétendait, lui, n'être que la voix et le bras de la société elle-même.

Les démocraties polarisées constituent une troisième famille de démocraties limites. C'est à elle qu'appartiennent les populismes[1]. Elles se définissent également par un mode spécifique de résolution des différentes catégories d'indétermination démocratique : celui de leur absorption dans une seule des dimensions qui les constituent. L'impératif de représentation est accompli avec le mécanisme d'identification au leader, l'exercice de la souveraineté par les recours au référendum, le caractère démocratique d'une institution par l'élection de ses responsables, l'expression du peuple par un face-à-face sans intermédiaires avec les pouvoirs. En même temps que la vision de la société est rapportée à une dichotomie élémentaire. Il y a ainsi un double mécanisme de simplification et de radicalisation dans cette approche populiste qui conduit à une polarisation généralisée du cadre et des modalités de l'activité démocratique. Nous en développerons précisément la critique dans la dernière partie de ce travail. De même que nous analyserons les conditions dans lesquelles ce populisme peut dériver vers une démocrature.

Ces différents types de démocraties limites permettent ainsi de distinguer trois figures du retournement des démocraties : l'oligarchie élective, le totalitarisme et la démocrature. Leur identification invite à ne pas faire d'amalgames. Ce qui conduit par exemple à ne pas confondre démocratures et régimes totalitaires. Mais cela permet en même temps de caractériser des forces d'attraction que

1. Peuvent aussi y être rattachées les cultures politiques de l'insurrection et les théories du gouvernement simple ou du gouvernement direct qui eurent un fort écho au XIXe siècle. Voir sur ce point mes développements dans *La Démocratie inachevée. Histoire de la souveraineté du peuple en France*, *op. cit.*

ces types limites peuvent exercer, avec les parallélismes qui peuvent en découler. Si le gaullisme n'est clairement pas un populisme, dans le sens développé du terme que nous avons proposé, on peut ainsi noter en même temps qu'il présente certains traits qui peuvent le rapprocher d'une conception polarisée de la démocratie. Lorsque de Gaulle avait fameusement dit : « En France, la Cour suprême c'est le peuple[1] », il s'était en effet bien inscrit dans cette vision. Plus près de nous, si Emmanuel Macron est encore moins un populiste, il se caractérise cependant par une certaine tendance à vouloir gouverner dans un face-à-face direct avec le pays, en n'attachant que peu de prix à l'intervention des corps intermédiaires. De même que nous avons parlé de « populisme diffus », une histoire de cette forme politique de la polarisation démocratique invite donc aussi à prendre en compte le champ de gravitation qui en constitue l'atmosphère.

1. Voir sur ce point Louis Favoreu, « De Gaulle et le Conseil constitutionnel », in Institut Charles de Gaulle (dir.), *De Gaulle en son siècle*, t. II : *La République*, Paris, Plon / La Documentation française, 1992, p. 500.

III

CRITIQUE

Introduction

Il faut partir des catégories qui ont été retenues dans la première partie de ce travail pour critiquer le populisme. Cette critique devant être menée sur deux plans : en termes théoriques pour traiter de la vision populiste, et en termes historiques pour analyser « le populisme en actes » tel qu'il peut être appréhendé à partir des pratiques des régimes populistes existants. On pourrait parler dans ce cas du *populisme réel*, par analogie avec la formule autrefois utilisée de « socialisme réel » pour qualifier les régimes communistes dans leur écart aux principes revendiqués. Dans ces deux dimensions, cette critique a déjà commencé à être de fait entreprise dans les pages précédentes de l'ouvrage. D'abord parce que les termes dans lesquels ont été exposées les trois histoires de précédents moments populistes la dessinaient en creux (c'était particulièrement le cas avec l'analyse du césarisme français). Mais également parce que l'élaboration de la notion de démocratie limite, et l'analyse de la position du populisme en regard de celle-ci, a commencé à mettre en place un cadre conceptuel d'ensemble susceptible d'éclairer la catégorie même de populisme.

Cette partie donne plus précisément corps à ce cadre autour de deux axes majeurs. Celui de la conception du fonctionnement démocratique en premier lieu, l'accent étant mis sur la question du référendum (parce que cette procédure a trop rarement fait l'objet d'études de fond) et sur celle de la polarisation démocratique, avec la critique des corps intermédiaires qu'elle implique. Est aussi traité dans ces pages le type d'analyse de la société qui oppose les 1 % aux 99 %, avec la présupposition sous-jacente de l'existence d'un peuple-Un. Dans le prolongement de ces pages est traitée la question des conditions dans lesquelles un régime populiste devient une démocrature, une place centrale étant donnée aux notions de réversibilité et d'irréversibilité ; l'irréversibilité marquant le basculement d'une démocrature populiste vers une forme de régime dictatorial traditionnel.

La critique d'une dimension importante du populisme, le national-protectionnisme, n'est pas traitée ici. Pour une raison de compétence : je ne maîtrise pas assez ce domaine économique pour argumenter en la matière et formuler des remarques pertinentes. Mais je suis en même temps frappé par le fait que la portée « technique » de la question apparaît secondaire relativement à sa dimension proprement politique dans la rhétorique populiste. C'est en effet une prise de position en matière de souveraineté nationale qui est ici d'abord en jeu ; car le populisme est bien au premier chef un souverainisme. Sur ce terrain juridique et politique, il est utile de souligner le caractère aussi idéaliste que formaliste de la définition implicite de la souveraineté contenue dans cette vision nationale-protectionniste. La souveraineté est en effet entendue là comme exercice d'une volonté illimitée qui se détermine elle-même[1]. Elle est appréhendée comme inscrite dans un jeu à somme nulle. Aucun droit international ne pourrait être fondé si tous les États adoptaient cette définition purement théorique de la souveraineté comme un

1. Superposant donc les deux notions juridiques classiques de *dominium* (propriété absolue) et d'*imperium* (pouvoir supérieur).

statut, un attribut indivisible et absolu. Elle est pour un État aussi idéaliste que la définition libertarienne de la liberté pour un individu. Dans les deux cas, c'est de façon réaliste et instrumentale qu'il faut penser les choses, en termes de *capacités effectives* d'action d'un pouvoir ou d'un individu. Capacités définies pour un État en termes de protection des citoyens, d'organisation de la paix civile, d'intégration de tous dans la communauté, de constitution d'une société d'égaux ; et pour les citoyens, de droits, de garanties et d'allocations. Dans ce cadre, on peut par exemple estimer ou non que l'appartenance à l'Union européenne est de fait plus protectrice pour les citoyens que ce que pourrait garantir un État isolé. La question de la souveraineté peut être inscrite là dans un jeu à somme positive. Les échanges d'arguments peuvent en tout cas être solidement constitués dans ce cadre. Alors qu'une conception métaphysique de la souveraineté ne peut s'adresser qu'au registre des croyances et des passions, avec la possible impuissance qui en découle, comme l'a tragiquement montré l'exemple du Brexit.

1

La question du référendum

L'éloge du référendum occupe une place centrale dans la rhétorique des populismes contemporains. Celui-ci est présenté comme un des moyens les plus évidents et les plus pertinents de réenchanter la démocratie et d'offrir une réponse à l'essoufflement universellement constaté des procédures et des institutions représentatives-parlementaires traditionnelles. Un tel appel à mettre en place des formes d'intervention directes du peuple a une longue histoire. Si l'usage du terme de « référendum » ne s'est imposé qu'à partir de la fin du XIXe siècle[1], la chose avait depuis longtemps été théorisée et mise en pratique. Sans même rappeler les multiples exemples, parfois fort anciens, de décisions prises par des assemblées réunissant les membres de différents types de communautés, c'est dès le moment des révolutions française et américaine que le recours à des formes de démocratie directe avait été largement discuté et mis en œuvre,

1. Il n'a longtemps eu qu'un sens diplomatique. Donner son accord *ad referendum* voulait dire que celui-ci devait être validé par une consultation de ses mandants (« après s'être référé à eux »).

en matière de ratification constitutionnelle au premier chef. On avait alors employé les mots de « ratification populaire », de « plébiscite », de « ratification par la volonté générale » dans le cadre des interrogations de la période sur les modalités adéquates d'exercice de la nouvelle souveraineté reconnue au peuple. C'est ensuite à chaque fois que ressurgiront des flambées d'antiparlementarisme et des dénonciations de la confiscation de la démocratie par les élus que la question du référendum sera remise à l'ordre du jour. Dans le cas français, la Constitution de la Ve République a consacré sa légitimité en notant que la souveraineté du peuple « s'exerce par ses représentants et par la voie du référendum » (article 3) ; et le nouveau régime y a eu recours à plusieurs reprises.

Mais le référendum n'a cessé en même temps d'être considéré avec suspicion. En lui se sont souvent mêlés la reconnaissance spontanée d'une évidence et le sentiment diffus d'un caractère problématique. D'où les restrictions qui le canalisent aujourd'hui presque partout ou la limitation de son champ de validité (aux États-Unis, si les pratiques référendaires sont solidement installées dans une trentaine d'États, elles n'ont par exemple pas droit de cité au niveau fédéral). Cet embarras a deux visages. Il peut d'abord renvoyer à une sourde défiance de fait vis-à-vis du suffrage universel lui-même, ou bien traduire une simple perplexité pour définir les formes adéquates d'une démocratie plus directement active ; le problème étant que ces deux dimensions se mêlent souvent confusément.

On peut parler dans le premier cas de critique « aristocratique » du référendum. Il est en effet frappant de constater qu'une large part des jugements négatifs sur l'usage du référendum reprennent les éléments de langage et les arguments qui étaient au XIXe siècle ceux des adversaires du suffrage universel, que celui-ci soit repoussé en son principe, ou jugé comme prématuré du fait du manque d'éducation du peuple. C'est toujours cela qui ressort de nos jours quand le référendum est stigmatisé comme instrument problématique, favorisant une expression non canalisée des passions et des préjugés spontanés des masses. « Arme de frustration massive », instrument livré à « la météorologie des humeurs et des états d'âme », vecteur du « caprice de l'instant », procédure aux effets immaîtrisables (« Ne sommes-nous pas en train d'allumer avec la mèche du référendum un incendie impossible à maîtriser ? » avait typiquement demandé dans les années 1990 une personnalité politique française) : le référendum est à travers ces formules sempiternellement ressassées par ceux qui le redoutent la procédure qui tournerait en son principe le dos à toute perspective de politique rationnelle. Dénoncer le risque référendaire n'est dans tous ces cas qu'une façon euphémisée d'afficher son scepticisme démocratique. Ou bien de s'affirmer partisan d'une version minimaliste de la démocratie comme simple régime de l'État de droit et de la possibilité de choisir et/ou de renvoyer les dirigeants d'un pays.

Voir les choses de cette façon, c'est d'abord oublier que la démocratie est en son principe même toujours menacée de se dégrader en démagogie lorsque le peuple-corps civique s'efface derrière son double déformant de foule gouvernée par les passions de l'instant. La démocratie ne peut vivre qu'en affrontant lucidement ce risque structurel. Ce qui invite à ne pas succomber à la tentation de l'exorciser en le niant aussi bien qu'à considérer le combat perdu d'avance. L'idéal démocratique n'a ainsi jamais séparé le principe de la souveraineté du peuple de l'impératif de former des citoyens lucides et informés. Il faut en effet comprendre la démocratie comme *le régime de la libre condition humaine*, avec toutes les possibilités et les pesanteurs qui en dérivent. Démoniser le référendum revient pour cela à se fermer les yeux sur le fait que la démocratie est toujours en même temps le problème et la solution de l'organisation d'une communauté humaine. Il est plus utile d'explorer précisément les difficultés que peut poser son usage pour déterminer les conditions d'un exercice positif d'une souveraineté plus directe et plus active du peuple. Le problème est que cette exploration n'a jamais été conduite de façon systématique. D'où l'utilité de proposer dans ces pages l'esquisse de ce que devrait être une *théorie démocratique* critique du référendum, au-delà des traditionnelles appréhensions

« libérales » des limites de celui-ci. C'est seulement dans cette perspective que cette procédure peut être valablement discutée de façon constructive. Critique « interne » à la visée d'un idéal démocratique renforcé et renouvelé qu'il convient aussi d'accompagner d'une réflexion sur les voies alternatives de développement des fonctionnalités démocratiques généralement attribuées à la procédure référendaire par ses avocats.

Si le référendum présente l'avantage de permettre aux électeurs de trancher par eux-mêmes une question, cette évidence positive doit ainsi être modulée et reconsidérée par la prise en compte d'un certain nombre de ses implications qui ont à l'inverse un effet négatif du point de vue de ce même projet d'approfondissement démocratique. On peut distinguer dans cette mesure quatre angles morts de l'usage du référendum au regard d'une théorie de la démocratie. Il tend d'abord à dissoudre la notion de responsabilité politique. Il implique de fait, ensuite, une confusion dommageable entre la notion de décision et celle de volonté en politique. Il s'accompagne, en troisième lieu, d'une secondarisation de la dimension délibérative de la démocratie. Il sacralise enfin le fait majoritaire en tendant à lui donner une dimension d'irréversibilité. D'un point de vue que l'on pourrait dire plus « technique », l'expression référendaire, par son caractère binaire, reste en outre silencieuse sur la question de la traduction normative du choix effectué (ce qui a par exemple eu les conséquences que l'on sait à la suite du vote britannique sur le Brexit).

La dissolution de la notion de responsabilité

Une des caractéristiques les plus indiscutables d'un pouvoir démocratique est d'être responsable devant les citoyens, c'est-à-dire d'être appelé à leur rendre des comptes, et d'être éventuellement récusé par eux. L'élection peut ainsi alternativement légitimer et sanctionner, choisir une personne pour exercer une fonction déterminée et la renvoyer. De façon plus large, la responsabilité repose sur l'idée d'un contrôle, c'est-à-dire d'un *rapport* distinguant deux pôles séparés. On est toujours responsable vis-à-vis de quelqu'un d'autre. En démocratie, ce rapport est défini par la reconnaissance d'une dépendance des gouvernants vis-à-vis des gouvernés, gouvernants dont le pouvoir est en ce sens limité : ils agissent sous les ordres du peuple souverain. L'exercice d'une responsabilité suppose pour cela une séparation entre les deux et une autonomie relative des premiers vis-à-vis des seconds. On voit dans ce cas de figure que le principe représentatif n'est pas seulement de l'ordre d'une délégation de souveraineté techniquement nécessaire (le peuple assemblé ne peut être une instance de gouvernement permanent), mais qu'il conduit aussi à introduire une *dimension de réflexivité* dans le fonctionnement politique, dimension constitutive de l'exercice effectif d'une responsabilité. La souveraineté du peuple peut ainsi s'affirmer *de façon continue*, mais sur un mode indirect. Sa souveraineté directe ne s'exprime, elle, que de façon intermittente dans le moment électoral pour instituer et réguler ce mode spécifique de continuité.

Lorsque le peuple prend lui-même une décision, il ne peut, à l'inverse, se retourner contre qui que ce soit ; ses décisions sont sans appel puisqu'il n'y a rien au-dessus de lui. Le peuple-corps civique est par construction irresponsable, puisqu'il est la puissance créatrice d'un ordre politique donné. Lorsque le résultat d'un vote n'entraîne pas les conséquences attendues, il se trouve donc désarmé. Si des responsables politiques trompent leurs électeurs, ceux-ci ont la possibilité de les sanctionner. Mais les électeurs ne peuvent pas poursuivre ceux qui l'ont incité à s'exprimer dans une certaine direction à l'occasion d'un référendum. C'est ce qui s'est passé en Grande-Bretagne après le vote du Brexit. Les personnalités politiques qui ont animé la campagne pour sortir de l'Union européenne se sont ensuite retirées sur leur Aventin, abandonnant les électeurs à l'expression de leur souveraineté ; ils n'étaient, eux, responsables de rien[1].

1. Cette irresponsabilité n'existe pas lorsqu'un Parlement exprime un vote de défiance vis-à-vis d'un gouvernement. Dans un système parlementaire, cette

La prise en compte de cette dimension n'invalide pas le principe même du référendum, mais elle invite à en préciser les objets et les modalités de telle sorte qu'il ne s'applique pas à des cas qui conduiraient à réduire le peuple à l'état de souverain impuissant ; situation qui pourrait miner la foi dans la démocratie et contribuer à l'avènement d'un régime autoritaire. C'est aussi dire que le domaine privilégié de l'expression par référendum doit être celui de la création d'un ordre politique, c'est-à-dire de la mise en place d'une Constitution. Le peuple est en effet dans ce moment exceptionnel de l'expression d'un pouvoir constituant une figure vivante pleinement adéquate à son concept.

Un détour par la centralité donnée à la notion de pouvoir constituant pendant la Révolution française permet de comprendre cette spécificité et de considérer donc sous un angle éclairant la question du référendum. Cette centralité tenait à ce qu'il apparaissait alors comme la modalité la plus exemplaire d'une démocratie immédiate. Et c'est bien à l'aune de cette dernière que n'a cessé d'être pensée la question du gouvernement populaire pendant cette période : elle rendait en effet sensible l'idée que le peuple était une réalité qui faisait clairement sens et prenait avec évidence forme. La référence à une démocratie immédiate était ainsi théoriquement plus centrale que ce qui était de l'ordre d'un appel à une démocratie directe. Si la démocratie directe refuse la délégation, le principe d'une action et d'une parole pour autrui, la démocratie immédiate, quant à elle, repousse l'interface, c'est-à-dire l'institution ou la procédure qui contribue fonctionnellement à une formation de l'expression collective. La démocratie directe vise à éliminer « techniquement » les mécanismes de substitution qui mettent le représentant à la place du représenté, tandis que la démocratie immédiate rejette, de façon plus « philosophique », toute réflexivité du social (au sens où elle ne considère pas que la mise en forme et l'expression du social

censure entraîne en effet automatiquement la chute de ce gouvernement, et elle oblige simultanément l'opposition à constituer une alternative.

présupposent l'intervention d'une position réfléchissante). C'est de là qu'a procédé pendant la Révolution française la stigmatisation des partis et des corps intermédiaires : ils étaient accusés de corrompre structurellement la volonté générale en tendant insidieusement à biaiser son mode de formation spontané, jugé le seul authentique. D'où l'idée alors fondamentale que l'expression populaire légitime est de l'ordre d'une « électricité morale », vecteur authentique d'une manifestation unanime. Radicaux et modérés ont adhéré pendant cette période à un rousseauisme diffus de ce type.

Cette vision des choses a alors été indissociable de la perspective d'une identification structurelle de la souveraineté populaire à une entreprise d'auto-institution du social. D'où la fascination pour le pouvoir constituant comme modalité exemplaire de l'idéal démocratique. Car lui seul est un pouvoir radicalement créateur parce qu'originaire, expression d'une volonté surgissante, puissance nue que rien ne conditionne. Ce sont les caractéristiques qu'avait soulignées Sieyès au début de 1789 pour justifier l'entreprise de rupture créatrice de sa génération. Avec le pouvoir constituant, notait-il, « la réalité est tout, la forme n'est rien[1] ». Il est « la volonté nationale [...] qu'on ne peut soumettre à aucune forme, à aucune règle[2] ». Ce pouvoir constituant, a-t-on dit en une extraordinaire formule, est ainsi « la version sécularisée du pouvoir divin de créer un ordre sans y être soumis[3] » (Sieyès distinguait un tel pouvoir extraordinaire du pouvoir constitué, consistant, lui, en l'exercice plus routinier de la souveraineté collective par les représentants élus). Un siècle plus tard, Carl Schmitt avait théorisé dans des termes voisins sa fascination pour ce pouvoir constituant. Pour l'auteur de la *Théologie*

1. Sieyès, *Qu'est-ce que le tiers état ?* (1789), Paris, PUF, 1982, p. 71.

2. Sieyès, *Quelques idées de constitution applicables à la ville de Paris*, juillet 1789, p. 30. « Le pouvoir constituant, écrit-il encore, peut tout en ce genre [...] » (*Préliminaire de la Constitution française*, juillet 1789).

3. Formule du juriste Ulrich Preuss, citée par Claude Klein, *Théorie et pratique de pouvoir constituant*, Paris, PUF, 1996, p. 4.

politique, ce dernier était la manifestation irréductible et vitale d'une existence[1]. Décider, a-t-on justement remarqué, voulait d'abord dire chez lui décider de son existence[2], la volonté n'étant rien d'autre que la manifestation non séparée de cette existence. « Le pouvoir constituant est une volonté politique, c'est-à-dire un être politique concret », résumait Schmitt en proposant sur ce mode une autre vision d'un pouvoir social immédiat.

L'horizon d'une telle immédiateté a également sous-tendu au XXe siècle la perspective communiste d'un « État du peuple tout entier[3] ». La prétention à avoir instauré un pouvoir-société, et donc à avoir en quelque sorte « éternisé » le moment constituant, a en effet été au cœur de la rhétorique totalitaire. D'où la justification conséquente du parti unique comme simple « forme » d'une classe objectivement homogène, parfaite expression de la généralité sociale. Il n'y a même plus de distinction possible, dans ce cas, entre démocratie directe et démocratie représentative. Le fondateur du Parti communiste français avait ainsi estimé en des termes surprenants que le régime soviétique était « la seule forme connue d'une *représentation directe* [*sic*] du prolétariat dans son ensemble[4] ». Il est d'ailleurs frappant de constater que les régimes communistes, en même temps qu'ils formulaient cette prétention à avoir substantiellement édifié un pouvoir démocratique immédiat, mettaient un grand soin à présenter les apparences d'une démocratie électorale ayant aussi arithmétiquement réalisé l'idéal d'unanimité. Les procédures représentatives y avaient été tellement améliorées, disaient

1. Cf. sa *Théorie de la Constitution*, Paris, PUF, 1993 (« Le pouvoir constituant », chap. 8 de la dernière partie).

2. Cf. sur ce point le commentaire convaincant de Bruno Bernardi, *Qu'est-ce qu'une décision politique ?*, Paris, Vrin, 2003, p. 86-100.

3. Cf. Jean-Guy Collignon, *La Théorie de l'État du peuple tout entier en Union soviétique*, Paris, PUF, 1967. Voir aussi Achille Mestre et Philippe Guttinger, *Constitutionnalisme jacobin et constitutionnalisme soviétique*, Paris, PUF, 1971.

4. Marcel Cachin, « Démocratie et soviétisme », *L'Humanité*, 17 août 1920. (C'est moi qui souligne.)

ces régimes, qu'il n'y avait plus de différences substantielles entre gouvernement direct et système représentatif. Leur propagande mettait par exemple volontiers l'accent sur la multiplication des réunions impliquant la quasi-totalité de la population. Les scores électoraux supérieurs à 99 % ne faisaient logiquement que corroborer *in fine* ces données. Les dimensions procédurale et substantielle de la vie politique étaient ainsi censées superposer parfaitement leurs qualités pour réaliser une démocratie immédiate.

Tout en repoussant ce type de prétentions destructrices de l'idéal démocratique au nom de son supposé accomplissement, il reste nécessaire de reconnaître la spécificité du pouvoir constituant comme figure fondatrice de la démocratie. Fondatrice et limite en même temps d'un pouvoir en son essence irresponsable puisque immédiat à lui-même ; et présentant pour cela un caractère devant rester exceptionnel. D'où le problème posé par la tentation de sa banalisation, sauf à lier celle-ci à une *gestion* de questions tranchantes et ordinaires (sur le mode de ce que font des référendums locaux ayant un objet limité).

Décider n'est pas vouloir

Le référendum est une procédure démocratique de décision, une *votation*, dit-on dans la langue politique suisse. Cette forme de démocratie directe a longtemps été considérée comme étant d'usage exceptionnel pour une autre raison d'ordre purement technique : du seul fait de l'impossibilité matérielle d'y recourir de façon trop répétée, étant donné les contraintes matérielles et le coût d'organisation qui sont impliqués. Dès la fin des années 1970, cet obstacle technique a pourtant été considéré comme pouvant être dépassé grâce aux progrès prévisibles de l'informatique qui permettaient d'entrevoir la possibilité d'une consultation quasi permanente, à distance, des électeurs. On avait alors parlé de « démocratie électronique » pour qualifier l'entrée conséquente dans un nouvel âge de la démocratie directe. Ce qui n'était alors qu'une utopie serait aujourd'hui relativement facile à mettre en œuvre. On pourrait en effet techniquement organiser chaque jour une poignée de référendums sur divers sujets, les électeurs n'ayant pour cela qu'à s'exprimer en quelques clics *via* Internet. Serait-ce la voie d'un progrès démocratique ? Chacun sent bien que ce ne serait pas le cas. Pour la raison essentielle que cela conduirait inévitablement à prendre des décisions qui pourraient être contradictoires et mener à des formes de paralysie. Le problème ne serait d'ailleurs pas tant la versatilité des électeurs que le fait même d'une vie politique comprise comme une addition de décisions spécifiques. La politique consiste en effet au premier chef à construire des politiques, c'est-à-dire à poursuivre dans le temps des projets, à donner corps à des orientations dotées d'une certaine cohérence. C'est le sens qu'a la notion de *volonté*. Elle est une construction du temps long et se distingue en cela d'une décision dont l'expression et les effets sont adéquatement réalisés de concert et dans l'immédiat.

C'est la dimension représentative de la démocratie qui permet d'honorer cette exigence de cohérence dans le temps. Au-delà, là encore, de la dimension technique de délégation, l'élection de représentants inscrit en effet l'action politique dans la durée d'un mandat. Elle rend pour cela possible la conduite d'une politique. C'est une deuxième dimension de la fonction de réflexivité attachée au gouvernement représentatif. C'est de cette prise en compte instinctive (car souvent non théorisée) que procède dans de nombreuses Constitutions la limitation du type de questions qui peuvent être soumises à référendum. Au premier chef ce qui concerne la fiscalité, le domaine le plus évidemment concerné par la nécessité d'une cohérence entre les différentes interventions des pouvoirs publics[1]. Mais aussi les questions diplomatiques structurellement inscrites dans le temps long de la politique d'un État, pour ne prendre que deux exemples emblématiques.

1. Soulignons qu'en matière fiscale les majorités parlementaires, dans de nombreux cas, se voient elles-mêmes interdire de supprimer certains des impôts sans créer de nouvelles recettes fiscales équivalentes.

Il y a toujours, en démocratie, une tension structurelle entre volonté et décision, long terme et court terme, et le citoyen est lui-même partagé entre son impatience et son attente de stabilité ou de changement durable. En démocratie, les citoyens sont écartelés entre le désir de pouvoir reprendre à tout moment le contrôle d'un pouvoir élu et la demande que soient mises en œuvre de « véritables » politiques. L'écart de plus en plus fréquent entre les résultats d'un vote ayant amené des gouvernants au pouvoir et les variations consécutives de la confiance qui leur est accordée ne fait qu'exacerber cette tension. D'où la centralité de la discussion sur la durée des mandats et, parallèlement, les multiples propositions pour « rafraîchir » plus fréquemment l'expression électorale. C'est à quoi revient la réclamation de voir tenus des référendums ou la revendication de mise en place de procédures de révocation. Le référendum est donc considéré là comme un substitut à une fonction plus générale de contrôle et comme un moyen de purger la défiance. Modalité qui a l'inconvénient majeur de gommer la distinction entre décider et vouloir en démocratie.

La secondarisation de la délibération

Le propre d'un référendum est de proposer un choix binaire. Il s'agit de répondre par oui ou par non à une question qui est soumise aux électeurs. C'est le cas quelles que soient les conditions de formulation de celle-ci, que cela reste un privilège réservé au pouvoir exécutif (après consultation formelle du Parlement) comme dans le cas français[1] ou qu'elle résulte d'une initiative populaire. La campagne référendaire va donc être structurée par un échange d'arguments entre les partisans d'un oui et les défenseurs d'un non. Cette campagne peut s'avérer riche et vivante dans ce cadre, mais elle reste bornée par les termes du choix proposé. C'est une limitation qui peut se révéler catastrophique si ces termes

1. Même si existe aussi une procédure d'initiative dite « partagée ».

apparaissent progressivement problématiques dans le débat public. Car les choix binaires incontestables restent limités en dehors des actes de ratification constitutionnelle. L'histoire ne manque pas d'exemples sur ce point. On pourrait dire dans ce cas qu'une démocratie préalable de la délibération fixant les termes pertinents d'un choix a fait défaut. Les institutions représentatives n'ont pas cette limitation. Leur propre est en effet de lier l'élaboration d'une décision à la possible reformulation des termes de celle-ci dans le débat. C'est d'ailleurs pourquoi il a longtemps été commun de parler d'*assemblées délibérantes* à propos des parlements. Lorsqu'un projet est introduit, le dépôt d'amendements permet de fait de l'enrichir et de le préciser, de clarifier les oppositions qu'il suscite, de confronter les buts poursuivis avec les moyens qui vont être mis en œuvre pour y parvenir[1]. La démocratie s'exprime là autant dans ce processus d'échange et de confrontation, qui peut être fort long, que dans le moment final où l'on finit par trancher en adoptant ou en refusant un texte.

On peut parler à ce propos d'une troisième dimension réflexive des institutions représentatives qui fait défaut à la pratique référendaire. Le référendum met immédiatement en scène un affrontement qui dessine deux camps irréductibles, définitivement dessinés, alors que les débats parlementaires sont fondés sur l'idée qu'une recherche commune du bien public peut faire émerger de nouvelles solutions ou faire la place à des compromis à somme positive[2], l'idée n'étant d'ailleurs pas de valoriser *a priori* le consensus mais plutôt de tendre à clarifier les enjeux, en distinguant les malentendus qui peuvent être levés des divergences de fond qui vont rester présentes. La

1. Les dispositions constitutionnelles et les règlements des assemblées précisent partout de façon très détaillée le cadre d'un tel processus, que ce soit au niveau des commissions parlementaires spécialisées ou en assemblée plénière.

2. Voir sur ce point les bonnes remarques de Bernard Manin, dans B. Manin *et al.*, « Le référendum, un instrument défectueux », *Le Débat*, n° 193, janvier-février 2017.

démocratie peut impliquer l'affrontement, et elle l'implique structurellement dans des sociétés inégales et divisées, mais elle vise à en formuler les termes de façon adéquate.

Il est intéressant de rappeler sur ce point qu'un Rousseau avait théorisé la méfiance vis-à-vis de la délibération. Il craignait en effet que celle-ci ne perturbe l'expression de la volonté générale, fondée pour lui sur le sentiment instinctif qu'ont les citoyens de discerner le bien commun. Il avait été jusqu'à estimer dans cette perspective que l'idéal serait que les citoyens expriment leurs vœux « sans avoir aucune communication entre eux » et qu'ils se gardent « d'opiner, de proposer, de diviser, de discuter[1] ». À rebours de la vision délibérative d'un Condorcet, bien des acteurs de la Révolution française appréhenderont dans ces mêmes termes l'idéal démocratique. Un des commentateurs les plus écoutés de Jean-Jacques, qui sera un des plus violents dénonciateurs de « l'aristocratie représentative », l'abbé Fauchet, s'était fait l'un des principaux avocats d'une souveraineté directe du peuple. Il proposait pour cela que les lois[2] soient votées dans les assemblées primaires. Mais les termes dans lesquels il précisait les conditions de cet exercice étaient pour le moins surprenants. « Il ne doit s'agir, disait-il, que d'écouter la loi, et ensuite de dire oui ou non, selon son âme et conscience. On dira que c'est violer la liberté dans mon système que d'ôter celle de la discussion au peuple. C'est si peu la violer que c'est l'assurer en perfection : c'est empêcher que le procureur-syndic, le magister de village, le curé, le riche accrédité ne la viole. Le peuple en général n'exigera pas le droit de la discuter car il ne sait pas discuter. Les liseurs et les discuteurs liront, discuteront tout à leur aise chez eux, dans leur famille, chez leurs voisins. Mais le peuple ensemble n'a ni le temps ni la puissance d'entendre la fine et absurde politique des beaux esprits du canton. Il n'en a que faire, il n'en veut point,

1. Voir *Du contrat social*, livre II, chap. 3, « Si la volonté générale peut errer », et livre IV, chap. 1, « Que la volonté générale est indestructible ».

2. Que l'on imaginait peu nombreuses à l'époque.

il ne peut pas en vouloir. Le président de l'Assemblée prononcera distinctement chaque article de la loi, et prendra les voix par oui ou non[1]. » Cette longue citation fait bien comprendre comment étaient alors perçues les vertus d'une démocratie immédiate. Lorsque se multiplieront à l'été 1791 les projets pour organiser une telle ratification populaire des lois, c'était plus comme la mise en scène d'une liturgie que comme l'organisation d'un scrutin qu'on les avait envisagés. « Point de discussion », répétait-on, en célébrant l'idée d'une *acclamation populaire*. Tous rêvaient d'une volonté générale qui se manifesterait « d'une manière terrible, spontanée et unanime[2] ». Carl Schmitt reprendra ces antiennes de la façon que l'on sait un siècle et demi plus tard, liant son antilibéralisme radical à la célébration d'une démocratie d'acclamation opposée aux « démocraties discutantes » qu'il honnissait.

Les populismes contemporains ont manifesté leur attirance pour cette conception immédiate de la démocratie. On peut à l'inverse estimer que c'est dans l'extension des pratiques délibératives que doit surtout résider son renouvellement. Pour une double raison. Parce que la délibération a d'abord pour effet de produire de la citoyenneté sensible et raisonnée, et de faire reculer les simplifications qui obscurcissent les conditions d'institution du social, et la reconnaissance des divisions réelles qui constituent ce dernier. Mais aussi parce que la délibération peut permettre une participation vivante de tous à la vie publique. L'idéal de la participation est dans cette implication permanente, autant sinon plus que dans le nécessaire formalisme électoral. Il faut d'ailleurs rappeler qu'historiquement la démocratie directe dans les groupes de petite dimension s'est d'abord définie par le principe d'une réunion en assemblée.

1. *Seconde motion de M. l'abbé Fauchet, sur les droits des représentants et du peuple, faite à l'assemblée générale des représentants de la commune de Paris, le 25 novembre 1789*, s.l., p. 15.

2. Selon une formule due à François-Xavier Lanthenas (*Motifs de faire du 10 août un jubilé fraternel*, Paris, 1793, p. 19).

Ce sont l'*Agora* à Athènes, les *town hall meetings* en Nouvelle-Angleterre ou les *Landsgemeinde* dans les cantons suisses qui ont défini la démocratie. Dans ce cadre, le citoyen, celui qui participe à une assemblée et peut y faire entendre sa voix, est quelque chose de plus que l'électeur. Alors que la pente du référendum est de réduire le citoyen à l'électeur.

Une propension à l'irréversible

Lorsque le peuple s'exprime directement, sa voix lie la solennité d'une procédure à une certaine dimension d'irréversibilité. Si les gouvernements peuvent se succéder selon les fluctuations des majorités électorales et mener donc des politiques contradictoires, il n'en va en effet pas de même avec le résultat d'un référendum. Pour deux raisons. L'usage relativement exceptionnel du référendum, dans de nombreux pays, lui confère d'abord une sorte de gravité que n'ont pas les autres scrutins[1]. Mais plus encore parce que la notion de majorité n'a de fait pas le même sens lorsqu'il s'agit d'apprécier les résultats d'un scrutin référendaire et ceux d'un scrutin ordinaire. Une élection ordinaire, qui vise à sélectionner des personnes, fait intervenir tout un ensemble de facteurs d'appréciation des candidats, qui peuvent varier d'un électeur à l'autre. Le recours au jugement majoritaire est dans ce cas le dispositif procédural le plus simple, et le plus universellement admis de par son caractère arithmétique, pour trancher entre les préférences des électeurs : il a la vertu d'instaurer un nécessaire « pouvoir du dernier mot ». L'expression citoyenne peut être considérée dans ce cadre comme réversible, sans que cela pose de problème. Le jugement des électeurs sur les personnes et les projets variera en effet légitimement en fonction de la conduite et

1. Lorsqu'ils sont beaucoup plus fréquents, leur banalisation est aussi liée au fait qu'ils traitent souvent des questions d'intérêt local. Voir le cas des votations au niveau cantonal en Suisse ou bien les multiples référendums organisés chaque année dans la plupart des États de l'ouest et du centre des États-Unis.

des résultats des gouvernants, au gré de leurs déceptions et de leurs attentes. La notion de majorité peut donc être considérée dans ce cas comme étant structurellement variable sans que cela altère l'idéal démocratique ; c'en est même au contraire une des données. Une élection de personnes implique en effet une *médiation du jugement*, l'appréciation objective des programmes étant toujours inextricablement mêlée à des considérations subjectives sur les personnes. Un électeur dont le vote change d'orientation au fil des scrutins considère ainsi souvent qu'il ne se contredit pas : ce sont à ses yeux les situations qui ont changé et les femmes et les hommes politiques qui ont évolué[1]. Les majorités électorales sont pour cela fluctuantes ; et elles le deviennent d'autant plus que l'électeur ne se détermine plus en fonction d'identités sociales bien établies[2].

Ce n'est pas la même chose avec un référendum. Les citoyens participent dans ce cadre à l'expression de la volonté générale, leur jugement s'applique directement à une chose. Un vote n'est pas de même nature qu'une élection. Le principe de majorité n'est donc pas là de l'ordre d'une *commodité procédurale* : il a une dimension *substantielle*. La majorité *est* la volonté générale dans ce cas, sous les espèces d'un peuple-Un de fiction[3]. Ce trait de fiction démocratique s'applique certes aussi à l'élection de personnes comme technique de sélection, mais il est dans ce cas relativisé par l'idée d'alternance démocratique : le peuple peut être considéré de cette façon comme la superposition des visages que prennent les majorités successives. La fiction est là relativisée par la donnée de cette pluralité. Alors qu'elle

1. Les électeurs qui considèrent qu'ils sont passé de gauche à droite pour rester fidèles à leurs idées sont typiques de cela.

2. Au temps de la politique identitaire, l'évolution des votes et donc des majorités était en grande partie indexée sur les grandes évolutions de la société.

3. Cette qualité spécifique se traduit par le fait que les lois votées par le peuple par le biais de la procédure référendaire ne peuvent pas faire l'objet d'un contrôle de constitutionnalité *a posteriori* (comme l'a reconnu en France le Conseil constitutionnel), puisqu'elles sont l'expression directe du souverain. La question d'un contrôle *a priori* restant cependant ouverte.

est nue dans le cadre d'un référendum. D'où l'idée longtemps prévalente que c'est l'horizon de l'unanimité qui en constituait *in fine* la seule expression adéquate[1]. Dans le cas français, ses premiers usages en matière constitutionnelle pendant la Révolution française ont donné corps à cette ambition. Et le caractère exceptionnel de la procédure était par ailleurs réaffirmé avec l'idée que les révisions constitutionnelles ne pouvaient avoir lieu qu'avec l'avènement d'une nouvelle génération, un « nouveau peuple » surgissant de la sorte tous les vingt ans sur la scène politique[2], la réversibilité du résultat d'un référendum étant de cette façon strictement encadrée et limitée.

Ces remarques invitent à regarder avec suspicion la tentation d'assimiler le référendum à une modalité parmi d'autres de l'expression démocratique. En le banalisant, le risque est double. Il est d'abord de le dévaloriser en ne le reconnaissant pas dans la spécificité de son registre. Il est, d'un autre côté, de tendre à absolutiser le fait majoritaire, faisant perdre de vue qu'il n'est qu'une expression limite de la volonté générale, dont la reconnaissance doit donc se lier, nous allons y venir, à la mise en place d'instruments complémentaires d'approximation de celle-ci. Le danger est ainsi à la fois de banaliser l'exceptionnel et de radicaliser la banalité dans le fonctionnement démocratique. Il faut donc maintenir avec soin la distinction entre démocratie d'exercice et démocratie d'institution, la pratique référendaire s'appliquant de façon plus spécifique à cette dernière. De même qu'il serait nécessaire de distinguer le principe majoritaire comme technique de décision et le principe majoritaire comme expression approchée de la volonté générale. Dans le premier cas, la simple majorité arithmétique s'impose à l'esprit, car elle est un

1. Je renvoie sur ce point aux développements historiques que je consacre à la question de l'unanimité dans *La Légitimité démocratique. Impartialité, réflexivité, proximité*, *op. cit.*, p. 34-40.

2. Voir notamment tous les débats de 1791 sur les conditions « démocratiques » d'une révision constitutionnelle.

instrument simple et efficace pour départager des concurrents. Mais, dans le second cas, on peut penser que pourraient être requises des majorités plus qualifiées (autour de deux tiers des votants par exemple) afin de traduire plus adéquatement un sentiment général de la population. L'élection d'une personne peut légitimement se jouer à une voix près, mais pas la volonté générale ! Ces remarques conduisent parallèlement à souligner qu'un tel renforcement de la solennité d'un référendum, consacrant sa dimension d'irréversibilité relative, est indissociable d'un processus enrichi de délibération, consacrant l'importance spécifique de ce type de vote[1]. Et elles invitent aussi à se méfier des *référendums de substitution* (dont celui qui a conduit en Grande-Bretagne au Brexit constitue un bon exemple). Référendums qui font appel au peuple quand les gouvernants s'avèrent incapables d'exercer leur responsabilité en prenant une décision. C'est pourquoi on pourrait aussi les qualifier de référendums de démission.

Le silence sur la portée normative des référendums

Le référendum tranche entre deux propositions. Mais il n'indique pas forcément les conditions de mise en œuvre de l'option qui a été retenue. La question n'a pas d'importance si cette mise en œuvre est contenue dans la question. Si un vote sur la peine de mort est par exemple organisé dans un pays qui la compte dans son arsenal pénal, une réponse négative s'applique directement[2]. Même chose en matière de consultation sur un texte constitutionnel : le oui ou le non mettent un point final au débat, car le vote superpose parfaitement l'affirmation d'un choix et ses conditions d'application. C'est

1. On peut considérer sur ce point comme exemplaire le référendum sur l'autodétermination en Nouvelle-Calédonie qui avait prévu dès 1988 qu'il soit précédé de trente ans de réflexion des différentes communautés en présence.

2. Avec la seule restriction d'obligations internationales (celles contenues dans la Déclaration européenne des droits de l'homme par exemple).

un vote-décision. Mais il n'en va pas toujours de même. Il arrive que le vote ne donne aucune indication sur sa portée normative, celle-ci devant alors être « fabriquée » par les institutions représentatives et/ou les gouvernements[1], pouvant du même coup conduire à déposséder les citoyens de leur vote. Il y a des exemples célèbres en la matière. En 2014, les électeurs suisses avaient ainsi massivement répondu « oui » à la question « Acceptez-vous l'initiative populaire *Contre l'immigration de masse* ? » (initiative dont le parti de M. Blocher avait été l'instigateur). Mais ce vote ne donnait aucune indication sur la mise en œuvre du résultat, et c'est le Conseil fédéral qui avait alors, selon des règles fixées par la Constitution, repris la main en étant chargé de déterminer les conditions dans lesquelles des étrangers pouvaient être admis à travailler en Suisse (règles dont le Conseil reconnaîtra en outre qu'elles étaient contraintes par les accords frontaliers et le rapport à l'Union européenne). En France, c'est le référendum de 2005 sur la ratification du projet constitutionnel européen qui soulèvera la même difficulté, le « non » ne donnant aucune indication sur la marche à suivre pour sa mise en œuvre (sortir de l'Union ? Demander une nouvelle négociation dont on savait qu'elle ne serait pas acceptée par les autres États membres ?). La solution sera trouvée sous les espèces d'un tour de passe-passe, les éléments du projet constitutionnel étant repris deux ans plus tard dans ce qui avait été ravalé au niveau d'un simple traité (de Lisbonne), lui-même ratifié en 2008 par le Parlement national. Cette solution sera à juste titre largement perçue comme un contournement de la volonté populaire. Mais c'est en même temps l'organisation et les termes du référendum qui avaient été irréfléchis (sans compter le fait d'avoir appelé « constitution » un texte qui n'en présentait pas les caractéristiques). Plus récemment,

1. Je suis dans cette analyse les remarques éclairantes de Dominique Rousseau dans « L'équivoque référendaire », <laviedesidees.fr>, 22 avril 2014 (reprise d'un exposé fait dans le cadre de mon séminaire de 2014 au Collège de France consacré aux théories et pratiques du référendum).

en Grande-Bretagne, c'est le vote du Brexit qui a pu être analysé dans ce même cadre conceptuel, le Parlement se trouvant incapable de donner corps à la réponse populaire, tant les formes que pouvait prendre ce principe du Brexit laissaient la place à des interprétations contraires.

Dans ces trois exemples, la question posée a conduit à donner aux électeurs le sentiment qu'ils avaient été floués et dépossédés de leur souveraineté. La faute en incombe d'abord à ceux qui ont posé la question en des termes qui n'indiquaient aucune alternative pratique. Dans le cas suisse, le promoteur du référendum avait d'ailleurs surtout visé à accomplir un « coup politique », l'initiative qui avait lancé le processus étant beaucoup plus un acte de propagande que l'équivalent d'un acte positif de gouvernement. On pourrait d'ailleurs dire que ces différents référendums avaient plus généralement un caractère dissymétrique, au sens où ils proposaient un choix entre un *statu quo*, parfaitement appréhensible donc, et un vote de rupture, invitant de façon globalement indéterminée à « changer de politique » sur un sujet donné. Un « bon référendum » supposerait au contraire que les deux options au choix aient un même statut de positivité.

La dépossession démocratique paradoxale du référendum

En accroissant l'intervention directe des citoyens, l'usage du référendum conduit à réduire et à dévaloriser le pouvoir législatif. Il contribue du même coup mécaniquement à renforcer le rôle de l'exécutif et à mettre en place un régime paradoxalement hyperprésidentiel. Développé à une certaine échelle, le référendum tend ainsi à instaurer un face-à-face privilégié entre le peuple et le prince. Avec le populisme, il fait de la sorte système avec l'idée de représentation-incarnation. Le peuple-roi d'en bas et l'homme-peuple d'en haut se renforcent mutuellement, le risque, historiquement avéré, étant que le second s'impose au premier au nom de la nécessité de le protéger de ses ennemis. C'est dans ce lien que s'exprime le ressort du césarisme comme modalité spécifique de la servitude volontaire. Il y a là une forme perverse de radicalisation « démocratique » sur laquelle il est important de porter l'attention.

Répondre aux attentes démocratiques sous-jacentes à l'idée de référendum

La prise en compte de ces différentes modalités d'inachèvement démocratique de l'idée de référendum invite à en circonscrire et à en préciser l'usage. Mais force est en même temps de constater que la « préférence pour le référendum » qui est au cœur de la rhétorique populiste correspond aussi à une projection sur celui-ci de tout un ensemble d'attentes par ailleurs non satisfaites. On pourrait parler dans ce cas de *béquille référendaire* ou de *référendum de substitution*[1]. Il n'y a donc pas de critique démocratique du référendum qui remplisse son objectif sans que soient prises en compte les fonctionnalités démocratiques dont on veut lui confier l'accomplissement. On peut notamment en distinguer trois : l'intervention citoyenne dans les affaires publiques sous les espèces de l'initiative ; le « rafraîchissement » ou la reformulation de l'expression électorale à travers des référendums qui ont pour conséquence de redonner plus souvent la parole au peuple ; les recours à une forme de démocratie directe pour remédier à ce qui est ressenti comme un déficit de représentation.

Nous reviendrons plus loin sur les solutions alternatives au déficit de représentation[2]. Considérons les deux autres dimensions. La

1. Cette fonction de substitution a été particulièrement visible en France dans les premières années de la Ve République. Comme de nombreux constitutionnalistes l'ont observé, les quatre référendums organisés de 1958 à 1962, revenant à contourner le Parlement, ont servi de substitut à une élection directe au suffrage universel du président de la République. Voir par exemple Laurence Morel, « La Ve République, le référendum et la démocratie plébiscitaire de Max Weber », *Jus Politicum*, n° 4, 2010.

2. Voir le chapitre « D'un peuple imaginaire à une société démocratique à construire ».

question de l'initiative est essentielle. Elle est souvent confondue en France avec celle du référendum, comme l'a montré l'écho rencontré par la notion de référendum d'initiative populaire (le fameux RIC). Mais elle s'en distingue pourtant, distinction reconnue dans de nombreux pays[1]. Si le référendum a pour but d'inviter les électeurs à faire un choix, l'initiative vise à mettre à l'ordre du jour une question. Cette opération procède alors d'une certaine manière du travail permanent de l'opinion dont des sondages, des mouvements sociaux ou des interactions sur les réseaux sociaux indiquent l'écho recueilli dans la population par certains thèmes. Mais l'initiative peut aussi être formalisée et institutionnalisée, de telle sorte que des problèmes soient obligatoirement inscrits à l'ordre du jour des assemblées ou de l'action gouvernementale à l'issue d'une certaine procédure, avec obligation pour les institutions concernées d'en débattre en interaction avec le public. Un tel droit d'initiative serait une façon de prolonger et de moderniser l'ancien droit de pétition au temps où il avait un statut constitutionnel[2]. Cela mettrait en place une démocratie plus vivante et plus responsable, dans laquelle la participation citoyenne pourrait être plus active et plus permanente, le rôle des institutions représentatives et la légitimité des gouvernements s'en trouvant en retour accrus. Cette fonction d'initiative a en effet l'avantage de pouvoir s'exercer de façon permanente sans s'user. Alors que le recours au référendum, outre les réserves que nous avons présentées, ne peut être que circonstanciel, la pratique montrant le danger de démobilisation citoyenne que comporte le recours trop répété à son usage. Il y a plus de vitalité démocratique

1. L'initiative populaire pouvant par exemple se limiter à rendre obligatoire l'inscription d'une question à l'ordre du jour parlementaire. De son côté, le référendum peut être d'initiative publique.

2. Dans bien des pays, le droit de pétition a en effet précédé le suffrage universel. Ce droit était constitutionnel non parce qu'il était assimilé à une modalité de la liberté d'expression, mais parce que les pétitions devaient être examinées par le Parlement et donner lieu à un débat public.

et de démocratie directe avec la pratique de l'initiative qu'avec celle du référendum, car les citoyens peuvent de cette façon toujours rester actifs, sans courir le risque destructeur de se voir réduits à une souveraineté d'impuissance.

On attend du référendum qu'il redonne la parole au peuple à un rythme plus fréquent que celui des calendriers électoraux. Mais on peut dire là aussi qu'il n'est pas l'instrument adéquat pour mettre en œuvre ce qu'on attend de lui dans ce domaine. C'est de façon générale d'une démocratie plus permanente que l'on a besoin pour surmonter le désenchantement démocratique contemporain. Une *démocratie interactive* dans laquelle le pouvoir soit réellement responsable, rende plus fréquemment des comptes, fasse évaluer son action par des instituts indépendants. Une démocratie qui organise *l'œil du peuple*, restant ouvert en permanence, et ne se contente pas de lui donner périodiquement la parole[1]. Parole qui se trouve d'ailleurs atrophiée quand elle se réduit à l'exercice du vote. Au lieu de penser que l'on peut purger la défiance par l'emploi du référendum, il est possible d'instituer plus positivement des mécanismes continus de production de la confiance. Il y aurait plus de véritable démocratie avec ces différentes procédures que dans ce qui n'est souvent que sa caricature grandiloquente.

1. Nous reviendrons sur ces points dans les dernières pages de l'ouvrage.

2

Démocratie polarisée *vs* démocratie démultipliée

En dénonçant le caractère non démocratique des autorités indépendantes et des cours constitutionnelles en tant qu'institutions qui ne sont pas validées par le suffrage universel, la vision populiste de la démocratie conduit paradoxalement à une forme d'absolutisation de la légitimation par les urnes. Absolutisation paradoxale pour deux raisons. Du fait du déclin de la performance démocratique des élections, un caractère qui s'est progressivement accentué. Mais au premier chef parce que le parti ou la coalition majoritaire qui emporte un scrutin ne peut pas être considéré comme une expression adéquate du peuple tout entier, du peuple entendu au singulier. Pour prendre la mesure de cette limitation, il faut partir du constat que se mêlent dans le vote démocratique deux éléments : une technique de sélection (ou de décision) et un principe de justification ; le problème étant que leur assimilation routinière a fini par occulter la contradiction qui sous-tend cette dualité. En tant que procédure de choix, la notion de majorité s'impose en effet aisément à l'esprit, car tout le monde peut s'accorder sur le fait que

51 est supérieur à 49. Mais il n'en va pas de même si on l'appréhende en termes sociologiques. Car la majorité désigne dans ce cas ce qui reste une fraction du peuple. Or la justification du pouvoir par les urnes a toujours renvoyé à l'idée de la formulation d'une volonté générale et donc d'un peuple figure de l'ensemble de la société. C'est seulement pour des raisons pratiques, car il faut bien finir par déterminer un vainqueur dans une élection, que l'on a fait comme si la majorité valait pour l'unanimité[1].

Fiction démocratique et horizon de l'unanimité

Cette fiction fondatrice[2] n'a jamais été pensée en tant que telle par les théoriciens de la démocratie. Pour la simple raison que les « pères fondateurs », qu'il s'agisse de façon emblématique d'un Jean-Jacques Rousseau ou des révolutionnaires américains et français, s'étaient tous inscrits dans l'horizon implicite d'une expression unanime des citoyens. Cette vision avait une longue histoire. Dans le monde antique, la réalisation d'une société unie et pacifiée définissait en effet déjà l'idéal politique. *Homonoia*, la déesse de la concorde, a ainsi été célébrée dans les cités grecques, et les temples à *Concordia* ont été édifiés dans le monde latin. Participer, dans ces différents univers, c'était d'abord s'affirmer membre d'une communauté, manifester une appartenance. D'où le rôle central joué par l'acclamation populaire à Rome. Elle exprimait l'idéal de consensus qui devait régner dans les cités comme dans l'Empire. Des « rituels d'unanimité » équivalents se retrouvaient alors aussi dans les univers germain et gaulois.

1. Sur la longue histoire des conditions dans lesquelles le principe de majorité s'est détaché de l'horizon de l'unanimité, il y a une très importante littérature. Je renvoie sur ce point à mon ouvrage, *La Légitimité démocratique. Impartialité, réflexivité, proximité*, *op. cit.*

2. Rappelons que, dans l'ordre juridique, une fiction a pour but de contrer ou de simplifier la réalité pour rendre celle-ci gouvernable.

Tacite et César ont décrit ces assemblées d'hommes en armes qui exprimaient leur approbation à une proposition de leurs chefs en agitant bruyamment leurs javelots, et rejetant à l'inverse par des murmures un avis qui avait déplu. Là aussi, c'est la foule qui consentait. Il n'a jamais été question de compter les voix dans ces univers. L'assemblée populaire n'était dans ce cas qu'une façon de tester et de réaffirmer la cohésion du groupe.

Cette culture politique de l'unanimité est ensuite restée profondément ancrée dans les esprits et on l'a retrouvée partout, que ce soit dans les communes italiennes du Moyen Âge en Europe, dans les pays musulmans avec l'insistance mise sur l'*igma'*, l'accord unanime de la communauté comme fondement des statuts légaux, dans le monde chinois avec la référence confucéenne à l'harmonie, ou aussi en Afrique avec la culture de la palabre. Elle a eu une dimension universelle. Dans ces différents univers, la notion d'unanimité n'avait aucune signification arithmétique, elle ne désignait pas ce qui résulterait d'un dénombrement : elle renvoyait essentiellement à une *qualité sociale*. L'unanimité définissait l'état d'une collectivité, elle caractérisait sa constitution, son enracinement dans la durée. Cette dimension a partout dessiné ce qu'on pourrait appeler l'horizon implicite des premières appréhensions de la participation populaire à l'expression de la vie collective. Participer à la vie de la cité, à l'origine, n'a jamais voulu dire prendre parti, manifester son opinion individuelle, afficher ses préférences pour un clan ou une faction. C'est au contraire contre une telle vision que nous qualifierons aujourd'hui de pluraliste-individualiste que s'est d'abord affirmé l'idéal civique d'inclusion et de participation. Dans tous ces univers, la vision unanimiste du consentement politique se nourrissait de la superposition d'une représentation de type communautaire de la cité et d'une absence de procédures destinées à prendre précisément la mesure du soutien accordé au pouvoir. Comme si l'impératif moral de la concorde et du gouvernement de l'intérêt général se surimposait en permanence aux considérations institutionnelles[1].

L'entrée dans des sociétés d'individus, qu'ont symbolisées à leur façon les déclarations américaine et française des droits de l'homme et du citoyen, et l'introduction concomitante de techniques électorales modernes inscrites dans la marche vers l'universalisation du suffrage, ont-elles entraîné une rupture avec cet ancien univers ? On aurait pu *a priori* le supposer, la formalisation et l'individualisation de l'expression politique conduisant en effet mécaniquement à l'adoption d'une vision plus arithmétique de la volonté générale ; donnant une consistance sensible au fait majoritaire dans des termes parfaitement lisibles par tous. Les idéaux d'une communauté unie ont pourtant survécu à l'introduction du droit personnel de vote.

Les conditions matérielles mêmes de l'exercice de ce droit de suffrage ont témoigné de la persistance de cet idéal unanimiste. Dans le cas français, ce sont l'interdiction des candidatures (pendant la période révolutionnaire) et la pratique du vote d'assemblée qui ont fait obstacle à la vision de l'élection comme compétition électorale, affrontement de personnes et d'idées. Il n'y avait en outre pas encore d'isoloir pour individualiser spectaculairement le vote (le système ne se répandra partout qu'au début du XXe siècle). Même après 1848, l'expression de votes quasi unanimes restera fréquente dans les campagnes de l'Hexagone, l'existence d'une bataille électorale étant assimilée à une maladie du corps social. Ce sera aussi longtemps la même chose au niveau local dans l'Amérique de la Nouvelle-Angleterre. L'esprit des *townships* y est resté fortement prégnant avec l'*ethos* égalitaire et communautaire qui le caractérisait. Si le respect du principe majoritaire était

1. Même Locke s'inscrivait encore en partie dans cet ancien monde, la distinction du consentement tacite et du consentement explicite restant chez lui fort imprécise, comme si elle ne revêtait qu'une importance secondaire à ses yeux.

partout affiché, le souci d'unité du groupe restait primordial. La « vraie » légitimité renvoyait ainsi toujours au fait d'un accord des esprits exprimant une perception communautariste du monde social. Outre-Manche, les rituels électoraux britanniques ont aussi participé d'un même esprit communautaire jusque dans les années 1860 (avant le deuxième *Reform Bill*).

Le fait même que la notion technique de majorité ne se soit que très progressivement imposée constitue à elle seule un indice de cette persistance du vieux dans le neuf. Un des principaux dictionnaires du milieu du XIXe siècle notait ainsi encore que le mot était « nouveau en politique[1] ». Il n'avait alors pas de sens précisément arithmétique : on l'assimilait à « la voix générale », à « l'assentiment du plus grand nombre ». Quand il était utilisé, c'était en effet surtout pour l'opposer au régime précédent du suffrage censitaire. Rappelons d'ailleurs que le mot était totalement étranger à la langue du XVIIIe siècle. Il n'y a pas d'article « majorité » dans l'*Encyclopédie* de Diderot et d'Alembert. Le terme *majority* qui a timidement fait son apparition dans le vocabulaire parlementaire britannique de la première moitié du siècle n'a pas alors été acclimaté en français. Dans son édition de 1814, le *Dictionnaire de l'Académie française* ne parlait toujours de majorité qu'au sens de « l'âge compétent pour jouir pleinement de ses droits ». Un *Dictionnaire démocratique* de 1848 allait même jusqu'à dire qu'il s'agit d'un « terme dangereux et sujet à fausse interprétation[2] ». Symétriquement, la notion de minorité était également perçue comme problématique. Elle était ressentie comme une sorte de défi ou d'anomalie dans l'univers démocratique. Elle renvoyait soit à la persistance d'un archaïsme, d'une rémanence du passé dans le présent, soit à l'expression d'une idée neuve qui n'était pas encore entrée dans les mœurs. Les minorités n'étaient donc pas

1. *Dictionnaire politique*, éd. par Pagnerre, Paris, 1842 (article « majorité »).
2. Francis Wey, *Manuel des droits et des devoirs. Dictionnaire démocratique*, Paris, 1848 (article « majorité, minorités »).

définies comme des positions politiques, et encore moins comme des faits sociaux, mais seulement comme des « moments » dans une dialectique du développement et de la diffusion des idées. On les concevait donc structurellement passagères, destinées à s'étioler si elles représentaient des idées et des aspirations rétrogrades (« minorités du passé ») ou au contraire à s'élargir jusqu'à exprimer un jour le sentiment de la société tout entière quand il s'agissait d'idées nouvelles (on parlait alors de « minorités de l'avenir »)[1]. Ce n'était donc aucunement envisager cette notion de minorité dans une perspective de « normalité démocratique », dans laquelle des minorités persisteraient durablement dans le jeu politique, correspondant au fait d'une société divisée.

Les voies nouvelles d'expression de la volonté générale

Cette vision communautaire rémanente ne s'effacera que très progressivement. Dans ce cas français, il faudra par exemple attendre la fin des années 1880 pour que les républicains acceptent de considérer qu'il puisse y avoir des divergences structurelles en leur sein[2]. Différents facteurs contribueront alors à invalider cette vision unanimiste de la démocratie. L'avènement de sociétés de classes, d'abord, avec le développement d'un capitalisme producteur d'une fracture sociale fondamentale[3]. Mais au-delà même de

1. C'est la problématique développée dans l'article « minorité » du *Dictionnaire politique* de Pagnerre (Paris, 1842). À l'article « majorité » de ce dictionnaire, on lit significativement que « la majorité est une idée sociale, une foi sociale se manifestant par la voix du plus grand nombre ». Elle n'a donc aucun sens précisément arithmétique si l'on se tient à cette définition.

2. Sur cette reconnaissance de la division entre opportunistes et radicaux, voir les célèbres discours de Jules Ferry et de Waldeck-Rousseau, cités dans mon ouvrage *Le Peuple introuvable. Histoire de la représentation démocratique en France*, *op. cit.*, p. 179-180.

3. Il ne faut pas oublier que les révolutions américaine et française avaient fait irruption dans un monde précapitaliste, à un moment où on inscrivait

cette caractéristique, dont le socialisme espérait le dépassement, redonnant ainsi consistance à l'idéal d'une société-Une[1], c'est la transformation des sociétés qui amènera à les considérer d'une nouvelle façon. Elles deviendront d'abord culturellement plus diversifiées avec le recul du poids des religions qui avaient longtemps relié les hommes et les femmes entre eux. L'avènement d'une société d'individus plus autonomes, davantage capables de jugements personnels, allait aussi entraîner une plus grande variance des appréhensions du présent et de l'avenir. Au-delà même des écarts extrêmes de revenus et de patrimoines entre les 1 % les mieux lotis et le reste de la population, les différences de situation ont fait surgir des conflits de valeur et des divergences d'appréciation de la justice sociale. Les mutations de l'économie ont également entraîné de nouvelles formes de fragmentation distinctes des précédentes divisions. Des préférences électorales plus éclatées ont résulté de ces multiples distinctions, conduisant à une volatilité politique fragilisant les visions précédentes du principe majoritaire lui-même. Il en est partout résulté des victoires électorales acquises avec des avances très faibles, elles-mêmes liées à des taux de participation en déclin. La légitimation du fait majoritaire en a du même coup été atteinte. En même temps que reculait simultanément l'identification de la nature d'un pouvoir à ses conditions d'établissement, le lien de confiance tendait à s'éroder à un rythme de plus en plus accéléré après une élection. La partie valant pour le tout, et le sacre des urnes valant pour la durée des mandats : les deux présupposés sur lesquels avait longtemps été assise la légitimité d'un pouvoir ont ainsi été largement invalidés.

Avant d'examiner ce que pourraient être de nouvelles voies d'expression de la volonté générale, il convient de souligner que

l'avenir sous les espèces d'une société relativement égalitaire de petits producteurs indépendants.

1. La fin de l'exploitation ouvrant la voie à une société d'égaux, dont le totalitarisme incarnera la figure pathologique.

le principe de majorité a une utilité spécifique dans des sociétés divisées : celle d'arbitrer entre des intérêts divergents, de trancher entre des visions opposées à un moment donné. Si cette sphère de gestion des antagonismes a sa spécificité, elle n'invalide pas la notion plus large de volonté générale qui fonde l'idéal démocratique en l'enracinant dans le projet d'une histoire commune qui fait sens et à laquelle il faut donner forme. Le pouvoir de tous que la démocratie entend mettre au poste de commandement ne s'exprime en effet pas seulement sous les espèces d'un *peuple-nombre*, avec l'incomplétude dont témoigne sa manifestation arithmétique-électorale. Il peut aussi prendre deux autres formes. Celle du *pouvoir de n'importe qui*, d'abord, qui donne une pleine capacité de représentation sociale à l'individu lambda. Celle du *pouvoir de personne*, ensuite, qui appréhende négativement la démocratie comme le régime dans lequel le pouvoir ne peut pas être confisqué, « privatisé », par quelques groupes ou quelques individus que ce soit. La démocratie disqualifie en ce sens les prétentions ou les tentatives des oligarchies, des appareils partisans ou des groupes d'intérêt de s'approprier le pouvoir ; une majorité étant une réalité hybride représentant la modalité limite de cette expression (on pourrait dire d'elle qu'elle est « la plus acceptable » des minorités).

Le pouvoir de n'importe qui

Le pouvoir de n'importe qui peut prendre deux visages. En termes de représentation, cela veut dire que l'individu quelconque peut valoir pour le tout : il a un caractère éminemment représentatif de par son caractère aléatoire (caractère consacré quand il prend au pluriel la forme de ce qui devient un échantillon). Le tirage au sort est la procédure d'institution de cette qualité. Il est en effet fondé sur l'idée d'une égalité-capacité d'indifférence entre tous les citoyens. C'est une procédure qui valorise ce qu'il y a de commun entre tous les individus. Elle se distingue en cela de l'examen et du concours (qui visent à sélectionner des compétences spécifiques) ou de l'élection (qui procède à un choix selon des critères *a priori* indéterminés, chaque électeur étant maître de fixer ceux qui vont conditionner son vote). Cette spécificité du tirage au sort invite à lui donner toute sa place en démocratie, d'autant plus que le contexte contemporain a conduit à un appauvrissement de la capacité représentative des élus[1]. Avec le tirage au sort, les citoyens ayant une chance égale d'être choisis peuvent se considérer comme étant d'une même importance. Chacun (point de vue subjectif) et n'importe qui (point de vue objectif) peuvent dans ce cas s'identifier dans le nous collectif et le constituer.

Le pouvoir de n'importe qui réside par ailleurs dans le fait que chaque individu est reconnu comme aussi important que les autres dans la communauté. Cette reconnaissance prolonge et complète le *statut* d'électeur : c'est là en tant que titulaire de droits opposables qu'il participe au souverain. Sa puissance s'institue dans la protection de sa personne et la garantie de ses droits. Les cours constitutionnelles sont les gardiennes de ces droits et des protections qu'ils assurent. Elles participent ainsi de l'expression de la volonté générale en veillant à ce que tous les citoyens soient également importants dans la cité, avec ce que cela implique en termes d'autonomie et de capacité. Il faut par ailleurs souligner qu'en assurant le contrôle de la constitutionnalité des lois votées, ces cours ont une fonction de représentation de la volonté générale ; les constitutions sont en effet la mémoire de cette volonté générale, en même temps qu'elles en résument les principes organisateurs.

Les cours constitutionnelles donnent ainsi vie à ce j'ai précédemment appelé le *peuple-principe*, dont la figure n'a cessé de prendre de l'importance dans le nouveau monde de la singularité qui est le

1. Appauvrissement lié à ce qu'on pourrait appeler une « désociologisation » de la politique.

nôtre. Cette révolution sociologique a entraîné une transformation des rapports entre droit et démocratie, et donc entre contrôle de constitutionnalité et principe majoritaire. Il devient ainsi plus important que par le passé de faire valoir la pleine existence de ce peuple-principe dont le peuple sensible prend de plus en plus le visage. C'est une tâche qui revient tout particulièrement aux cours constitutionnelles parce qu'elles ont pour fonction de rappeler que le souverain ne se réduit pas à son expression électorale majoritaire, qu'il en déborde toujours la définition. Elles rendent tangible cet écart, obligeant à le prendre en compte et conduisant à instaurer une confrontation permanente entre les différents peuples démocratiques, celui des urnes et celui des principes tout particulièrement. Loin de se contenter de juger et de censurer, les cours constitutionnelles participent de cette façon à l'enrichissement de la démocratie. Elles inscrivent en outre cette dernière dans la durée. Le peuple-suffrage est en effet toujours appréhendé dans un registre de l'immédiateté, alors que le peuple-principe s'inscrit dans le temps long. Il s'identifie pour cela naturellement avec l'idée de nation. C'est un point que Sieyès avait fortement souligné pendant la Révolution française. « Les véritables rapports d'une constitution politique, écrivait-il alors, sont avec la nation qui reste, plutôt qu'avec telle génération qui passe ; avec les besoins de la nature humaine, communs à tous, plutôt qu'avec des différences individuelles[1]. » Figure abstraite de la souveraineté, la nation ne devient en effet sensible qu'à travers la mise en valeur et la pratique des principes qui la fondent. Elle a donc besoin d'un organe pour la représenter. C'est à cette tâche que contribuent aussi aujourd'hui les cours constitutionnelles. En termes fonctionnels, au-delà de leur attention à la cohérence de la production normative, elles contribuent à accroître le pouvoir citoyen en mettant en place un « régime concurrentiel d'énonciation de la volonté générale », selon la formule suggestive de Dominique

1. *Opinion de Sieyès sur les attributions du jury constitutionnaire* (18 thermidor an III).

Rousseau. En Amérique, c'est Jefferson qui avait développé le premier cette conception. Alors que Madison, en bon libéral, s'inquiétait d'abord des risques de débordement de majorités populaires, Jefferson considérait, lui, que le principal problème résidait dans « la tyrannie des législatures[1] ». Dans cette perspective, la *judicial review* pouvait être assimilée à un pouvoir populaire de résistance. Il appelait d'ailleurs dans la même veine à l'adoption d'une déclaration des droits, la comprenant comme un moyen de protéger les citoyens contre les possibles errements du gouvernement fédéral. Si le risque d'oppression est d'abord dans le gouvernement, ce qui limite ce dernier est donc un moyen de renforcer le pouvoir des citoyens. La règle de droit peut ainsi être appréhendée dans ce cadre comme équivalent à un mécanisme de démocratie directe[2]. Dans la France du printemps 1793, de nombreux projets avaient envisagé dans ces mêmes termes l'institution d'un jury national. Loin de brider le pouvoir populaire, celui-ci était conçu par certains comme « un moyen de garantir le peuple de l'oppression du corps législatif[3] ». Dans cette conception démocratique du contrôle de constitutionnalité, le pouvoir social se présente sous la forme d'une tenaille enserrant les gouvernants. Il les nomme en tant que pouvoir électoral direct, et il les encadre ensuite par le biais des juges constitutionnels. Les deux moyens convergent pour rendre le pouvoir législatif mieux contrôlé par la société. L'indépendance des juges vis-à-vis du pouvoir législatif permet donc indirectement de rendre celui-ci plus dépendant de tous.

1. Lettre à James Madison du 15 mars 1789, *in* Thomas Jefferson, *Writings*, New York, The Library of America, 1984, p. 944. La citation suivante est tirée d'une lettre du 31 juillet 1788.

2. Frank Michelman a invité de façon intéressante à appréhender ainsi le constitutionnalisme en considérant la superposition entre *law-rule* et *self-rule* (« Law's Republic », *The Yale Law Journal*, vol. 97, nº 8, juillet 1988, p. 1499-1503).

3. La formule est de Hérault de Séchelles, le rédacteur du projet final de la Constitution de 1793.

Le pouvoir de personne

On peut qualifier d'impartiale une institution au service de tous, indépendante de quelque intérêt particulier que ce soit. Dans un monde où se multiplient les lobbys et les tentatives de privatisation des biens publics, cette qualité d'impartialité incarne une dimension considérée comme essentielle de l'idéal démocratique d'un pouvoir collectif. Une telle légitimité d'impartialité se distingue de la légitimité électorale. Cette dernière s'appuie sur un type de généralité sociale conçue sur un mode numérique-agrégatif. L'impartialité est quant à elle référée à une généralité négative, constituée par le fait que personne ne peut bénéficier d'un avantage ou d'un privilège. Dans un monde divisé où le projet d'une généralité d'identification *positive-agrégative* ne fait plus sens avec évidence, la définition de l'intérêt général restant toujours incertaine, soumise aux pressions de multiples groupes, l'attachement à une forme de généralité *procédurale-négative* se renforce. On devient de plus en plus attentif à ce que la société soit gouvernée par des principes et des procédures fondés sur le projet d'une destruction des avantages particuliers et des accaparements partisans (c'est ce qui fonde aussi la dénonciation des lobbys et de tous les groupes d'intérêts qui visent à soumettre l'intérêt général à des fins privées). C'est la distance prise avec les intérêts particuliers qui garantit le plus adéquatement la poursuite de l'intérêt général dans ce cadre. Les autorités indépendantes de surveillance et de régulation sont structurellement destinées à réaliser ces objectifs. C'est d'ailleurs de cette façon qu'elles présentent une certaine parenté avec les institutions judiciaires, même si elles remplissent fonctionnellement des tâches beaucoup plus larges (de type exécutif et normatif). L'histoire de leur développement a témoigné de l'importance accordée à cette catégorie d'impartialité pour établir un gouvernement de l'intérêt général[1]. On avait alors parlé d'une institution au service des citoyens ordinaires.

Le projet démocratique renvoie dans ce cas à l'idée que le pouvoir doit aussi désigner un « lieu vide ». Claude Lefort a forgé cette expression suggestive[2] pour souligner que la démocratie ne pouvait pas seulement être définie comme le régime fondé sur le libre consentement des citoyens ; mais qu'elle devait simultanément être comprise dans des termes qui rendent impossible son accaparement par qui que ce soit ayant la prétention d'incarner la communauté tout entière des citoyens (ce qu'ont fait les totalitarismes sur un mode exacerbé). Si le pouvoir est bien la propriété indivise d'un sujet appelé le peuple ou la nation, ces derniers ne se manifestent en effet jamais concrètement dans leur unité, comme on l'a déjà souligné, et le risque est alors grand de voir des « voleurs de peuple » faire œuvre de séduction pour s'en prétendre les interprètes et les agents. L'expression de la socialisation du pouvoir sur un mode négatif constitue dans ce cadre une modalité complémentaire d'exercice de la souveraineté.

Des institutions démocratiques et pas seulement libérales

Les cours constitutionnelles et les institutions indépendantes de régulation ont souvent été décrites comme « libérales », au sens où elles protégeraient les individus des risques de tyrannie de la majorité. Il est vrai qu'elles ont de ce point de vue un « effet

1. La première de ces autorités, l'Interstate Commerce Commission (ICC), a vu le jour en 1887 aux États-Unis pour réguler les chemins de fer. Elle sera renforcée peu après, le gouvernement fédéral étant soupçonné de partialité en la matière, car le président élu en 1889, Benjamin Harrison, avait précédemment été l'avocat de grandes compagnies.

2. On la trouve notamment dans l'article « Le pouvoir » (2000), *in* Claude Lefort, *Le Temps présent. Écrits (1945-2005)*, Paris, Belin, 2007, p. 981-992.

libéral ». Mais il faut en même temps bien les considérer comme des institutions pleinement démocratiques, c'est-à-dire participant à la mise en œuvre d'une souveraineté collective. Leur propre est d'avoir un caractère *indirect*, puisque c'est fonctionnellement qu'elles sont au service de la construction de l'intérêt général. Il faut ainsi distinguer les institutions qui ont un *statut* démocratique (celles dont l'autorité procède de l'onction électorale) et celles qui ont une *qualité* démocratique, de par leurs objectifs et leur mode de fonctionnement.

Le problème est que la définition des critères constitutifs d'une telle qualité démocratique reste encore balbutiante. Il y a en effet une sorte de sourde résistance intellectuelle à considérer les choses de cette façon, tant reste dominante dans les esprits la conception étroitement électorale de la démocratie[1]. Ce caractère démocratique doit d'abord s'attacher au mode de nomination de ceux qui composent ces institutions, les soumettant à diverses séries d'épreuves et de vérifications (conditions de compétence ; critères d'indépendance ; soumission à des auditions publiques ; transparence de tous ces éléments et encadrement de l'intervention du pouvoir exécutif). La qualité démocratique d'une institution doit par ailleurs s'apprécier au regard de ses conditions d'organisation (le caractère collégial de ces institutions ayant une importance décisive). Elle doit enfin se lier à des règles spécifiques de fonctionnement (transparence ; publicité des délibérations ; reddition de comptes ; évaluation ; communication citoyenne ; interaction avec des organismes de la société civile intervenant dans le même champ)[2].

1. Ce qui avait conduit dans de nombreux États américains à considérer que l'élection des juges, ainsi que d'autres catégories de fonctionnaires, était nécessaire pour leur donner un caractère démocratique.

2. Ces différents éléments de constitution d'une qualité démocratique peuvent aussi être appliqués à l'action gouvernementale elle-même ; elles s'appliquent aussi à l'administration publique. C'est le sens de la démarche que j'ai entreprise dans *Le Bon Gouvernement*, *op. cit.* C'est sur cette base que j'ai distingué,

On voit là qu'il reste beaucoup à faire pour définir et organiser la qualité démocratique de ce type d'institution. C'est cette entreprise qu'il faut considérer, et pas leur état existant, pour juger de leur rôle à venir dans une démocratie plus avancée.

dans ce livre, la *démocratie d'autorisation* (fondée sur l'élection) et la *démocratie d'exercice* (définie par un ensemble de pratiques).

3

D'un peuple imaginaire à une société démocratique à construire

Il y a des moments et des lieux où le peuple, au singulier et en force, est présent avec évidence. Il se manifeste alors sous les espèces d'une foule électrisée par une même exaspération, comme il y a peu de temps sur les places Tahrir au Caire ou Maidan à Kiev, ou plus près de nous dans les rues d'Alger ou de Hong Kong. C'est le peuple des indépendances et des renversements de régime, de la résistance à l'oppression et de la conquête de libertés, figure d'un pays à l'unisson pour exiger un nouveau cours des choses ou conjurer le spectre d'une terrible régression. C'est de façon exemplaire le peuple des révolutions fondatrices comme l'ont été celle de Haïti en 1804 ou celles de 1789 et 1848 en France. Le peuple-Un est là visible et sensible, exprimant une attente indiscutable : il est la volonté générale faite chair. C'est aussi bien le peuple-ressource spirituelle des romantiques que le peuple-nation des historiens ou le peuple-insurrection de Hugo.

Mais comment inscrire dans la durée ce peuple-évènement qui s'est imposé dans les rues et sur les places avec son évidence physique et morale ? Comment le constituer en un corps civique capable d'écrire son histoire ? L'échec des révolutions arabes des années 2010 a obligé à se poser ces questions. Et à interroger plus généralement le difficile passage d'une politique négative à une politique positive, souvent douloureusement ressenti. Le problème, pour le dire d'un mot, est que dans ces cas le peuple-évènement n'a pas engendré un peuple démocratique réel. C'est un des problèmes clefs de la politique moderne, source de tous les désenchantements. Source aussi de toutes les tentations simplificatrices pour l'occulter. Poser la question en ces termes n'a rien d'inédit. Proudhon avait été le premier à la prendre à bras-le-corps aux lendemains de février 1848. Dans un texte prophétique, *La Démocratie*[1], celui qui fut un des pères fondateurs du socialisme français s'était ainsi demandé comment le peuple pouvait manifester sa volonté autrement que « par des éclairs ». Il ne voulait pas en rester aux incantations chaleureuses de Michelet, tout en admirant la capacité qu'avait eue ce dernier de donner vie au peuple souffrant et combattant des grands moments révolutionnaires. Son obsession était en effet d'établir le peuple en sa permanence, le pouvoir honni ayant été déchu et les barricades ayant accompli leur œuvre. « Le peuple, constatait-il avec dépit, n'a qu'une existence mystique. [...] La révolution faite, le peuple se tait[2]. » Comment, en d'autres termes, passer d'une démocratie appréhendée comme une religion à une démocratie pensée comme une forme de société et un véritable régime ? C'était pour Proudhon la grande question de la politique moderne. Étant entendu qu'il ne pouvait pas non plus se contenter de confondre la voix du peuple avec l'addition mécanique des bulletins de vote dans l'urne. Pour donner vie et

1. Daté du 26 mars 1848, ce texte a été repris dans *Solution du problème social* (1848). Nous le citons ici dans l'édition Lacroix de ses *Œuvres complètes* (Paris, 1868).

2. *Ibid.*, p. 44.

force au peuple, il fallait pour lui le reconnaître dans la diversité de ses conditions et de ses attentes, l'arracher à son enfermement dans des images pieuses ou des incantations creuses. Ce problème est toujours le nôtre. Il l'est d'autant plus que c'est un nouveau monde social qui s'est dessiné à l'aube du XXIe siècle et que refait simultanément surface sous les espèces du populisme la tentation d'en rester à la mystique démocratique pour penser le lien de la société au politique.

Cet écart des deux peuples avait d'une certaine façon été résorbé dans la perspective marxiste. La notion de classe ouvrière superposait en effet une vision prospective du monde social et une théorie politique de la révolution. En termes sociologiques, la classe ouvrière était décrite comme devant constituer l'immense majorité de la population, des groupes sociaux comme ceux des cadres et des techniciens se trouvant fonctionnellement liés au monde ouvrier à cause de leur position voisine dans le rapport de production. Elle était appréhendée comme une « classe universelle », pour reprendre l'expression de Marx. En témoignait le fait que, lorsqu'ils utilisaient le terme d'« ouvriers », les socialistes puis les communistes en donnaient une définition très extensive. « Par ouvriers, notait ainsi typiquement un Jean Jaurès, je n'entends pas seulement ceux qui travaillent de leurs muscles, mais tous ceux qui produisent et qui créent, travailleurs du cerveau, travailleurs des mains, ouvriers, ingénieurs, chimistes, savants, artistes, poètes, tous les créateurs de richesse, de beauté, de joie[1]. » La notion même de prolétariat était également conçue de manière très large : on évoquait volontiers le « prolétariat rural », le « prolétariat administratif » et même les « prolétariats intellectuels ». Les socialistes de la fin du XIXe siècle se pensaient ainsi comme un parti défendant « les droits et les intérêts de tous ceux qui travaillent : ouvriers de fabrique, journalistes agricoles, propriétaires cultivateurs, employés, petits

1. Discours du 8 octobre 1905, cité dans les actes du colloque *Jaurès et la classe ouvrière*, Paris, Éditions ouvrières, 1981, p. 197.

commerçants, instituteurs, etc.[1] ». Kautsky et Lénine parlaient eux aussi le même langage. Parallèlement, ce qui était décrit comme un processus de paupérisation et de prolétarisation résultant du développement capitaliste alimentait une vision unificatrice du monde social. En même temps que l'opposition aux « deux cents familles » s'insérait dans une perspective de lutte des classes, absorbant de la sorte l'opposition « populiste » de l'entre-deux-guerres entre les « petits » et les « gros[2] ». Fait significatif, le *Dictionnaire critique du marxisme*[3] publié au début des années 1980 ne comportait pas d'entrée à « peuple », renvoi étant fait aux notices « classes » et « masses », fort développées, elles.

La vision populiste prend acte du fait que les classes n'ont plus le rôle structurant qui était le leur, mais elle le fait dans des termes qui s'affranchissent du souci d'analyser le nouveau monde social en train d'émerger, en se contentant d'ériger un peuple des 99 %, aux contours forcément flous, en acteur de l'émancipation et nouvelle figure du maître démocratique. En même temps que le conflit avec les 1 % qui le constitue en négatif ne dessine qu'une appréhension appauvrie des tensions, des divisions et des solidarités qu'il faut

1. « Aux travailleurs de France », appel d'avril 1898 pour les élections législatives, reproduit dans *Onze ans d'histoire socialiste. Aux travailleurs de France, le conseil national du Parti ouvrier français (1889-1900)*, Paris, 1901, p. 73. « Le Parti ouvrier, c'est-à-dire le Parti du travail [...] n'a jamais distingué entre les exploités [...]. Il appelle à s'affranchir en s'unissant, aussi bien les travailleurs des champs que les travailleurs des villes, aussi bien les salariés du magasin et du bureau que les salariés de l'atelier, aussi bien le travail intellectuel et scientifique que le travail plus particulièrement manuel. Il ne s'adresse pas seulement aux *sans propriété d'aujourd'hui*, mais aussi aux *sans propriété de demain* » (Manifeste du conseil national du POF, juillet 1893, reproduit dans *ibid.*, p. 42-43). On notait encore que le parti « ouvre largement ses rangs à toutes les activités et les utilités sociales » (*ibid.*, p. 42).

2. Voir Pierre Birnbaum, *Le Peuple et les gros. Histoire d'un mythe*, nouv. éd., Paris, Hachette, coll. « Pluriel », 1995.

3. Publié sous la direction de Georges Labica et de Gérard Bensussan, Paris, PUF, 1982.

prendre en compte pour constituer une communauté politique effective et une société des égaux.

De la société imaginaire à la société réelle

Le propre de la société de classes était d'être divisée entre des mondes différents qui avaient chacun leur forte cohérence interne. Être ouvrier renvoyait certes à un certain type de travail, à un mode spécifique de dépendance hiérarchique ; mais également à une vision des loisirs et des relations avec autrui, à tout un univers culturel, à des valeurs partagées. La notion de classe était indissociable de l'idée d'une certaine homogénéité propre à chaque groupe. La vie des individus se confondait avec celle de leur collectif d'appartenance. Les analyses exposées dans *La Distinction* de Pierre Bourdieu en avaient témoigné de façon archétypique. Une telle société de classes était ainsi à la fois structurée par le conflit et caractérisée par un sentiment constructif d'appartenance qui pouvait se lier à une forme de fierté. C'était une version modernisée et accordée à la révolution industrielle (et à l'avènement du capitalisme) de l'ancienne société de corps. Les attentes d'émancipation se liaient en conséquence logiquement à des mesures générales d'amélioration de la condition salariale, les syndicats étant les forces de mobilisation et de négociation efficaces pour aller dans cette direction.

Cet univers s'est disloqué. Dislocation dont la référence à l'avènement d'une société des individus ne rend que très partiellement compte. Il n'y a en effet rien de plus trompeur que cette vision d'une société qui serait devenue atomisée et minée par la dynamique des égoïsmes. Derrière l'invocation globalisante d'un individualisme suspect, il y a en fait une triple évolution qui est à l'œuvre. La première est liée à l'avènement d'un nouveau type de capitalisme, que l'on peut qualifier de capitalisme d'innovation. Celui-ci est fondé sur l'exploitation de l'apport spécifique de chaque individu (de sa valeur d'usage pour l'entreprise). Il succède au précédent capitalisme d'organisation, le capitalisme au sens historique du terme tel que Marx l'avait analysé. Ce dernier était, lui, fondé sur l'exploitation de la force générale de travail, c'est-à-dire sur ce qu'il y a de généralité dans le travail de chacun (son temps de travail, sa qualification), le prélèvement de la plus-value se mesurant à cette aune. L'individualisation du travail ne procède donc pas seulement dans ce cas d'une stratégie de division des salariés ; elle correspond à un nouveau mode de production de la valeur (et donc de l'exploitation) : c'est désormais de plus en plus la singularité qu'il s'agit de mobiliser. Parallèlement, l'entrée dans une société où le niveau intellectuel et culturel de la population s'est considérablement accru a entraîné une attente individuelle plus forte de reconnaissance et de développement personnel. Les termes dans lesquels sont formulées les demandes d'émancipation s'en sont trouvés modifiés. C'est désormais ainsi la perspective d'une égalité-singularité qui s'impose comme figure positive du lien social, à distance d'un individualisme séparateur. Ce sont du même coup de nouvelles lignes de fracture qui se sont dessinées dans la société avec ces mutations, compliquant les appréhensions antérieures des inégalités, qui pouvaient toutes se rapporter à une même échelle des écarts de rémunération et de patrimoine. Posant aussi dans des termes inédits la question des solidarités.

Dans les années 1990, les économistes et les sociologues avaient parlé d'inégalités intracatégorielles pour prendre en compte le fait que les inégalités ne découpaient plus seulement la population selon les catégories socioprofessionnelles[1]. Du fait de l'apparition de nouvelles formes de pauvreté dans un contexte de fin du plein emploi d'abord. Mais aussi parce que les variations de rémunération étaient devenues plus fortes entre les entreprises comme entre les individus, les données moyennes ayant du même coup perdu de leur pertinence. Bien d'autres données doivent ainsi être prises en compte pour comprendre le système des divisions sociales contemporaines. On peut en distinguer quatre : le poids des variables de situation individuelle, relativement aux variables de conditions sociales ; les

1. Voir Jean-Paul Fitoussi et Pierre Rosanvallon, *Le Nouvel Âge des inégalités*, Paris, Seuil, 1996.

effets des dynamiques d'appariements sélectifs et de séparatismes en rapport à l'occupation du territoire (le logement au premier chef) ou à l'usage des services publics (l'école notamment) ; les capacités différentielles de projection dans l'avenir ; les degrés d'invisibilité sociale. Ces différents facteurs sont aujourd'hui générateurs de souffrances et de fractures qui peuvent être perçues comme au moins aussi essentielles que les appréhensions plus étroitement statistiques des inégalités. On ne peut penser et représenter le peuple réel sans prendre en compte ces différentes variables.

Si les appartenances socioprofessionnelles, le niveau des revenus et les inscriptions territoriales déterminent fortement la situation des individus et invitent en conséquence à qualifier sociologiquement leur *condition* sociale, le poids des variables de *situation* joue un rôle de plus en plus déterminant. Il faut entendre deux choses par cette dernière notion. Elle renvoie d'abord à l'importance structurante de certains évènements dans la vie des personnes, qu'ils soient négatifs (la perte d'un emploi, un divorce...) ou positifs (la réussite à un examen, une promotion...). Ces évènements peuvent en effet faire basculer des existences. D'où l'importance de s'attacher aux trajectoires pour comprendre la position des individus, de passer donc d'une sociologie des catégories à une sociologie des parcours. La distinction des conditions et des situations sociales renvoie en second lieu à des spécificités polarisantes. Par exemple le fait de constituer une famille monoparentale, celui d'être fortement endetté ou d'être soumis à des déplacements domicile-travail particulièrement fatigants. Tout cela peut faire considérablement varier le poids des dépenses contraintes et induire des différences de niveau de vie importantes à rémunérations égales. Ces différents éléments dessinent des déterminants sociaux qui ne relèvent que de façon très partielle de la catégorie traditionnelle du risque (les visions classiques du social étant d'un côté appuyées sur celle-ci – avec les procédures d'assurance sociale des risques qui lui étaient liées – et de l'autre sur l'amélioration des variables définissant les conditions sociales générales, comme le niveau des salaires ou les conditions de travail).

Un autre facteur essentiel invite à faire la différence entre le peuple-masse dont on peut rêver et la réalité : celui de ce qu'on pourrait appeler *la nouvelle physique des distinctions*. Alors que la sociologie des années 1950 et 1960 avait souligné que le monde ouvrier se percevait dans une opposition binaire entre « eux » et « nous », ceux d'en haut et ceux d'en bas (voir l'œuvre emblématique d'un Richard Hoggart en Grande-Bretagne), de nombreux travaux récents ont mis l'accent sur la conscience « triangulaire » du monde social qui est aujourd'hui présente dans les milieux populaires. La différence avec le haut s'est d'abord polarisée. C'est l'écart aux « riches » qui est dorénavant dénoncé, ceux-ci étant perçus comme une minorité fort restreinte (les 1 %), alors que l'écart précédent était davantage vécu comme celui qui marquait plus largement la différence avec le monde des diplômés et des « professionnels ». Mais l'affirmation d'un clivage avec ce qui est dénoncé comme le monde des bénéficiaires de l'assistance (dans lequel se mêlent l'image des immigrés, celle des « cas sociaux » et celle des « profiteurs » de l'État-providence) joue maintenant aussi un rôle majeur[1]. Parallèlement à cette nouvelle vision « triangulaire », ce sont plus largement tout un ensemble de mécanismes de séparatisme social et d'appariements sélectifs qui dessinent un entrelacs complexe de distinctions auxquelles les individus s'accrochent[2] et qui comptent dans leur perception du monde. Ils constituent la société en une véritable pâte feuilletée de multiples régimes d'identification.

1. Il se lie aux États-Unis à une reformulation du sentiment raciste à l'égard des Noirs, l'État-providence étant accusé d'être au service des minorités de couleur et non du peuple blanc. Sur cette nouvelle tripartition de la conscience sociale en France, voir notamment : Pierre Gilbert, « Rénovation urbaine et fragmentation des classes populaires », *in* Nicolas Duvoux et Cédric Lomba (dir.), *Où va la France populaire ?*, Paris, PUF, 2019 ; Marie Cartier, Isabelle Coutant *et al.*, *La France des « petits-moyens ». Enquête sur la banlieue pavillonnaire*, Paris, La Découverte, 2008 ; Olivier Schwartz et Annie Collovald, « Haut, bas, fragile : sociologies du populaire », *Vacarme*, nº 37, 2006.

2. Voir les analyses fondatrices d'Éric Maurin, *Le Ghetto français. Enquête sur le séparatisme social*, Paris, Seuil, coll. « La République des idées », 2004.

Les différentes capacités de projection dans l'avenir tracent également une ligne de partage fortement ressentie dans les sociétés contemporaines. Diverses analyses ont même suggéré que c'était une des variables explicatives les plus pertinentes du vote populiste[1]. Cet impact des rapports au temps sur le type de relation que les individus entretiennent avec autrui avait été mis en lumière depuis longtemps par des sociologues comme Georg Simmel, mais il a pris une importance accrue dans le monde contemporain. Des recherches ont ainsi récemment souligné que le sentiment de pauvreté n'était pas seulement lié à des facteurs objectifs mais qu'il était aussi attaché à un pessimisme pour l'avenir, et qu'il renvoyait plus à une situation d'insécurité sociale qu'à une mauvaise intégration mesurée par des éléments objectifs (de type monétaire par exemple)[2].

Le sentiment de ne pas être reconnu, de ne compter pour rien, d'être un « invisible » comme on le dit souvent aujourd'hui, trace de son côté une autre ligne de fracture essentielle. Il y a tous ceux dont les séries, les films, les romans ou les journaux télévisés ne parlent jamais ; ceux qui composent le vaste ensemble des individus qui n'ont guère le droit à la parole ou dont les voix restent inaudibles. Ce sont les hommes et les femmes sans nom. Là encore, ce ne sont pas seulement les statistiques d'inégalités monétaires qui rendent compte de la réalité des fractures sociales en leur diversité. Tous ces éléments invitent ainsi à considérer, aujourd'hui plus encore qu'hier, le peuple comme une réalité mouvante et problématique, et donc comme un sujet à construire, et non pas comme un fait social ayant déjà sa pleine consistance.

1. Pour le cas français, voir au premier chef l'ouvrage de Yann Algan, Elizabeth Beasley, Daniel Cohen et Martial Foucault, *Les Origines du populisme. Enquête sur un schisme politique et social*, *op. cit.*

2. Voir Nicolas Duvoux et Adrien Papuchon, « Qui se sent pauvre en France ? Pauvreté subjective et insécurité sociale », *Revue française de sociologie*, vol. 59, n° 4, 2018.

Les 1 %

Les 1 % constituent également un monde hétérogène, encore plus diversifié que celui des 99 %. Les 0,9 % les plus riches ne vivent pas dans le même monde que les 0,1 % et plus encore les 0,01 %. Dans le cas français[1], il fallait avoir en 2015 un revenu annuel net de 106 210 € par unité de consommation (soit 8 850 € par mois) pour entrer dans le club des 0,9 %. Ce revenu s'élevait à 259 920 € pour les 0,09 % et 699 230 € pour les 0,01 %, ces derniers n'étant que 6 300 ; l'écart à l'intérieur de ce dernier segment est d'ailleurs lui-même plus considérable encore, en termes de revenus, et plus encore de patrimoines.

Il est facile de multiplier les statistiques impressionnantes sur le sujet. Mais elles ne suffisent pas à caractériser adéquatement ce petit monde. Les écarts de revenus et de patrimoines qui le traversent dérivent en effet de facteurs très disparates. Car ces revenus et ces patrimoines s'inscrivent dans des économies différentes. On peut en distinguer cinq catégories. Une économie de la rente d'abord : celle de la fortune héritée ou du rendement d'un capital. Une économie du talent ensuite, celle du *winner takes all*, qui fait que les artistes ou les sportifs qui dominent leur discipline sont en mesure d'accaparer une part considérable des revenus de leur secteur d'intervention, eux-mêmes liés à la taille du marché concerné (le revenu d'un footballeur vedette est indexé sur les abonnements aux chaînes cryptées payés par des centaines de millions d'amateurs). Une économie de la commission aussi, liée à la capacité qu'ont certaines professions de taxer d'un certain pourcentage les fonds dont ils ont la gestion (à l'instar des traders) : ils constituent l'univers de ceux que l'on a qualifiés de *working*

1. Voir l'enquête *Revenus et patrimoines 2018* publiée par l'INSEE (contient une étude spécifique sur les 1 %). L'écart de revenus va de 1 à 200 à l'intérieur de ces 1 %.

rich, les émoluments de certains d'entre eux, à la tête d'importants *hedge funds*, pouvant se compter en milliards de dollars annuels. Une économie du profit, encore, qui peut être celle du traditionnel « profit de gestion » ou celle du « profit d'innovation ». Ce dernier pouvant alimenter des revenus ou des plus-values spectaculaires (voir à titre emblématique les entreprises de la Silicon Valley et plus généralement nombre de start-up de l'Internet et des réseaux sociaux). Se greffent en outre sur ces différentes économies tout un ensemble de salariés aux rémunérations plus élevées, voire beaucoup plus élevées, que celles qui sont octroyées à qualification égale dans les secteurs ordinaires de l'économie. C'est seulement à ce niveau des cadres supérieurs ou des ingénieurs très qualifiés que s'applique en fait la théorie du ruissellement ! Celle-ci ayant aussi un fondement quantitatif : les entreprises de l'Internet ont par exemple souvent un faible nombre d'employés relativement à leurs profits. Un chiffre frappant illustre cette donnée : en 1990, les constructeurs automobiles de Detroit, alors en pleine prospérité, employaient 1,2 million de salariés ; en 2014, pour le même niveau global de profits, les entreprises de la Silicon Valley employaient presque dix fois moins de salariés avec une capitalisation boursière trente fois supérieure[1] ! Il était facile dans ce contexte de distribuer des salaires plus généreux, surtout en haut de l'échelle, pour attirer les talents.

Si ce monde des 1 % est très diversifié, il se caractérise aussi par le fait que les modes d'acquisition de la richesse qui le constituent ne sont pas socialement considérés de la même manière. L'héritier, le rentier ou celui dont la rémunération apparaît comme un bénéfice d'entre-soi[2] suscitent spontanément la réprobation, tandis que le

1. Données rapportées par Pierre-Michel Menger dans le compte rendu de son enseignement de 2017, in *Annuaire du Collège de France (2016-2017)*, Paris, 2018.

2. Il faut entendre par là le fait que des rémunérations comme celles de certains grands patrons sont fixées par des comités de rémunération ou des conseils

grand sportif ou l'inventeur d'exception, dont les rémunérations peuvent être bien supérieures à celles des précédents, sont souvent considérés positivement. Le regard que les 99 % portent sur les 1 % ne renvoie donc pas non plus à ce qui serait simplement de l'ordre d'un antagonisme de guerre sociale. Tout se passe même comme s'il y avait certains éléments de valeur communs aux deux groupes, ce dont témoigne l'admiration dont certaines catégories de riches font l'objet dans des quartiers populaires. Le député peut ainsi se voir reprocher ses 5 000 euros mensuels, alors que l'artiste ou le footballeur dont les revenus sont cent ou mille fois supérieurs (soit beaucoup plus que celui de la plupart des PDG) suscitent beaucoup moins l'hostilité.

Peuple populiste et société démocratique

La réduction de la division sociale à une opposition entre la masse des 99 % et un petit groupe des 1 % apparaît de la sorte caricaturale. Elle ne rend pas compte de la réalité et de la complexité des divisions qui traversent la société. Elle tend en outre à ramener à un critère unique, celui du capital ou du revenu, des distances qui sont aussi appréhendées comme étant d'un autre ordre, comme le sentiment d'être oublié, méprisé, de ne compter pour rien, d'être un inutile pour la société. Alors que l'on stigmatise *la* caste, *l'*oligarchie, *l'*établissement, dans une sociologie simple de la dénonciation, ce sont de façon plus large les *situations* et les *pratiques* de domination, de stigmatisation, d'exploitation qu'il s'agit de mettre au jour pour les combattre. Le malheur social et l'injustice procèdent de rapports sociaux qui ont dans bien des cas une dimension transversale ; ils peuvent être aussi provoqués par l'application de règles qui ont pu être implicitement validées par le plus grand nombre.

---

d'administration dans lesquels siègent leurs pairs, ce petit milieu décidant ce qui est juste pour lui, les critères de marché étant secondaires.

Il ne s'agit donc pas tant d'exalter un peuple imaginaire que de construire une *société démocratique* fondée sur des principes acceptés de justice distributive et redistributive, une vision commune de ce que veut dire former une société des égaux. Ce qui implique aussi de passer d'une invocation mystique du peuple à une reconnaissance de celui-ci dans ses tensions internes et sa diversité. Bien loin de viser à l'incarnation d'un peuple supposé Un dans la figure d'un leader dévoué, c'est le miroir de sa réalité qu'il faut tendre à la société pour qu'elle puisse agir sur elle-même et se constituer en communauté politique.

4

L'horizon de la démocrature : la question de l'irréversibilité

« Démocrature » : forgé depuis peu, le terme a fait en 2019 son entrée dans *Le Petit Robert*, le dictionnaire de la langue française qui fait référence. Fusionnant les mots « démocratie » et « dictature », il qualifie un type de régime foncièrement illibéral conservant formellement les habits d'une démocratie[1] (« Régime politique mêlant des apparences démocratiques et un exercice autoritaire du pouvoir », dit *Le Robert*). Si elle reste appréhendée de façon statique, purement descriptive, cette notion contribue peu à la compréhension des spécificités du monde politique contemporain. Nombre de régimes totalitaires et de dictatures avaient en effet depuis longtemps ressenti le besoin de s'adosser à une légitimation par les urnes. Cela a typiquement été le cas des anciens régimes communistes. S'ils moquaient avec Lénine « la naïve

1. Pierre Hassner a été à ma connaissance le premier à employer le terme après la chute du mur de Berlin dans *Vents d'Est*, Paris, PUF, 1990. Voir le numéro spécial « Les démocratures » de la revue *Pouvoirs* (nº 169, avril 2019).

croyance à la conquête légale du pouvoir » et la « superstition parlementaire » en affirmant que la dictature du prolétariat qu'ils se glorifiaient d'incarner était « un million de fois plus démocratique que n'importe quelle démocratie bourgeoise[1] », ils n'en prenaient pas moins grand soin d'organiser des élections qui leur permettaient d'afficher aux yeux du monde les scores triomphalistes que l'on sait. Et on pourrait aussi citer l'exemple de tous ces dictateurs également attachés sur les cinq continents à manipuler les scrutins plutôt qu'à les suspendre[2]. Si le néologisme de « démocrature » doit avoir une pertinence aujourd'hui, c'est en étant plus précisément rapporté à deux autres cas de figure : celui de la justification démocratique de pratiques autoritaires, d'une part, et celui du glissement progressif de pays vers des régimes autoritaires au sein même d'un cadre institutionnel démocratique préexistant, d'autre part. Il s'agit donc dans ce cas de comprendre la démocrature dans la démocratie, sans que se soit préalablement opéré ce qui serait de l'ordre d'une rupture : coup d'État ou suspension des institutions occasionnée par la déclaration d'un état d'urgence. Ce qui est donc aussi très différent de l'idée d'un « habillage démocratique » d'un régime dictatorial, ou encore de celle de « régimes hybrides[3] ».

Les exemples latino-américains et européens montrent que trois facteurs peuvent être distingués pour analyser les conditions dans lesquelles un régime issu d'une vague électorale populiste peut se muer en démocrature : la mise en place d'une philosophie et d'une politique de l'irréversibilité ; une dynamique de polarisation

1. Voir le chapitre « Démocratie bourgeoise et démocratie prolétarienne » dans *La Révolution prolétarienne et le renégat Kautsky* de Lénine (1918), in *Œuvres*, t. XXVIII, Moscou, 1961.

2. Voir sur ce point la documentation rassemblée dans Guy Hermet, Alain Rouquié et Juan Linz, *Des élections pas comme les autres*, Paris, Presses de la FNSP, 1978.

3. Voir sur ce point l'article pionnier de Larry Diamond, « Thinking About Hybrid Regimes », *Journal of Democracy*, vol. 13, n° 2, 2002.

institutionnelle et de radicalisation politique ; une épistémologie et une morale de la radicalisation.

Philosophie et politique de l'irréversibilité

De nombreux régimes populistes ont considéré que leur victoire dans les urnes allait au-delà d'une simple alternance et qu'elle devait marquer l'entrée dans une nouvelle ère politique. Les termes d'« ère du peuple qui doit commencer », de « refondation », d'« irréversibilité » ont ainsi souvent été employés. Ce dernier terme est le plus significatif. Il implique en effet l'idée d'une rupture instaurant un nouvel ordre. Parlant en France de l'établissement d'une VIe République par le biais de la mise en place d'une Assemblée constituante, Jean-Luc Mélenchon notait ainsi : « Il ne s'agit pas seulement de changer la règle du jeu mais de prendre le pouvoir. La Constituante pour la VIe République [...] est une révolution de l'ordre politique pour instaurer le pouvoir du peuple[1]. » C'est bien le vieil idéal révolutionnaire qui est de la sorte recyclé avec le projet d'irréversibilité. Il a significativement souvent été mis en regard de ce qui était analysé comme la contre-révolution néolibérale ayant forgé un monde qui se prétendait de son côté sans alternative possible (le fameux TINA, *there is no alternative*), seule l'irréversibilité étant dans ce cas jugée capable d'opérer une inversion de la marche des choses. Peut de la sorte se lier l'idée traditionnelle de victoire électorale avec celle de rupture de nature révolutionnaire[2].

La notion de majorité change de nature dans cette perspective. Elle n'est plus seulement l'expression d'une donnée arithmétique circonstancielle, et donc réversible parce que renvoyant implicitement

1. Jean-Luc Mélenchon, *L'Ère du peuple*, *op. cit.*, p. 98.

2. Marquant son embarras sur ce point, un des leaders de Podemos avancera la notion d'« irréversibilité relative » (Iñigo Errejón dans son dialogue avec Chantal Mouffe, in *Construire un peuple. Pour une radicalisation de la démocratie*, Paris, Cerf, 2017, p. 173).

au mécanisme de l'alternance (dans le sens que nous avons précédemment évoqué). Elle prend une dimension substantielle plus forte en faisant triompher « le peuple » de ses ennemis et la vertu des puissances immorales. C'est l'issue d'un combat entre des forces antagoniques qui mêle la vision d'une division sociale insurmontable au combat pour le bien et la vérité. Le populisme, rappelons-le, est en effet inséparable de l'avènement de sociétés dans lesquelles les clivages politiques ont été radicalisés.

L'irréversibilité s'organise dans les régimes populistes à l'aide de deux instruments : le recours à des assemblées constituantes remodelant en profondeur les institutions, d'une part, et d'autre part l'ouverture d'une possibilité de réélection des dirigeants en place. La mise sur pied d'assemblées constituantes dans la foulée de la victoire ou de procédures de réforme constitutionnelle est un des traits les plus caractéristiques des régimes populistes. Il consiste à faire entériner par le vote majoritaire des modifications qui ont notamment pour but d'instaurer une démocratie polarisée, réduisant, voire annihilant, le rôle des autorités indépendantes. Se trouvent de la sorte également remaniées les cours constitutionnelles pour les peupler de magistrats fidèles au nouveau régime, au nom de la suprématie absolue du pouvoir populaire issue des urnes. Chávez, Correa, Maduro ou Morales ont suivi cette voie en Amérique latine, comme Kaczyński et Orbán en Europe. Mais ils n'ont pas été les seuls ou les premiers à développer cette argumentation. De grandes figures du populisme américain avaient également déjà défendu cette position. Dans les années 1930, un Huey Long, le gouverneur-sénateur de Louisiane, s'était ainsi exclamé, fort des voix qui lui avaient donné le pouvoir : « La Constitution, c'est moi à présent[1]. » George Wallace, gouverneur de l'Alabama au tournant des années 1970, qui sera en 1968 et 1972 le défenseur des idées racistes et l'expression de la colère économique des travailleurs

1. Cité par Steven Levitsky et Daniel Ziblatt, *How Democracies Die*, New York, Crown, 2018, p. 35 (et p. 37 pour la citation suivante de Wallace).

blancs pauvres à l'élection présidentielle, soulignait dans le même esprit : « Il y a une chose plus forte que la Constitution [...] c'est la volonté du peuple. Qu'est-ce qu'une Constitution en effet ? C'est une production du peuple ; c'est lui, le peuple, la première source du pouvoir et, s'il le souhaite, le peuple peut abolir la Constitution. » Populistes de gauche et populistes de droite ne diffèrent pas sur ce point : la Constitution est pour eux la simple expression momentanée d'un rapport de forces. C'est estimer, en d'autres termes, que la sphère du droit n'a aucune autonomie, et que tout est donc politique[1].

Le changement des conditions de réélection du chef de l'État est l'autre grande technique d'organisation de l'irréversibilité dans les régimes populistes, le cas latino-américain étant là particulièrement exemplaire. Pour bien saisir la centralité de la question sur ce continent, il faut rappeler que, dans les années 1980, la sortie des dictatures en Argentine, au Brésil, au Chili et au Paraguay – pour ne mentionner que les cas les plus marquants de l'époque – avait conduit à inscrire dans la plupart des Constitutions l'impossibilité de réélection immédiate des présidents. La mesure avait été introduite pour conjurer les spectres du passé et consolider des démocraties renaissantes dans des pays qui avaient expérimenté toutes les figures de l'autoritarisme et du pouvoir personnel. Mais la tendance a commencé à s'inverser à partir du milieu des années 1990. Mouvement alors justifié par le constat d'un « retour à la normale » du continent. L'argument avait par exemple permis à Fernando Henrique Cardoso de briguer avec succès au Brésil un second mandat après avoir obtenu la modification nécessaire de la Constitution. La question avait aussi été débattue en Colombie ou au Pérou, où le plaidoyer en faveur des avantages d'un gouvernement inscrit dans la durée était mis en regard de

1. On peut rappeller à ce propos la fameuse apostrophe à ses adversaires d'un socialiste français en 1981 : « Vous avez juridiquement tort parce que vous êtes politiquement minoritaires. »

l'affaiblissement de la fonction de jugement rétrospectif attendue d'un vote, étant donné l'ensemble des avantages liés à la position de président sortant, ainsi que de l'effet paralysant induit dans la conduite de l'action[1]. L'appréhension de la question changera de nature avec les régimes populistes du début du XXIe siècle[2]. D'une double façon. En élargissant d'abord la question de la réélection immédiate à celle d'une possibilité de réélection tendanciellement illimitée. Mais aussi dans l'ordre des arguments mobilisés pour justifier cette radicalisation.

Figure de proue de ce nouveau cycle populiste, Hugo Chávez avait dès 1999, date de sa prise de fonction, fait voter l'allongement de la durée du mandat présidentiel (de cinq à six ans) et rendu possible une réélection consécutive. Cette limitation avait ensuite été levée en 2009, la réélection présidentielle devenant indéfinie. Il avait ainsi pu rester quatorze ans au pouvoir, la maladie seule l'ayant empêché de poursuivre son quatrième terme (qui l'aurait conduit jusqu'en 2019). Son remplaçant et continuateur, Nicolás Maduro, élu en 2013, est actuellement titulaire d'un mandat jusqu'en 2025. Le processus suivi en Bolivie a été parallèle. Élu en 2005, Evo Morales avait fait voter au cours de son premier mandat la possibilité d'une réélection présidentielle consécutive « pour une seule fois », mais il avait simultanément obtenu du Tribunal constitutionnel à sa dévotion que ne soient pas pris en compte les mandats déjà exercés, lui permettant ainsi de rester en fonction jusqu'en 2020. S'il perdit en 2016 un référendum destiné à l'autoriser à postuler pour un quatrième mandat après cette

1. Voir John Carey, « The Reelection Debate in Latin America », *Latin American Politics and Society*, vol. 45, n° 1, 2003. Ce débat conduisit des pays comme la Colombie et le Paraguay à finalement renoncer à la possibilité de réélection présidentielle après l'avoir un temps expérimentée.

2. Voir la thèse de José Fernando Flórez Ruiz, *Voter sans élire. Le caractère antidémocratique de la réélection présidentielle immédiate en Amérique latine (1994-2018)*, Bayonne, Institut universitaire Varenne, 2018.

date, le Tribunal constitutionnel prit en 2017 un arrêt contraire en estimant que mettre des barrières constitutionnelles à une réélection à des fonctions publiques revenait à saper « les droits politiques » du peuple. En Équateur, Rafael Correa fit pareillement d'abord voter la possibilité d'une réélection consécutive, puis approuver (en 2015) par une Assemblée nationale aux mains de son parti majoritaire une réforme constitutionnelle autorisant la réélection indéfinie pour tous les postes soumis au vote populaire, y compris donc celui de président[1].

La possibilité de réélection illimitée fut adoptée dans un autre grand fief du populisme latino-américain, le Nicaragua. C'est donc bien une des modalités clefs de la mise en œuvre d'une dimension d'irréversibilité de ces régimes, les manipulations électorales la confortant dans la plupart des cas. Il faut aussi souligner là le rôle majeur joué par les cours constitutionnelles des pays concernés. En étant mises au pas, elles ont permis de consolider ces tendances, voire dans certains cas de contrecarrer des votes défavorables, instaurant ainsi le droit en instrument purement politique. L'exemple bolivien est à cet égard particulièrement éclairant. Dès sa première élection, Evo Morales avait fait pression sur le Tribunal constitutionnel du pays. En multipliant les brimades envers ses membres (en réduisant par exemple le salaire de ses magistrats) ou en faisant une pression physique sur l'institution (en 2007, des mineurs progouvernementaux avaient ainsi dynamité le siège de l'un de ses établissements provinciaux pour tenter de forcer la main des juges en les menaçant). La nouvelle Constitution de 2009 a ensuite surmonté l'obstacle en déterminant qu'il fallait « démocratiser » toutes les hautes cours en faisant élire leurs membres au suffrage universel...

1. Son successeur, Lenín Moreno, un de ses affidés chargés d'exercer une présidence de transition avant que Correa puisse revenir au pouvoir grâce à cette réforme, fit cependant machine arrière en organisant en 2018 un référendum victorieux (avec 64 % des voix) qui rend à nouveau impossible la réélection illimitée dans le temps du chef de l'État.

la sélection des candidats étant opérée par le Parlement dans lequel le parti présidentiel détient la majorité.

L'exemple latino-américain est emblématique du processus de glissement progressif de démocraties vers des démocratures. Sur d'autres continents, la Russie de Poutine ou la Turquie d'Erdoğan pourraient être analysées du même point de vue, sans qu'elles puissent être en même temps confondues avec le basculement vers des dictatures traditionnelles, comme cela a récemment été le cas dans l'Égypte du maréchal al-Sissi qui a pu renforcer au printemps 2019 sa mainmise sur le pays en obtenant le droit de se maintenir au pouvoir jusqu'en 2030 tout en exerçant un pouvoir purement dictatorial. Ni confondues également avec les très nombreux cas de maintien au pouvoir de chefs d'État africains à l'aide d'élections presque totalement manipulées.

Les dispositions de réélection que nous venons d'évoquer mettent en place une sorte de toboggan conduisant à la démocrature. Il est intéressant de souligner que ces dispositions n'ont cessé d'être soutenues d'un point de vue qui se voulait démocratique. C'est ainsi toujours la prééminence à accorder à la « volonté du peuple » qui a été mise en avant par les partisans de la réélection illimitée. « Il serait antidémocratique d'empêcher que le peuple décide », pouvait-on lire dans un des premiers ouvrages consacrés à la question en Amérique latine[1]. Cela, nous l'avons signalé, avait également été l'argument employé par le Tribunal constitutionnel bolivien. Ernesto Laclau, la référence intellectuelle pour tous les gouvernements populistes de gauche du continent, avait lui-même souligné avec force[2] qu'« une démocratie réelle en Amérique latine doit se fonder sur la réélection indéfinie ». C'est l'assimilation de la démocratie à la seule élection qui est là problématique, avec la réduction du peuple à son expression arithmétique momentanée que cela impose. Avec, aussi, l'assèchement de l'ordre juridique qui

1. José Obdulio Gaviria, *Reelección. Que el pueblo decida*, Bogotá, Planeta, 2004.
2. Entretien dans *Pagina 12*, Buenos Aires, 2 octobre 2011.

en découle ; ce que j'ai appelé la dynamique de polarisation propre au populisme.

Polarisation et politisation des institutions

Nous avons employé l'expression de « démocratie polarisée » dans notre « Anatomie du populisme ». Le propre des régimes populistes est de passer vigoureusement à l'acte sur ce point. Selon des modalités certes différentes. On peut ainsi distinguer les processus de *brutalisation directe* des institutions et les stratégies de *dévitalisation progressive*. Les populismes latino-américains et le régime hongrois offrent chacun une illustration de ces deux variations, la domestication des cours constitutionnelles s'imposant dans chaque cas comme l'élément clef d'un basculement qui vise à supprimer les différents garde-fous existants au pouvoir de l'exécutif. Le Venezuela d'Hugo Chávez est un bon exemple du processus de brutalisation des institutions (la Bolivie d'Evo Morales constituant l'autre cas archétypique en Amérique latine). Dès son ascension au pouvoir en 1999, Hugo Chávez fit élire, d'une façon inconstitutionnelle puisque non prévue par la Constitution régissant le pays, une Assemblée constituante. Celle-ci, en violation d'un arrêt de la Cour suprême en place, s'arrogea le pouvoir de dissoudre toutes les institutions existantes et d'en installer de nouvelles. Se sentant menacée dans son existence même, la Cour décida de « se suicider pour éviter d'être assassinée », selon la formule de sa présidente qui avait démissionné pour protester contre ce coup de force. La Cour fut de fait supprimée pour être remplacée par un Tribunal de justice suprême, le gouvernement augmentant le nombre de ses membres pour y placer ses fidèles et être sûr d'avoir une institution qui ne fasse plus obstacle à son action[1]. En Hongrie, Viktor Orbán a utilisé

1. Pour une synthèse sur le sujet, voir Allan Brewer-Carías, *Dismantling Democracy in Venezuela: The Chávez Authoritarian Experiment*, New York, Cambridge University Press, 2010.

une méthode plus biaisée. Si lui aussi procéda à une réforme constitutionnelle en 2012, il la fit dans les règles. Mais il réduisit certaines des attributions essentielles de la Cour, en lui interdisant par exemple de se référer à sa propre jurisprudence des années qui avaient suivi la chute du communisme. Et il introduisit parallèlement dans le texte tout un ensemble d'éléments de politiques publiques – qui n'ont habituellement pas leur place dans une Constitution – pour entraver l'action d'un futur gouvernement qui ne serait plus aux mains de son parti[1] ! On peut noter que le régime polonais aux mains du PiS a agi de façon analogue pour se libérer du contrôle de la justice constitutionnelle.

Parallèlement, c'est la politisation de l'État qui a caractérisé les divers régimes populistes. Les fonctionnaires récalcitrants y ont été évincés de diverses manières pour être remplacés par des affidés. Politisation des fonctions et polarisation des institutions se sont de la sorte liées pour que tous les pouvoirs soient aux mains d'un exécutif ayant par ailleurs le pouvoir législatif à ses ordres[2]. On peut parler dans ce cas d'une véritable privatisation de l'État, vidant de sa substance la notion même de service public. Sans compter le développement induit de formes de clientélisme qui ont pu avoir des conséquences dramatiques dans les entreprises d'État (à l'image de ce qui s'est passé chez PDVSA, la compagnie pétrolière du Venezuela). On a ainsi vu se mettre en place dans ces pays une nouvelle classe capitaliste inféodée au pouvoir, celui-ci la laissant libre de s'enrichir en échange d'une

1. On ne peut comprendre la prudence relative d'Orbán que si l'on rappelle que les aides européennes représentent 3 % du PIB du pays, finançant la plus grande part de ses infrastructures. Pour une vue d'ensemble du processus de recul démocratique en Hongrie, voir János Kornai, « Hungary's U-Turn: Retreating from Democracy », *Journal of Democracy*, vol. 26, n° 3, juillet 2015.

2. Il n'y a là aucune spécificité des régimes populistes, la secondarisation du législatif s'inscrivant dans un mouvement général de montée en puissance de l'exécutif (je renvoie sur ce point à mes développements dans *Le Bon Gouvernement*, *op. cit.*).

servilité politique absolue (le cas de la Russie est là le plus exemplaire, mais le phénomène est général).

Au-delà de cette polarisation de l'État, les régimes populistes ont aussi organisé leur emprise sur les médias. De multiples façons. En agissant par exemple pour réduire les revenus publicitaires de la presse d'opposition : interdiction donnée aux entreprises publiques d'y faire paraître des placards, pression sur les entreprises privées (le journal *Gazeta Wyborcza*, le principal organe d'opposition en Pologne, a fait le détail de ce type de mesures). Des difficultés financières pouvant en résulter, des milieux d'affaires proches du pouvoir ont souvent racheté des titres, sachant que leur « investissement » serait récompensé par l'obtention d'avantages divers. Cette presse se voit par exemple aussi privée d'informations, incapable d'accéder à tout un ensemble de sources. Sans qu'il y ait de censure au sens juridique du terme, les médias au service du pouvoir finissent de la sorte par coloniser l'espace public et peser de façon décisive sur l'opinion. Pour s'en tenir au cas hongrois que nous venons d'évoquer, c'était, en 2019, 78 % du chiffre d'affaires total des médias de ce pays qui était généré par des sociétés directement contrôlées par le Fidesz (le parti d'Orbán) ou proches de lui[1]. Les transformations de la vie publique / politique entraînées par l'avènement des régimes populistes ne se mesurent cependant pas seulement à l'aune de ces différents dispositifs. Elles se traduisent aussi par la disparition progressive des règles implicites régissant celle-ci, celles qui se lient à « l'esprit des institutions », à ce que l'on appelle de façon plus spécifique les « conventions de la Constitution » ou plus largement à ce qui révèle de la civilité démocratique[2]. Elles s'accompagnent d'autre part d'une forte tendance à l'intensification de la polarisation partisane, accompagnée par un durcissement des oppositions sociales elles-mêmes.

1. Selon une étude de l'ONG Mertek.

2. Voir en français l'ouvrage de référence de Pierre Avril, *Les Conventions de la Constitution. Normes non écrites du droit politique*, Paris, PUF, 1997.

La présidence de Donald Trump illustre de façon exemplaire cette double évolution, alors même que les institutions du pays sont, elles, formellement restées inchangées. Son langage tissé d'éructations, d'insultes et d'attaques personnelles ne frappe pas seulement par sa vulgarité (qu'apprécient ses supporters). Il attise surtout les divisions partisanes d'une façon systématique et inédite, répétant que le pays est divisé entre bons et mauvais Américains, le pays réel et une Amérique qui prend tous les visages de ce qu'il peut considérer comme profondément méprisable. S'il n'est certes pas un lecteur de Carl Schmitt, il fait instinctivement comme si le pays était divisé entre hommes et sous-hommes, amis et ennemis, constituant des mondes étrangers, et ne cesse de marteler ce message. Les notions même de tolérance, de communauté politique et de civilité démocratique sont de la sorte niées et balayées. Simultanément, Trump a un rapport purement utilitariste aux institutions. La façon qu'il a eue de limoger des personnalités comme le chef du FBI ou le type de nominations auxquelles il a procédé montrent qu'il s'est affranchi de toutes les règles admises de comportement en politique. Il reste dans le cadre légal, mais extrémise en même temps la vie politique[1]. Et le fait est qu'il a eu sur ce plan une capacité d'entraînement redoutable en faisant taire les voix hostiles au sein du monde républicain, avec toutes les conséquences que cela eut dans les pratiques d'audition et de confirmation des candidats à des postes publics clefs. Si l'Amérique venait un jour à basculer, ce ne serait pas du fait d'un coup d'État mais d'attaques répétées contre les mœurs démocratiques auxquelles le pays aurait consenti. *It Can't Happen Here* : en donnant ce titre à l'un de ses romans en 1935, Sinclair Lewis voulait tirer la sonnette d'alarme sur la fragilité

1. Sur le durcissmeent de la polarisation politique aux États-Unis, voir l'ouvrage déjà cité *How Democracies Die*, ainsi que Michael Tomasky, *If We Can Keep It: How the Republic Collapsed and How it Might Be Saved*, New York, Liveright, 2019.

démocratique[1] de son pays au moment de l'arrivée au pouvoir d'Hitler. Commencent aujourd'hui à se multiplier les ouvrages agitant le spectre des conséquences qu'entraînerait une réélection de Trump en 2020. Ils sont à prendre au sérieux.

Épistémologie et morale de la politisation généralisée

Pour les leaders populistes, il ne s'agit pas seulement de défendre leurs opinions et leurs projets. Ils se présentent comme de zélés serviteurs de la vérité assiégés par les mensonges de leurs opposants. Ce déplacement du terrain de la confrontation avec leurs adversaires les conduit à mettre en scène un univers dominé par des puissances dissimulées de manipulation de l'opinion, les faits s'effaçant dès lors derrière les intentions et les soupçons. Cette vision structure le langage et les arguments des mouvements populistes, indexant leur montée en puissance sur leur capacité de persuasion qu'un « gouvernement de l'ombre » (un *deep state* dans le vocabulaire de Trump) trompe les citoyens et leur dissimule de préoccupantes réalités (les questions d'immigration étant particulièrement propices à cet exercice). Les conflits d'intérêts sont ainsi encastrés dans ce qui est décrit comme le combat véritablement décisif, celui de la vérité et du mensonge, qui établit une ligne de partage de l'opinion. Les faits et les arguments tendent de la sorte à s'effacer derrière ce qui est de l'ordre d'une croyance organisatrice des jugements, rendant difficile tout échange rationnel. C'est sur ce mode que s'opère progressivement une radicalisation de la polarisation des affrontements à l'âge des populismes.

Lorsqu'un leader populiste prend le pouvoir, ce qui était de l'ordre d'une stratégie électorale devient une politique d'État. Viktor Orbán a ainsi typiquement mis sur pied un institut baptisé

1. Le livre faisant le portrait d'un sénateur américain élu président, Buzz Windrip, qui mettait en place un régime totalitaire (il s'était inspiré de la littérature d'Huey Long, gouverneur-sénateur de Louisiane).

« Veritas » auquel il incombe de « renforcer l'identité hongroise » en établissant une vérité officielle sur l'histoire trouble du pays (notamment dans l'entre-deux-guerres). De façon plus floue mais encore plus spectaculaire, un Donald Trump a fait de l'énoncé de contrevérités un élément permanent de ses interventions politiques. Le *Washington Post* a ainsi précisément établi que, dans sa première année de mandat, il avait proféré plus de 2 000 mensonges ou affirmations trompeuses[1]. En introduisant une confusion de plus en plus grande sur la nature des problèmes à traiter dans un pays, ces pratiques empoisonnent le débat politique et le déstructurent en profondeur. Adossés à une haine estimée salutaire des médias, ces mensonges contribuent à une véritable « corruption cognitive » du débat démocratique, pour le dire autrement. Il n'y a en effet pas de vie démocratique possible sans qu'existent des éléments de langage communs et l'idée que puissent s'opposer des arguments fondés sur une description partageable des faits. Les mouvements et les régimes populistes prospèrent là sur une tendance préoccupante des sociétés contemporaines à dissoudre la distinction des faits et des opinions[2] sous la bannière d'une politisation générale et extrémisée.

Les régimes populistes radicalisent aussi la perception des opposants politiques comme personnes immorales et corrompues, à la solde d'intérêts apatrides. Ils opposent de la sorte le peuple-authenticité et le peuple-vertu, auxquels ils disent s'identifier, à un adversaire-ennemi rejeté à l'extérieur de la communauté nationale. La légitimité dont ils se réclament est excluante, indissociablement politiquement et moralement. Au-delà des faits, là encore, c'est dans la prétention

1. Glenn Kessler et Meg Kelly, « President Trump Has Made More than 2 000 False or Misleading Claims over 355 Days », *The Washington Post*, 10 janvier 2018.

2. La littérature sur la question est maintenant considérable. Je renvoie par exemple au colloque organisé par une chaire au Collège de France en 2018 (interventions consultables sur le site du Collège).

à incarner le bien que se drapent les régimes populistes pour justifier leurs actions et leur rapport distancié à l'État de droit, dissolvant par là même ce qui fait l'essence de la démocratie comme type de communauté politique ouverte et pluraliste.

L'ESPRIT D'UNE ALTERNATIVE

(CONCLUSION)

Si la critique populiste du monde tel qu'il va fait écho au désarroi, aux colères et aux impatiences d'un nombre croissant d'habitants de la planète, les projets et les propositions qu'elle porte paraissent simultanément réducteurs, problématiques et même menaçants. L'objet de cet ouvrage était d'instruire ce dossier. Mais le lecteur de ces pages serait en même temps frustré d'en rester à ce point où vient dans sa tête et sur ses lèvres la question : quelle alternative formuler alors ? Car il est également bien conscient que ce n'est évidemment pas en en restant à la défense de l'ordre existant des choses qu'une réponse satisfaisante pourra être apportée aux questions et aux demandes qui alimentent la montée en puissance de ce populisme contemporain. Pour aborder cette question, je m'en tiendrai à mon domaine de compétence, au cœur du problème il est vrai. Les nombreux ouvrages que j'ai consacrés à l'histoire et à la théorie de la démocratie apportent déjà certains éléments de réponse. Et mes travaux en cours prolongeront ce travail d'élucidation et de conceptualisation des voies nouvelles à emprunter pour repenser et refonder simultanément l'activité citoyenne et les institutions démocratiques. Il ne peut s'agir ici de faire la synthèse de ce qui a déjà été élaboré (certaines notes y font cependant référence dans le cours du présent livre) ou de détailler le programme envisagé pour mes publications à venir. Le but de ces quelques pages, qui servent de conclusion, est plus modestement de dégager quelques principes généraux autour desquels devrait se structurer un travail de refondation démocratique susceptible de constituer une alternative forte à l'offre populiste.

L'axe directeur serait de prendre le contrepied des trois types de démocraties limites[1] qui ont en commun de simplifier / radicaliser le projet démocratique en ne tenant pas compte du fait que son inaccomplissement est lié aux contradictions internes qui le sous-tendent. Ce qui conduit *in fine* à le mutiler et à le vider de sa substance (à des degrés certes incomparablement différents). Le but doit être à l'inverse d'élargir la démocratie pour lui donner corps, d'en démultiplier les modes d'expression, les procédures et les institutions. La vérité de la démocratie n'est pas dans la supposée perfection de l'une de ses modalités, mais dans la reconnaissance du fait que son idéal ne peut être approché que par la superposition de ses approximations, l'addition de toutes les modalités séparément imparfaites que l'on peut envisager pour lui donner forme. Elle est la dérivée de ses possibles, pourrait-on dire par analogie avec le langage des mathématiques[2]. La démocratie comprise de cette façon n'est pas de l'ordre d'un modèle figé que l'on pourrait adéquatement saisir en termes normatifs. Elle est par nature expérimentale. Elle peut ainsi se caractériser comme l'horizon dessiné par l'exploration permanente et la mise en institution toujours soumise à réévaluation des différentes composantes de ses tentatives de définition. On peut illustrer ce propos, qui peut sembler un peu abstrait énoncé en ces termes, en partant de l'exemple du principe de représentation, une composante de l'idée démocratique universellement reconnue comme essentielle ; comme en témoigne le procès en « mal-représentation » qui

1. Il s'agit de ceux qui ont été définis dans les dernières pages de la deuxième partie de cet ouvrage : les démocraties minimales, les démocraties essentialistes et les démocraties polarisées.

2. Cette approche fait écho dans l'ordre politique à la révolution opérée par la mécanique quantique dans l'approche de la réalité. Cette physique, comme l'a bien souligné Alain Connes, montre en effet que tous les possibles imaginables jouent un rôle dans la constitution de la réalité et que celle-ci doit être comprise comme la somme des mouvements possibles.

est partout instruit. Historiquement, c'est la première fonction qui a été privilégiée, l'élection étant la procédure servant à désigner le porte-parole d'un groupe, celui qui siégera dans une assemblée pour parler en son nom. Mais le besoin que cette assemblée soit à l'image du pays concerné s'est aussi fait ressentir. D'où le développement de partis exprimant les intérêts de groupes spécifiques (le monde ouvrier notamment, avec les partis socialistes puis communistes). D'où aussi la revendication, puis la mise en place, de garanties de représentation pour des groupes minoritaires avec l'adoption d'élections à la proportionnelle. Là encore, c'est de l'élection que l'on attendait l'exécution de cette fonction. Le problème est que cette double fonctionnalité démocratique de l'élection a connu des rendements de plus en plus décroissants. Pour de multiples raisons : la notion de programme, indissociable de celle de mandat, a perdu de son évidence dans un monde plus incertain ; la confiance dans les élus a parallèlement décliné du fait de leur plus grand enfermement dans leurs tâches et de leur moindre représentativité ; l'avènement d'une société qui n'est plus divisée en classes simplement identifiables, et dans laquelle la spécificité des situations vécues est devenue aussi importante que la détermination par les conditions sociales, a rendu plus difficile la représentation de cette société. Que faire alors ? Il serait illusoire et dangereux de croire que l'invocation d'un homme-peuple ou d'un parti-peuple pourrait suffire à résoudre le problème. On ne peut d'abord pas conclure de cette analyse qu'il n'y a plus des marges de manœuvre pour améliorer la performance démocratique de l'élection. L'adoption du principe de parité a ainsi beaucoup apporté dans les pays où elle a été adoptée. Mais il serait en même temps hasardeux d'attendre de l'application de nouvelles procédures électorales qu'elles suffisent à remplir les deux fonctions de la représentation, qu'il s'agisse de l'adoption du principe de révocation des élus dans certaines conditions, de la limitation du nombre des mandats et de leur cumul, ou encore de la réforme du financement des dépenses électorales pour réguler le rôle de l'argent en politique (même si elles ont une indéniable utilité fonctionnelle et méritent en tant que telles d'être mises en œuvre).

La solution la plus pertinente à la crise de la représentation est d'en démultiplier les modalités et les expressions, au-delà du rôle à la fois indispensable et limité de l'exercice électoral. De plusieurs manières. En renforçant d'abord le lien, par construction intermittente, entre représentés et représentants par le biais de ce qu'on pourrait appeler une *démocratie interactive*, mettant en place des dispositifs permanents de consultation, d'information, de reddition de comptes entre eux. En donnant, ensuite, toute sa place au sens figuré du terme de « représentation » : rendre présentes sur la scène publique les réalités vécues par les citoyens. « Démocratie » ne veut en effet pas seulement dire souveraineté du peuple, délibération publique, désignation d'élus. « Démocratie » signifie aussi attention à tous, prise en compte explicite de toutes les conditions et situations sociales. Cela implique de développer une *représentation narrative* à côté de la classique représentation-délégation. Ne pas être représenté, c'est en effet être un invisible, ne pas voir ses problèmes pris en compte et discutés. La représentation a dans ce cas une dimension cognitive et expressive[1]. Cette conception est par ailleurs nécessaire pour constituer une société démocratique. Celle-ci présuppose en effet que les individus soient dans un meilleur rapport de connaissance mutuelle. Une société en déficit de représentation oscille mécaniquement entre la passivité et les peurs. Elle tend à être dominée par le ressentiment, qui marie la colère et l'impuissance, et ne peut donc penser concrètement l'action sur elle-même. Elle doit en effet sans cesse simplifier et caricaturer le réel pour espérer le rendre malléable. La société finit alors par ériger des boucs émissaires en uniques causes de tous ses maux, et par ne plus pouvoir s'appréhender que sous les espèces d'un bloc indistinct en butte à des puissances maléfiques radicalement étrangères. Lorsque les individus s'ignorent, la vie sociale se trouve du même

1. C'est sur cette base que j'ai développé le projet « Raconter la vie » dont les objectifs et les moyens ont été présentés dans mon essai *Le Parlement des invisibles*, *op. cit.*

coup diminuée, abstractisée, et les mécanismes de repli et de ghettoïsation se multiplient, laissant le fantôme du peuple-Un dominer les esprits. Limitant du même coup l'acceptation de l'impôt et la mise en place de mécanismes redistributifs.

Se sentir représenté, c'est encore, en troisième lieu, constater que l'individu quelconque compte pour quelque chose dans la société, qu'il peut directement avoir son mot à dire. C'est ce que met en action la procédure du tirage au sort que nous avons déjà évoquée. Elle est une des formes sensibles que peut prendre le pouvoir de n'importe qui, et c'est pourquoi il est nécessaire de lui faire une place à déterminer à côté de l'élection, que ce soit pour constituer des conseils citoyens ou faire vivre des procédures d'interpellation des pouvoirs.

La souveraineté du peuple peut de la même façon être appréhendée en étant complexifiée, élargie au-delà de sa formulation étroitement électorale. Nous avons déjà développé dans les pages précédentes les notions de « pouvoir de personne » et de « pouvoir de n'importe qui » comme modalités complémentaires d'expression de la volonté générale. Mais c'est aussi à l'*œil du peuple* que l'on pourrait donner un rôle accru dans la démocratie. Celle-ci a historiquement donné une *voix* au peuple, avec le bulletin de vote d'abord, puis en reconnaissant aussi le rôle des pétitions et celui des manifestations. Cet œil du peuple pourrait dorénavant jouer un rôle accru, élargissant la portée de l'activité citoyenne. Dès le début de la Révolution française, cet œil était d'ailleurs omniprésent sur les placards imprimés ou les pages de garde des journaux. En même temps que le terme de « surveillance » s'était imposé pour définir une modalité spécifique de l'exercice de la souveraineté du peuple. « Amis de la liberté, qu'une surveillance éternelle nous mette à l'abri des dangers que nous aurions à courir si notre destinée se trouvait confiée tout entière à nos ministres », pouvait-on ainsi lire dans un fameux journal de l'époque. La vigilance du peuple était comprise comme nécessaire pour faire vivre l'idéal d'un gouvernement guidé par le souci de l'intérêt général. La surveillance était appréhendée comme un moyen de limiter les dysfonctionnements du pouvoir et de remédier à ce que j'ai appelé « l'entropie démocratique » (définie comme un processus de dégradation de la relation entre élus et électeurs, gouvernés et gouvernants)[1].

Démultiplier les procédures et les institutions démocratiques implique encore de ne pas en rester à une démocratie d'autorisation, c'est-à-dire à la délivrance électorale d'un permis de gouverner. Ce sont les conditions d'exercice du pouvoir qui doivent aussi obéir à des critères démocratiques. Si la vie politique s'organise autour d'institutions définissant un type de régime, elle est en effet également action gouvernementale, c'est-à-dire gestion quotidienne de la chose publique, instance de décision et de commandement. Elle est le lieu d'un exercice du pouvoir, celui qu'on appelle en termes constitutionnels le pouvoir exécutif. C'est à lui que les citoyens ont immédiatement et quotidiennement à faire. Le centre de gravité de l'exigence démocratique s'est du même coup insensiblement déplacé à l'heure de la montée en puissance de cet exécutif : au-delà de la détermination d'un lien rapproché entre les représentants et les représentés, c'est dorénavant aussi le rapport des gouvernants aux gouvernés qu'il faut faire entrer en démocratie, en considérant celle-ci comme la qualité d'une pratique. Pour les citoyens, le défaut de démocratie signifie en effet ne pas être écoutés, voir des décisions prises sans consultation, des ministres ne pas assumer leurs responsabilités, des dirigeants mentir impunément, constater que la corruption règne, voir une classe politique vivre en vase clos et ne pas rendre assez de comptes, un fonctionnement administratif rester opaque. D'où la notion de *démocratie d'exercice* à laquelle il convient dorénavant de donner corps[2].

Une telle démocratie d'exercice pourrait être envisagée dans deux directions. Celle de la formulation de principes devant régir

1. Sur cette fonction démocratique de la surveillance et de la défiance, voir mon ouvrage *La Contre-Démocratie. La politique à l'âge de la défiance*, *op. cit.*

2. C'est l'approche qui est développée dans mon ouvrage *Le Bon Gouvernement*, *op. cit.*

les relations des gouvernants aux gouvernés, d'abord. Trois d'entre eux peuvent être considérés comme essentiels : la lisibilité (notion plus large et plus active que celle de transparence), la responsabilité (avec ce qu'elle implique en termes de reddition de comptes et d'évaluation des politiques, au-delà de l'acte de démission) et la réactivité (terme qui traduit le moins mal la notion de *responsiveness* en anglais). Ces principes dessinent les contours d'une *démocratie d'appropriation*. Leur mise en œuvre permettrait aux citoyens d'exercer plus directement des fonctions démocratiques qui ont longtemps été accaparées par le seul pouvoir parlementaire. Ils donnent aussi pleinement sens au fait que le pouvoir n'est pas une chose mais une relation, et que ce sont donc les caractéristiques de cette relation qui définissent la différence entre une situation de domination et une simple distinction fonctionnelle, au sein de laquelle peut se développer une forme d'appropriation citoyenne du pouvoir. La détermination des qualités personnelles requises pour être un « bon gouvernant », en second lieu. Qualités qui ne doivent pas être appréhendées pour dresser un portrait-robot idéalisé, mais pour considérer de façon plus opératoire celles qui sont nécessaires à l'établissement d'un lien de confiance entre gouvernants et gouvernés ; pour fonder ainsi une *démocratie de confiance*. La confiance étant une de ces « institutions invisibles » dont la vitalité a pris une importance décisive à l'âge de la personnalisation des démocraties. Deux s'imposent au premier chef : l'*intégrité* et le *parler vrai* (la *parrèsia* dont Michel Foucault a rappelé l'importance en Grèce ancienne). Ces principes de bon gouvernement ne doivent cependant pas seulement s'appliquer au pouvoir exécutif dans ses différentes instances. Ils sont aussi appelés à régir l'ensemble des institutions non élues qui ont une fonction de régulation (les autorités indépendantes), les diverses catégories de magistratures, et tout le monde de la fonction publique. Ce sont en effet des personnes et des institutions qui exercent d'une manière ou d'une autre un commandement sur autrui et participent de la sorte aux organes gouvernants.

Décrivant l'avènement du monde démocratique dont il était témoin, Tocqueville notait : « La notion de gouvernement se simplifie : le nombre seul fait la loi et le droit. Toute politique se réduit à une question d'arithmétique. » Il faudrait dire exactement le contraire aujourd'hui. Le progrès démocratique implique dorénavant de complexifier la démocratie, de la démultiplier. Cela ne dessine pas un modèle de démocratie, mais l'indication d'un travail permanent à accomplir, de principes à faire vivre ; rappelant que la démocratie est d'abord le régime qui ne cesse de s'interroger sur lui-même. C'est au prix de cet effort et de cette lucidité que le projet populiste pourra perdre de son attrait. C'est à ce prix aussi que pourront émerger des émotions authentiquement démocratiques, renvoyant à des idéaux de solidarité et de bienveillance, qui constitueront un point d'appui pour cette entreprise de mise en œuvre d'une démocratie généralisée et démultipliée.

ANNEXE

Histoire du mot « populisme »

Le populisme russe

Narodnichestvo, populisme ; *narodnik*, populiste. Ces termes, dérivés de *narod* (peuple), ont fait leur apparition dans la langue politique russe au cours des années 1870[1]. Un « Groupe populiste-révolutionnaire » vit ainsi le jour en 1876, tandis que certains intellectuels se définirent quelques années plus tard comme « socialistes-populistes ». Ces appellations ne correspondaient alors pas à une définition théorique clairement établie. Mais elles s'inscrivaient en même temps dans une vision du socialisme et une conception de l'action politique qui avaient une forte originalité, au regard de ce qui définissait alors les socialismes européens, aussi bien que de ce qui deviendra plus tard la conception léniniste.

1. La somme de Franco Venturi, *Les Intellectuels, le peuple et la révolution* (trad. française, 2 vol., Paris, Gallimard, 1972), reste toujours essentielle pour l'histoire du populisme russe, même si l'on peut critiquer le biais qu'elle introduit en voulant considérer ce populisme comme une « étape » dans l'histoire du socialisme et du communisme en Russie (ce qui permit à son livre d'être bien reçu en URSS).

Le populisme russe a d'abord plongé ses racines dans l'identification du monde paysan à une image de la Russie idéale. Un peuple paysan compris comme expression et gardien de l'âme russe (à une époque où il constituait 90 % de la population). D'abord associé à une vision religieuse de l'orthodoxie, ce messianisme avait aussi une dimension culturelle autonome. L'abolition du servage, en 1861, donnera une plus forte consistance à cette appréhension d'un peuple-source. Un peuple-source, détenteur de l'identité et de la vérité du pays du fait de son lien à la terre ; un peuple fécond aussi, à l'image des semences dont il nourrit le sol ; un peuple géant, enfin, à la dimension des immenses paysages de la Russie. Le populisme s'inscrivait de cette façon dans la tradition slavophile. Mais d'une manière active, qui n'avait rien de passéiste : ce peuple était aussi rédempteur, désigné comme l'accoucheur d'une société authentique, et nouvelle de ce seul fait.

Ce populisme s'est en second lieu identifié à un rejet du rationalisme dominant en Occident, considérant que l'intelligentsia (le terme est d'origine russe) devait se mettre à l'école du peuple et n'avait aucune légitimité morale à prétendre le guider. À cent lieues donc de la conception attachée aux philosophes des Lumières, que l'autocratie russe, de Catherine II à Nicolas II, avait célébrés dans la perspective d'édification d'un État rationnel destiné à gouverner les masses. Alexandre Herzen[1], la figure tutélaire du mouvement, qui en avait élaboré la philosophie et inventé le langage avant même que ne surgisse le terme de « populisme », avait lancé dès le début des années 1860 le mot d'ordre intellectuel et moral d'« aller au peuple » dans son journal *Kolokol* (La cloche). Alors que le pouvoir tsariste venait de fermer les universités pour étouffer dans l'œuf la contestation étudiante, un de

1. Philosophie proche du courant de la gauche hégélienne, il se lia à Proudhon lorsqu'il séjourna à Paris en 1847-1848. Il se fit en Russie le théoricien d'un socialisme irrigué par les idéaux slavophiles. Ses articles dans les deux revues qu'il fonda dans les années 1850 et 1860, *L'Étoile polaire* et *La Cloche*, eurent un impact intellectuel et politique considérable dans le pays. Kropotkine a souligné dans ses *Mémoires* la dette à son égard.

ses proches avait appelé au développement d'une « science libre » élaborée dans la fraternisation des jeunes intellectuels avec le peuple. Il fallait « descendre vers le peuple », entendait-on alors dire de différents côtés. Ces invitations seront entendues et l'on verra pendant plusieurs années se multiplier des pérégrinations qualifiées d'apostoliques[1]. Le mouvement culminera à l'été 1874 avec une grande « marche vers le peuple » de plusieurs milliers de jeunes gens pauvrement vêtus qui se répandirent dans les campagnes à la rencontre des paysans. Ils furent alors nombreux à s'établir dans les villages comme médecins, instituteurs ou même agriculteurs, forgerons ou bûcherons. Ils espéraient apprendre des masses villageoises ce qu'était leur idéal populaire d'une vie sociale meilleure.

Il y avait dans cette démarche la volonté d'une jeunesse issue des classes favorisées de payer sa dette au peuple et de vivre un bonheur simple. Certains étaient de simples roturiers. Mais ils furent aussi nombreux à être issus des rangs de l'aristocratie, souvent marqués par les idées de la Révolution française. Désireux de rompre avec leur passé de privilégiés, ils aspiraient à vivre fraternellement avec les paysans. On les qualifiera de « nobles repentants[2] ». Kropotkine, alors jeune prince de son état, retracera bien dans ses *Mémoires* le mouvement de cette jeunesse en rupture avec ses pères, qui voulait simultanément aller au peuple et se faire peuple[3]. Répondant à l'un de ses amis qui lui demandait pourquoi il partait pour la campagne, un étudiant abreuvé de littérature révolutionnaire répondra typiquement : « Nous parlons tellement du peuple et nous ne le connaissons pas. Je veux vivre la vie du peuple et souffrir pour lui[4]. »

1. Qui ne furent pas sans rappeler les missions saint-simoniennes dans les villes de province dans la France des années 1831-1832.

2. Sur ce monde, voir Jean Lothe, *Gleb Ivanovič Uspenskij et le populisme russe*, Leyde, Brill, 1963.

3. Pierre Kropotkine, *Autour d'une vie. Mémoires*, Paris, Stock, coll. « Bibliothèque sociologique », 1901 (voir notamment les p. 309-316).

4. Rapporté dans F. Venturi, *Les Intellectuels, le peuple et la révolution*, *op. cit.*, t. II, p. 797.

Ces éléments moraux et sociologiques exprimèrent l'idéal populiste de la période. Vera Zassoulitch, elle aussi d'une famille noble, qui deviendra une des grandes figures du marxisme et du mouvement révolutionnaire russe, parlera de son côté avec un esprit plus critique du rôle que jouait le « paysan invisible » dans le monde intérieur d'une jeunesse qui se rêvait en « fils du peuple[1] ». On pourrait ainsi parler à ce propos d'un populisme d'en haut.

Ce populisme était enfin lié à une conception spécifique du socialisme. Spécifique par le rôle central dévolu à la paysannerie. « L'homme de la Russie future, c'est le moujik, comme l'homme de la France régénérée sera l'ouvrier », avait ainsi prophétisé Herzen au moment de la révolution de 1848[2]. Spécifique aussi parce que le socialisme était compris dans des termes opposés à ceux de l'Occident. En Europe, c'est du prolétariat que l'on attendait le salut, prolétariat dont la croissance était indexée sur le développement du capitalisme. Les populistes estimaient de leur côté que la Russie pourrait suivre un chemin différent, menant directement du servage de type féodal qui s'imposait encore au milieu du XIXe siècle au communisme de l'avenir, sans passer donc par l'étape d'une révolution industrielle et d'un régime bourgeois. Herzen avait là encore donné le ton. Dans son échange avec Michelet que nous venons de citer, il s'était ainsi exclamé : « Quel bonheur c'est pour la Russie que la commune rurale ne s'est pas dissoute, que la propriété individuelle n'a pas brisé la possession communiste[3]. » Il avait même été jusqu'à forger l'expression de « communisme moujik ».

1. Voir les extraits de ses *Mémoires*, publiés dans *Vera Zassoulitch, Olga Loubatovitch, Elizabeth Kovalskaïa et Vera Figner, quatre femmes terroristes contre le tsar*, textes réunis et présentés par Christine Fauré, Paris, Maspero, 1978, p. 60-61 en particulier.

2. Alexandre Herzen, *Le Peuple russe et le socialisme. Lettre à Jules Michelet* (1852), in *Textes philosophiques choisis*, Moscou, Éditions en langues étrangères, 1948, p. 521.

3. *Ibid.*, p. 520.

Les populistes célébraient ainsi la communauté agraire (*obscina*) et l'assemblée villageoise (*mir*) que la première génération des slavophiles avait déjà mises en avant pour opérer son retour à la Russie après avoir été déçue par l'Occident. Comme les Américains avaient eu un Tocqueville pour interpréter en profondeur leur monde démocratique, les Russes s'appuieront sur l'œuvre d'un voyageur prussien, August von Haxthausen[1], pour donner toute son ampleur à leur appréhension de l'*obscina* et du *mir* comme fondements de l'histoire et de l'avenir souhaitable de la Russie. Il ne s'agit pas de discuter ici du caractère mythologique que pouvait avoir cette idéalisation de la situation rurale. L'important est qu'elle ait alors suffisamment compté pour que Marx réponde longuement en 1881 aux questions de Vera Zassoulitch et de plusieurs de ses amis sur le développement de la Russie et l'avenir de la communauté paysanne dans ce pays[2]. Questions qui, au-delà même des cercles populistes, étaient alors celles de tous les révolutionnaires russes. L'auteur du *Capital* soulignera que sa théorie était « restreinte aux pays de l'Europe occidentale » et que, concernant la Russie, ses études l'avaient persuadé que la commune rurale y constituait « le point d'appui de la régénération sociale ». À condition, ajoutait-il, que son développement soit libéré des entraves pesant sur elle.

Lénine adoptera une position radicalement opposée dans son étude de 1898, *Le Développement du capitalisme en Russie*. Mais c'est bien plus tôt et pour des raisons plus directement politiques que le « mouvement populiste », avec tout ce qu'il charriait, s'était dissipé en Russie. Il n'avait d'abord pas surmonté le choc de l'échec de ses actions de descente vers le peuple. C'est en effet la méfiance, voire le rejet, qui avaient souvent accueilli dans les campagnes les étudiants et

1. Voir la traduction française de son ouvrage, *Études sur la situation intérieure. La vie nationale et les institutions rurales de la Russie*, 3 vol., Hanovre, 1847-1853.

2. La lettre de Marx datée du 8 mars 1881 et ses trois brouillons ont été publiés dans *L'Homme et la société*, n° 5, 1967, p. 165-179. La lettre seule a été publiée dans de nombreux recueils.

les *barines* repentants[1] dans les années 1870 ; l'athéisme de beaucoup d'entre eux avait aussi effrayé. Ils avaient même dans certains cas été dénoncés à la police et arrêtés. Le peuple idéalisé avait déçu. Avant que Brecht ne suggère en pareil cas d'en changer, les populistes se dispersèrent ou se convertirent en guides d'un peuple des villes jugé plus disponible pour le changement. Ceux qui s'étaient proposé de rejoindre le peuple aspirèrent ainsi à en redevenir sur un nouveau mode les maîtres et à en constituer l'avant-garde. Le sentiment qu'il fallait dorénavant donner la priorité à des actions pour réveiller le peuple ainsi qu'à des attaques directes contre les personnes et les structures qui incarnaient l'État absolutiste s'imposera parallèlement dès la fin des années 1870. L'accent fut alors mis sur les vertus offensives de l'action terroriste qui mobilisa les énergies militantes et imposa ses coups d'éclat, l'assassinat spectaculaire d'Alexandre II en mars 1881 marquant un tournant décisif dans la lutte contre un État accusé de faire obstacle à la rencontre avec le peuple. Les révolutionnaires russes ne changeront ensuite leur fusil d'épaule qu'après la révolution de 1905, se séparant alors entre mencheviks et bolcheviks.

Le populisme russe, rapporté au sens strict du terme au mouvement de descente vers le peuple des campagnes dans les années 1870, n'aura finalement eu qu'une brève existence. Mais le sens de l'authenticité qu'il véhiculait, le rejet de toute forme d'hypocrisie qui lui était associé, la critique de l'État et la prééminence accordée à l'individu et aux communautés de proximité dans lesquelles il baignait, ont constitué des traits moraux, psychologiques et politiques qui ont marqué en profondeur ce qui est devenu la doctrine anarchiste. Ses deux grandes figures, Bakounine et Kropotkine, sont des Russes qui appartenaient à cette génération dont ils ont partagé les enthousiasmes et les impatiences, l'impératif de radicalité et l'attachement à un peuple charnel constitué en communautés capables d'autonomie. À cent lieues donc des

1. « Barine », l'expression russe pour « seigneur ».

populismes des XXe et XXIe siècles fondés sur l'identification à la figure d'un chef.

Le populisme américain des années 1890

Ce sont les membres et les sympathisants du People's Party, fondé en 1892 à Omaha dans le Nebraska, qui se sont eux-mêmes qualifiés de « populistes ». Mais, à l'inverse de ce qui s'était passé vingt ans plus tôt en Russie, il s'est agi dans ce cas d'un populisme d'en bas, exprimant les inquiétudes et les revendications de tout un milieu de « petits » fermiers principalement, qui voyaient alors leur situation menacée. C'était l'aboutissement d'un mouvement qui avait commencé une dizaine d'années plus tôt avec la formation de plusieurs Farmers' Alliances. Tout était parti de la situation nouvelle créée dans le Midwest et les Grandes Plaines par le développement des chemins de fer qui avait suivi la guerre civile. Des centaines de milliers de personnes affluèrent vers les nouveaux territoires qui s'étaient alors ouverts à l'activité économique, beaucoup s'endettant lourdement pour acheter des terrains et du matériel et mener une vie nouvelle dans des États comme le Nebraska, l'Iowa, le Kansas, le Dakota ou le Minnesota. C'était aussi, il faut le rappeler, le début de la grande vague d'immigration qui déversera des millions de bras sur le sol américain. Les fortes pluies puis la sécheresse qui sévirent de façon inhabituelle dans les années 1880 ruinèrent les espérances de beaucoup. Le mode de production agricole du sud-est du pays avait parallèlement été bouleversé après la guerre civile par le démantèlement des grandes propriétés esclavagistes. S'étaient multipliés dans ce contexte les petits exploitants qui louaient leur terre, la région continuant à être dominée par la monoculture du coton. S'étaient ainsi installés des travailleurs libres, blancs et noirs, mais en même temps totalement dépendants de leurs donneurs d'ordre, auxquels ils étaient liés par tout un système de crédits indexés sur les récoltes à venir. Une baisse des prix agricoles aviva les difficultés dans ces deux grandes zones du pays, ayant chacune leurs particularités sociales.

C'est dans ce contexte que monta en puissance une *agrarian revolt* et que les Farmers' Alliances virent le jour. Elles s'activèrent au Nord comme au Sud pour mettre sur pied des coopératives, lutter contre le pouvoir des banques et desserrer l'étau des monopoles de fournitures agricoles (le terme de « ploutocrates », promis à un grand succès, fut forgé à cette occasion). La question des tarifs de chemins de fer, indispensables pour acheminer les récoltes vers les lieux de transformation et de consommation, devint aussi un enjeu essentiel. La jonction fut pour cela établie avec les Knights of Labor (une des figures historiques du syndicalisme américain) qui organisèrent en 1886 la première grande grève des chemins de fer. Des candidats issus de ce mouvement à plusieurs têtes furent élus à des positions locales lors des élections de 1890, leur sentiment étant que les deux grands partis, démocrate et républicain, étaient à cent lieues de leurs préoccupations. L'idée germa chez eux de constituer un troisième parti, ce qui n'avait encore jamais été envisagé à grande échelle dans l'histoire américaine. C'est ainsi que le People's Party, que ses propres membres appelleront souvent « The Populist Party », tint sa première convention nationale à la date symbolique du 4 juillet 1892[1].

Le parti présenta un candidat à l'élection présidentielle de l'automne 1892. Le candidat, le général James Weaver, de l'Iowa, recueillit 1 million de voix et 8 % des suffrages. C'était un succès inédit, même si ces suffrages restèrent pour l'essentiel cantonnés aux territoires d'où était parti le mouvement. D'où l'appellation de *prairie populism* qui devint alors d'un usage courant. Succès confirmé aux élections locales suivantes de 1894. Les populistes firent alors élire six sénateurs, sept membres de la Chambre des représentants et un gouverneur (celui du Nebraska), rassemblant 1,5 million de voix. Tous les espoirs furent alors mis dans la présidentielle de 1896 et la perspective de voir la démocratie

1. Des rassemblements préliminaires avaient été organisés à partir de 1889.

américaine s'engager dans une voie nouvelle[1]. Mais les responsables du parti ne voulurent pas se contenter d'une nouvelle progression dans les urnes. C'est à une victoire qu'ils aspiraient. Ils firent pour cela alliance avec le candidat des démocrates, James Bryan, qui s'était déclaré proche de leurs préoccupations et prêt à soutenir leurs revendications. C'était faire le choix du vainqueur attendu, puisque les démocrates avaient remporté sans discontinuer toutes les présidentielles depuis les débuts de la période de reconstruction aux lendemains de la guerre civile. Il s'avéra calamiteux. Si les voix populistes se rallièrent assez largement à James Bryan dans les zones rurales à l'ouest du Mississippi (malgré les réticences de nombre de responsables du parti à l'égard de la stratégie adoptée), ce dernier connut des revers historiques dans les zones industrielles et en Nouvelle-Angleterre, où dominaient pourtant les électeurs démocrates. Ce qui fit revenir les républicains au pouvoir avec McKinley. L'élan populiste fut du même coup stoppé net et le parti fut rayé de la carte au scrutin suivant de 1900. Le moment populiste n'a ainsi duré qu'une dizaine d'années aux États-Unis.

Les facteurs générateurs du surgissement de ce populisme ne sont pas difficiles à appréhender. Ils ont d'abord été d'ordre économique, en tenant compte de la différence des situations dans le Nord et dans le Sud. Ce sont des perspectives de construction d'une vie nouvelle qui s'étaient dans les deux cas effondrées, qu'il s'agisse, au Sud, d'une promesse d'émancipation trahie par le retour des maîtres sous d'autres formes ou, au Nord, d'un projet d'installation succombant sous le poids d'adversités climatiques, de la pression des banques et du retournement des marchés. Dans tous les cas, il y avait des puissants à montrer du doigt, des mécanismes implacables à dénoncer, une modernisation aveugle à stigmatiser. C'était un affrontement des petits contre les gros, du peuple contre les

1. Voir sur cette élection Robert F. Durden, *The Climax of Populism: The Election of 1896*, Lexington, University of Kentucky Press, 1965.

monopoles des chemins de fer, les grandes banques ou des propriétaires intraitables. Le désenchantement démocratique a aussi joué un rôle majeur dans l'irruption du mouvement. C'est en effet l'époque pendant laquelle la corruption règne en politique, avec des institutions repliées sur elles-mêmes et deux partis devenus des machines clientélistes de plus en plus éloignées de la vie concrète d'électeurs qui se sentaient du même coup dépossédés de leur souveraineté démocratique.

Le programme du People's Party entendait répondre à ces deux catégories de problèmes[1]. Dans l'ordre politique, il avait proposé de limiter à un seul le mandat du président et du vice-président, de réformer le mode d'élection des sénateurs, ou encore d'introduire le système du référendum et de l'initiative populaire ; des thèmes qui émergeaient d'ailleurs alors un peu partout sur le territoire, bien au-delà des cercles populistes. Mais c'est surtout sur les questions économiques et financières que les populistes avaient mis l'accent. En appelant notamment à une nationalisation des chemins de fer, qui étaient au cœur de leurs préoccupations[2] ; et en souhaitant en même temps que la poste, le télégraphe et le téléphone soient considérés comme des services publics gérés par l'administration fédérale. La proposition essentielle était cependant d'un autre ordre, monétaire. Il s'agissait de combattre les effets jugés délétères de l'indexation du dollar sur l'or en mettant en place une monnaie fondée sur le métal-argent, un métal disponible en beaucoup plus grande quantité. Une monnaie que chaque citoyen aurait le droit de frapper, surtout.

1. Nous l'appréhendons ici à partir de la plateforme élaborée pour la présidentielle de 1892 – reproduite dans George McKenna (éd.), *American Populism*, New York, Capricorn Books, 1974, p. 88-94. Sur les propositions du mouvement, voir aussi George Brown Tindall (éd.), *A Populist Reader: Selections from the Works of American Populist Leaders*, Gloucester, Peter Smith, 1976.

2. « *We believe that the time has come when the railroad corporations will either own the people or the people must own the railroads, and should the government enter upon the work of owning and managing all railroads* » (article 3 de la plateforme de 1892).

C'était la revendication qui était la plus populaire ; celle à laquelle le populisme fut largement identifié dans l'opinion, également. On parlera alors ainsi à son propos de *free silver movement*. Il faut brièvement expliquer ici ce qui peut paraître difficilement compréhensible à nos yeux contemporains.

Pour saisir l'essence de cette revendication, il faut d'abord la resituer dans le contexte social de l'émergence des Farmers' Alliances et du People's Party : celui de petits fermiers surendettés, qui se trouvaient du même coup à la merci des banques, et des grands propriétaires dans le Sud. Le contexte économique était par ailleurs, dans ce milieu des années 1880 et début des années 1890, celui d'une politique déflationniste du gouvernement fédéral qui avait conduit à une forte appréciation de la valeur du dollar[1]. Le dollar-or avait du même coup été considéré comme le symbole et la cause de tous les malheurs des fermiers : la baisse de la valeur de leurs propriétés, la chute des prix de leurs produits agricoles, la pression accrue des banques autant que l'indifférence du système politique et du gouvernement fédéral à leurs difficultés. La dénonciation des banques, des partis établis et de toutes les formes de domination et d'exploitation avaient convergé dans les esprits pour attribuer tous les malheurs à l'organisation monétaire. Le *free silver* avait ainsi été appréhendé comme l'instrument clef de l'émancipation, indissociablement économique et politique, tandis que l'or était parallèlement démonisé. C'est sous la pression populaire qu'il fut alors considéré comme une véritable panacée ; c'était une idée véritablement venue d'en bas, qui n'avait pas été lancée par les responsables du parti ou des coopératives[2]. Cette proposition d'une telle « monnaie libre »

1. Et conduit à la dépression de 1893.

2. Pour une première appréciation de la question en français, voir Edward Castleton, « Une "armée d'hérétiques" face à une "croix d'or". Le premier populisme américain et l'hétérodoxie monétaire », *Critique*, n° 776-777, janvier-février 2012. L'appréhension de ce « silverisme » a été au cœur de toute la littérature américaine consacrée à ce populisme de la fin du XIXe siècle. Voir, écrits dans

avait donné un débouché simple à la critique générale des monopoles et à l'idée d'une « économie directe » conforme à l'esprit d'autonomie fondateur de l'expérience américaine.

L'effondrement du People's Party après 1896 a été en partie lié au fait que ce mot d'ordre du *free silver* était brutalement apparu comme inconsistant après l'échec électoral de 1896 ; la baudruche s'était dégonflée, la solution miracle s'était dissipée comme si elle n'avait été qu'un mirage. L'amélioration de la situation économique après 1896 y contribuera aussi. Mais si le populisme n'aura finalement duré aux États-Unis que le temps d'une courte parenthèse, c'est aussi pour des raisons plus structurelles. Qui tiennent d'abord au fait qu'il s'est avéré incapable de se « nationaliser » : il est resté l'expression d'un mouvement régional et d'une population spécifique[1]. Certains historiens ont rapporté le mouvement à une situation de « frontière[2] ». Il semble plus adéquat de souligner le caractère d'isolement relatif des secteurs dans lesquels le vote populiste fut alors concentré. Une comparaison des comtés à vote populiste dominant et de ceux à vote démocrate dominant au Texas a bien mis en lumière ce facteur. Ce n'est pas tant le niveau de prospérité que des facteurs prenant en compte l'homogénéité des populations et leur localisation périphérique qui étaient discriminants[3]. Les comtés à forte dominante populiste comportaient

des perspectives différentes, les trois grands ouvrages de référence sur la question : John D. Hicks, *The Populist Revolt: A History of the Farmers' Alliance and the People's Party*, Minneapolis, University of Minnesota Press, nouv. éd., 1955 ; Lawrence Goodwyn, *Democratic Promise: The Populist Moment in America*, New York, Oxford University Press, 1976 ; Charles Postel, *The Populist Vision*, New York, Oxford University Press, 2007.

1. Même si les fermiers représentaient alors encore la moitié de la population américaine.

2. Voir le livre cité de John D. Hicks.

3. Voir sur ce point l'article de James Turner, « Understanding the Populists », *The Journal of American History*, vol. 67, n° 2, septembre 1980. Ils reproduisirent de cette façon la vieille opposition entre villes et campagnes,

ainsi une proportion d'étrangers plus faible qu'ailleurs ; l'esprit de voisinage et d'entraide y était fort entre des gens qui avaient le sentiment de « vivre à l'écart ». Ils étaient du même coup moins exposés à des idées adverses, plus enfermés dans leurs certitudes. En termes sociologiques, le mouvement populiste ne réussit pas à s'élargir à d'autres catégories sociales. Malgré certains rapprochements avec les Knights of Labor, ils ne purent attirer un électorat ouvrier que de façon limitée. Ils ne mordirent pas non plus sur l'électorat urbain, de manière plus générale.

Le spectaculaire recul du vote populiste après 1896 s'explique aussi par la reconversion sous d'autres modalités de l'esprit qui avait animé le populisme. Sur le mode de certains embryons de socialisme au Nord. Ce sera de façon plus trouble que les glissements s'opéreront au Sud, notamment avec l'adhésion aux thèses et aux pratiques ségrégationnistes de toute une partie de l'électorat populiste. La haine des ploutocrates cédera dans ce cas le pas au rejet du monde noir, celui-ci étant producteur d'effets immédiats, car les petits Blancs trouveront dans l'affirmation de la *white supremacy* une façon de prendre leur revanche sur leur situation de dominés[1].

Au tournant du siècle, c'est surtout ce qu'on appela le Progressive Movement, on l'a vu, qui recyclera avec succès certaines des propositions politiques qui avaient été formulées par les populistes (sans qu'ils en aient été les inventeurs dans bien des cas).

Ces héritages contradictoires soulignent que le populisme américain des années 1890 était le symptôme d'un malaise, l'expression d'une colère, mais qu'il n'avait pas formulé les termes d'une nouvelle culture politique et d'une vision cohérente de l'économie et de la société. Il a été un authentique mouvement d'en bas, mais sans arriver à élaborer une conceptualisation et un projet qui puissent

---

« localistes » et « cosmopolites », qui avait dominé à la fin du XVIIIe siècle la scène politique sous les espèces du conflit entre fédéralistes et antifédéralistes.

1. Voir sur ce point mes développements dans *La Société des égaux* (*op. cit.*), notamment « le racisme constituant », p. 203-223.

l'établir dans la durée. Même si le terme de « populisme » est dans son cas moins inapproprié que celui qui était revendiqué par les Russes qui voulaient « aller au peuple », il ne peut donc pas être considéré comme la première manifestation de ce qui aurait pris de nos jours son plein essor.

Le populisme en littérature

C'est par la littérature que le terme de « populisme » a fait son entrée dans la langue française. L'entre-deux-guerres a été riche en manifestes de toutes sortes. Celui lançant le mouvement surréaliste avait fait sensation en 1924. C'est un peu plus tard, à l'été 1929, qu'un « Manifeste du roman populiste[1] » fut publié dans un quotidien de gauche. Son signataire, Léon Lemonnier, était l'auteur d'ouvrages qui n'avaient reçu qu'un succès d'estime. Il s'inscrivait dans la veine du naturalisme précédemment illustré par Zola, Huysmans ou Maupassant ; et faisait aussi référence à la tradition du roman picaresque. Il avait invité à retrouver et à approfondir ces héritages à une période où la littérature s'était à ses yeux réfugiée dans l'introspection, la mondanité ou l'exotisme pour exorciser les souvenirs douloureux de la Grande Guerre.

Le terme de « populisme » avait à vrai dire déjà été forgé, vingt ans plus tôt, par un obscur inspecteur général de l'Université qui avait appelé à « une régénération de la littérature par le peuple » et simultanément à « un relèvement possible du peuple par la littérature[2] ». Il appartenait au milieu de l'éducation populaire, typique

1. « Manifeste du roman populiste », *L'Œuvre*, 27 août 1929. Il paraît quelques mois avant le *Second manifeste du surréalisme* d'André Breton. Le Manifeste de Lemonnier sera republié sous forme d'ouvrage, aux Éditions La Centaine, en janvier 1930. On notera que c'est à cette seule école littéraire que fait référence le *Larousse du XXe siècle* dans son article « populisme » inséré dans son tome 5 en 1932.

2. Paul Crouzet, *Littérature et conférences populaires*, Paris, Armand Colin, 1897, p. 6.

de ces années de la IIIe République, qui entendait lier la question sociale à la question morale et donc à des actions éducatives et culturelles. Il déplorait pour cela que la culture de son temps ne se soit, à son goût, « pas encore faite démocratie » et avait appelé de ses vœux la venue d'une littérature qui appartiendrait « aux manifestations du *Génie du populisme*[1] ». Une littérature qui devrait à la fois « aller au peuple » et « venir du peuple ». Le mot, qu'il avait dit « très employé en Amérique », était lancé. Mais il n'avait pas retenu l'attention, dans la bouche et sous la plume d'une personnalité qui ne s'exprimait que devant des auditoires militants de sa région. Comme souvent, ce n'est pas la première occurrence d'un terme qui en fixe l'irruption dans la langue ; c'est le premier usage reconnu et producteur d'effets qui compte. Les exemples sont nombreux. C'est donc bien du « Manifeste du roman populiste » de 1929 qu'il faut partir, car il fut largement commenté et discuté.

L'auteur du manifeste développa ses propositions et répondit à ses détracteurs en publiant au printemps 1931 un ouvrage intitulé *Populisme*[2]. Vitupérant les « romanciers des cercles élégants » (il parlait aussi de la « littérature prétentieuse » qui s'adressait aux snobs), ce qu'il estimait être la tendance d'une certaine littérature « à ne présenter que des gens chics et des oisifs vicieux », et contre les récits englués dans la platitude du monde bourgeois, Lemonnier, vite associé dans son entreprise avec André Thérive, avait appelé à fonder une « école populiste ». Le terme renvoyait ainsi d'abord pour lui à un rejet. « Nous avons choisi ce mot "populiste", écrivait-il, parce qu'il nous a paru former la plus violente antithèse avec ce qui nous répugne le plus, le snobisme. Comme les gens du peuple, nous avons

1. *Ibid.*, p. 77 et 88.

2. Aux Éditions La Renaissance du livre. Le manifeste, les chapitres essentiels de ce livre ainsi que plusieurs articles sur le mouvement littéraire qui s'est cristallisé autour de ce projet ont été reproduits dans Léon Lemonnier, *« Manifeste du roman populiste » et autres textes*, édition établie par François Ouellet, Le Raincy, La Thébaïde, 2017.

horreur de toute pose[1]. » Mais Lemonnier et ses proches n'avaient en même temps aucune ambition de type militant. Il n'était pas question pour eux d'aller vers le peuple à la mode des intellectuels russes du siècle précédent. Ni même d'écrire pour le peuple. Le but était pour eux d'ordre purement littéraire : « Nous nous sommes dits populistes parce que nous croyons que le peuple offre une matière romanesque très riche et à peu près neuve[2]. » Il y avait de la sympathie dans leur démarche. Ils reprochèrent ainsi aux naturalistes d'avoir trop souvent pris celui-ci pour un troupeau bestial en proie à ses instincts et à ses appétits. Ils voulaient, eux, « le peindre autrement, en montrant, non seulement ses qualités, mais la pittoresque rudesse de la vie[3] ». « Nous voulons aller aux petites gens, aux gens médiocres qui sont la masse de la société », dira encore le manifeste. « Le roman populiste, c'est le peuple plus le style », résumera-t-il. On pourrait ainsi parler dans ce cas d'un *populisme de l'objet*.

Les œuvres qu'ils considéreront comme exemplaires de cette démarche ? Ils citeront Pagnol, qui « avait fait triompher le populisme au cinéma » en 1931 avec *Marius*, puis *Fanny* en 1932 et *César* en 1936. Les romans de Louis Guilloux aussi, dont les publications avaient pris leur envol en 1927 avec *La Maison du peuple*[4],

1. *Ibid.*, p. 89. « Au début d'août 1929, précise-t-il, Thérive et moi eûmes une entrevue au cours de laquelle nous nous mîmes d'accord sur le nom à donner au mouvement. Il fut d'abord question d'*humilisme* ; mais *humiliste* ressemblait fâcheusement à humoriste, et il avait le tort, selon Thérive, d'évoquer les livres bêlants et larmoyants de Charles-Louis Philippe. Il fut ensuite question de *démotisme*, mais le mot me parut trop savant, et obscur pour la plupart des gens. Alors, le terme de populisme nous séduisit : il était clair et frappant » (*ibid.*, p. 99). Charles-Louis Philippe était l'auteur d'un best-seller de l'époque, *Bubu de Montparnasse* (1901).

2. *Ibid.*, p. 86.

3. *Id.*

4. Dans une préface à la réédition de ce roman, Albert Camus saluera une œuvre « qui ne flatte ni ne méprise le peuple dont il parle et qui lui restitue la seule grandeur qu'on ne puisse lui arracher, celle de la vérité » (Grasset, 1953).

et qui marqueront encore plus fortement les lecteurs avec *Le Sang noir* en 1935. Les écrits de Lucien Descaves également, comme ceux de Jules Romains. La création en 1931 d'un prix du Roman populiste distinguera ainsi toute une lignée d'auteurs dans cette veine[1]. Eugène Dabit sera le premier à être primé pour *L'Hôtel du Nord*, un livre qui rencontrera un grand succès public et fut porté à l'écran par Marcel Carné avec Arletty et Louis Jouvet. Suivront Jean-Paul Sartre pour *Le Mur*, Louis Guilloux pour *Le Pain des rêves* et René Fallet pour *Banlieue sud-est*. Le prix a été décerné sans interruption jusqu'à aujourd'hui, et des noms comme ceux de Gérard Mordillat, Didier Daeninckx, Sylvie Caster et Daniel Picouly figurent dans la liste.

L'idée n'était en aucune façon de prôner une littérature engagée. Ce n'était pas un appel au développement d'une littérature de gauche, pour le dire autrement. « Le roman est fait pour donner une image concrète de la vie, il n'est point fait pour résoudre toutes les questions que la vie soulève », dira Lemonnier[2]. Il considérait ainsi que « ceux qui ont le plus empoisonné le roman, ce sont les essayistes[3] ». D'où la réception mitigée dans les milieux de gauche et d'extrême gauche. C'est en réaction à sa pétition d'apolitisme que se formera d'ailleurs un groupe d'« écrivains prolétaires » qui entendaient, eux, servir la cause par la plume. Et se distinguer aussi des populistes par leur origine sociale[4]. Ce n'est pas non plus au même peuple qu'ils s'intéressaient. Les « populistes » pensaient

1. Il s'agit, diront ses promoteurs, de récompenser une œuvre qui « préfère les gens du peuple comme personnages et les milieux populaires comme décors, à condition qu'il s'en dégage une authentique humanité ». Sur ce prix et son histoire, voir le site qui lui est consacré <www. prixeugenedabit.fr> (le prix s'est adjoint le nom de celui de son premier lauréat).

2. *« Manifeste du roman populiste » et autres textes*, *op. cit.*, p. 69.

3. *Ibid.*, p. 68.

4. Sur cette opposition entre « populistes » et « prolétaires », voir Marie-Anne Paveau, « Le "roman populiste" : enjeux d'une étiquette littéraire », *Mots. Les langages du politique*, n° 55, juin 1998.

surtout aux gens d'en bas, à la masse anonyme et silencieuse, à ceux que l'on qualifierait aujourd'hui d'invisibles, alors que les « prolétaires » s'intéressaient à la condition de ceux qui étaient aussi des combattants et des militants qui aspiraient à changer le monde ; ils voulaient mettre en scène des héros positifs, valoriser la capacité manuelle et la fierté ouvrière. Ces derniers furent emmenés par Henry Poulaille[1], infatigable promoteur d'une littérature écrite par des personnes restées dans leur condition d'ouvriers ou de paysans. On doit notamment à cet éditeur et créateur de revues *Le Pain quotidien* (1931) et *Les Damnés de la terre* (1935). C'est dans cette perspective que se regrouperont des écrivains proches de cercles anarchistes ou du Parti communiste sous la bannière de ce qu'on appellera « l'école prolétarienne ». L'opposition entre les deux courants contribua à faire pâlir l'étoile du populisme littéraire jusqu'à faire sombrer dans les mémoires son existence même.

1. Henry Poulaille publia en juillet 1930 son « contre-manifeste », *Nouvel âge littéraire*. Sur Poulaille et son école prolétarienne, Arthur Greenspan, « Le *Nouvel âge* de Poulaille et la littérature prolétarienne », *Revue des sciences humaines*, nº 190, 1983, ainsi que Thierry Maricourt, *Dictionnaire des auteurs prolétariens de langue française, de la Révolution à nos jours*, Amiens, Encrage, 1994, et Michel Ragon, *Histoire de la littérature prolétarienne en France*, Paris, Albin Michel, 1974, ainsi que les pages que lui consacre Sarah Al-Matary dans *La Haine des clercs. L'anti-intellectualisme en France*, *op. cit.*, p. 201.

Index

Table

II

HISTOIRE

*

ANNEXE

Du même auteur

AUX MÊMES ÉDITIONS

L'Âge de l'autogestion
« Points Politique » n° 80, 1976

Pour une nouvelle culture politique
(en collab. avec Patrick Viveret)
« Intervention », 1977

Le Capitalisme utopique
Histoire de l'idée de marché
« Sociologie politique », 1979
« Points Politique » n° 134, nouvelle édition, 1989
« Points Essais » n° 385, 1999

La Crise de l'État-providence
1981
« Points Politique » n° 121, 1984
« Points Essais » n° 243, 1992

Misère de l'économie
1983

L'État et les pouvoirs
(avec Jacques Le Goff et al.*)*
« L'Univers historique », 1989

L'État en France
De 1789 à nos jours
« L'Univers historique », 1990
« Points Histoire » n° 172, 1993

La Pensée politique
(direction en collab. avec Marcel Gauchet et Pierre Manent)
Seuil/Gallimard, « Hautes études », 3 vol., 1993-1995

La Nouvelle Question sociale
Repenser l'État-providence
1995
« Points Essais » nº 359, 1998, 2015

Le Nouvel Âge des inégalités
(en collab. avec Jean-Paul Fitoussi)
1996
« Points Essais » nº 376, 1998

Pour une histoire conceptuelle du politique
2003

Le Modèle politique français
La société civile contre le jacobinisme, de 1789 à nos jours
2004
« Points Histoire » nº 354, 2006

La Contre-Démocratie
La politique à l'âge de la défiance
2006
« Points Essais » nº 598, 2008

La Légitimité démocratique
Impartialité, réflexivité, proximité
2008
« Points Essais » nº 641, 2010

La Société des égaux
2011
« Points Essais » nº 707, 2013

Refaire société
(direction)
« La République des idées », 2011

Le Parlement des invisibles
« Raconter la vie », 2014

Le Bon Gouvernement
« Les Livres du nouveau monde », 2015
« Points Essais », n° 809, 2017

Notre histoire intellectuelle et politique
1968-2018
« Les Livres du nouveau monde », 2018

CHEZ D'AUTRES ÉDITEURS

Le Moment Guizot
Gallimard, « Bibliothèque des sciences humaines », 1985

Histoire de la civilisation en Europe (1828)
suivi de
Philosophie politique : De la souveraineté (1823)
de François Guizot
(édition)
Hachette, « Pluriel », 1985

La Question syndicale
Histoire et avenir d'une forme sociale
Calmann-Lévy, « Liberté de l'esprit », 1988
Hachette, « Pluriel », nouvelle édition, 1990

La République du centre
La fin de l'exception française
(en collab. avec François Furet et Jacques Julliard)
Calmann-Lévy, « Liberté de l'esprit », 1988
Hachette, « Pluriel », nouvelle édition, 1989

Le Sacre du citoyen
Histoire du suffrage universel en France
Gallimard, « Bibliothèque des histoires », 1992
« Folio histoire », 2001

La Monarchie impossible
Histoire des Chartes de 1814 et 1830
Fayard, « Histoire des Constitutions de la France », 1994

Le Peuple introuvable
Histoire de la représentation démocratique en France
Gallimard, « Bibliothèque des histoires », 1998
« Folio histoire », 2002

France : les révolutions invisibles
(en collab. avec Daniel Cohen et al.*)*
Calmann-Lévy, 1998

La Démocratie inachevée
Histoire de la souveraineté du peuple en France
Gallimard, « Bibliothèque des histoires », 2000
« Folio histoire », 2003

Science et démocratie
Actes du colloque au Collège de France les 17 et 18 octobre 2013
(direction)
Odile Jacob, « Collège de France », 2014

Refonder la démocratie pour le bien public ?
Les rencontres de la laïcité
Privat, 2018

RÉALISATION : NORD COMPO À VILLENEUVE-D'ASCQ
IMPRESSION : NORMANDIE ROTO IMPRESSION S.A.S. À LONRAI
DÉPÔT LÉGAL : JANVIER 2020. Nº 140192 (1905402)
Imprimé en France